조선시대 언간을 통해 본 사대부가 남성의 삶

이 저서는 2016년 대한민국 교육부와 한국학중앙연구원(한국학진흥사업단)의
한국학총서 사업의 지원을 받아 수행된 연구임(AKS-2016-KSS-123001)

조선시대 언간을 통해 본
사대부가 남성의 삶

이래호 지음

역락

언간은 현재 전하는 양도 적지 않을 뿐만 아니라 15세기 말부터 19세기에 이르기까지 조선시대의 대부분을 망라할 정도로 시기별로 다양하게 분포되어 있다. 또, 향유 층에 따라 최상 계층이 쓴 궁중 편지에서부터 아래로는 사대부 가문, 그리고 일반 서민 계층이 남긴 편지까지 계층별로도 다양하게 분포되어 있다.

언간의 내용은 당시의 정치, 사회, 경제의 여러 제도를 살펴보는 데 중요할 뿐만 아니라 그들이 영위했던 일상생활의 다양한 측면을 파악하는 데에도 매우 유용하기에 최근에는 문화사, 생활사 분야에서도 언간이 활발히 연구되고 있다. 문화사, 생활사 분야에서는 언간에 나타나는 조선시대 선비와 그 가족의 삶을 조명해 내거나 여성의 삶을 재현해 내는 등의 연구가 이루어지고 있다.

조선시대 언간의 발신자와 수신자를 분석해 보면 가족, 또는 친족 간에 주고받은 것이 대부분이어서 언간을 통해 가족 간의 관계망 속에서 가족으로서의 역할과 모습을 살펴볼 수 있다. 왕실 남성의 언간 가운데는 대체로 공주에게 보낸 편지가 일반적이어서 아버지로서의 역할이나 모습이 잘 드러난다. 사대부가 남성의 언간 역시 딸에게 보낸 것이 있어 아버지로서의 모습이 드러난다. 마찬가지로 왕실 여성이나 사대부가 여성의 언간 가운데

는 딸에게 보낸 것이 많아 어머니로서의 모습도 살펴볼 수 있다. 곧 언간에
서는 왕실과 사대부가의 아버지로서의 역할과 삶의 모습, 그리고 어머니로
서의 역할과 삶의 모습, 나아가 남편으로서의 역할과 삶의 모습, 자식으로
서의 역할과 삶의 모습 등이 발신자와 수신자의 관계에 따라 다양하게 나
타난다. 이러한 가족 관계에서 드러나는 각각의 역할과 삶의 모습은 분명
사회적 관계 차원과는 또 다른 모습을 보여 준다.

이 책의 목적은 조선시대 언간에 나타나는 사대부 남성의 모습을 재현하
는 데 있다. 언간의 내용을 바탕으로 남편으로서, 아버지로서, 시아버지로
서, 아들로서, 사위로서의 모습을 재현하였다. 이러한 모습을 재현하는 데
는 『조선왕조실록』을 비롯하여 관련 논문들을 참조하였지만 언간의 내용
이 한정적이기에 상당한 어려움이 있어 많은 부분 주관적인 느낌에 의존하
기도 하였다.

첫 번째 글에서는 조선시대 사대부 남성 언간의 현황을 개관하였고 사대
부가 남성 언간의 주제를 간략하게 언급하였다. 두 번째 글에서는 사대부
남성이 부인, 장모, 서모, 동기간, 며느리, 외간 여성 등에게는 어떠한 높임
법을 사용하였는지 살펴보았다. 세 번째 글에서는 〈신창맹씨묘출토언간〉을
통해 남편인 나신걸의 상황과 부인 신창 맹씨에 대한 남편으로서의 역할을
들여다보았다. 네 번째 글에서는 〈이덕열 언간〉을 통해 임진왜란 당시 이덕
열의 신하로서의 모습과 가족에 대한 가장으로서의 모습을 재현해 보았다.
다섯 번째 글에서는 〈추사언간〉을 통해 아내에 대한 남편의 사랑이 어떻게
표현되고 그들의 사랑은 어떠했는지 그려 보았다. 여섯 번째 글에서는 〈순
천김씨묘출토간찰〉을 통해 첩 문제로 아내와 갈등을 겪는 남편 김훈과 다
정한 아버지로서의 두 모습을 재현하였다. 일곱 번째 글에서는 〈김성일가
언간〉에 실려 있는, 죽은 아들이 쓴 간찰을 번역해 며느리에게 준 글을 통

해 죽은 아들에 대한 아버지의 마음과 슬픔에 빠진 며느리를 대하는 시아버지의 마음이 어떠했는지 재현해 보았다. 여덟 번째 글에서는 『선찰(先札)』 소재 언간과 간찰을 통해 송규렴의 자식과 손자에 대한 걱정거리를 들여다보았다. 아홉 번째 글에서는 〈진성이씨 이동표가 언간〉을 통해 어머니를 위해 과거에 급제까지 한 이동표의 효심을 재현하였고, 마지막 열 번째 글에서는 〈진주하씨묘 출토 언간〉의 곽주의 편지를 통해 장모님을 위하고 자식의 한글 교육을 부탁하는 사위의 모습을 그렸다.

이 책을 집필하는 데 근간이 되는 언간들의 판독문은 『조선시대 한글편지 판독자료집』(한국학중앙연구원 어문생활사연구소, 2013, 역락)을 바탕으로 하였다. 언간들의 현대어역은 『註解순천김씨묘출토간찰』(조항범, 1998, 태학사), 『현풍곽씨언간 주해』(백두현, 2003, 태학사), 『증보판 현풍곽씨언간 주해』(백두현, 2019, 역락), 『은진송씨 송준길 가문 한글 간찰』(한국학중앙연구원편, 2009, 태학사), 『은진송씨 송규렴 가문 한글 간찰』(한국학중앙연구원편, 2009, 태학사), 『역주 의성김씨 학봉 종가 언간』(한국학중앙연구원편, 2019, 한국학중앙연구원출판부)을 비롯하여 많은 책과 관련 논문들을 참조하였다.

이 책은 한국학진흥사업단의 총서 지원 사업의 지원을 받아 「조선시대 언간을 통해 본 남성과 여성의 삶」이라는 주제로 2016년부터 2019년까지 진행한 연구의 결과물이다. 여러 모로 미흡한 책이지만 이 책이 출판되기까지 실로 많은 분들의 도움이 있었다. 함께 사업에 참여하여 연구를 진행한 배영환 선생님(제주대학교), 신성철 선생님(순천대학교), 이남희 선생님(원광대학교)께 감사드린다. 그리고 언간에 눈을 뜨게 해 주시고 많은 지원을 아끼지 않으신 지도교수 황문환 선생님께도 감사드린다. 또한 '조선시대 한글편지 DB 구축 사업'을 하면서 함께 언간을 읽고 가르쳐 주신 이종덕 선생님께도 감사드린다. 무엇보다도 공부한다고 남편으로서, 아버지로서, 아들로서의 역할을 제대로 못 했는데도 항상 묵묵히 뒷바라지와 격려를 해 준 아내, 딸, 아들에게 그리고 어머니께 진심으로, 뜨거운 마음으로 고마움을 표하고, 감사를 드린다. 마지막으로 독자가 제한되어 있는 이 책의 출판을 흔쾌히 맡아 주신 역락 출판사의 이대현 사장님, 출판을 위해 많은 노력을 해 주신 이태곤 이사님, 박태훈 이사님과 편집을 맡아 주신 강윤경 대리님께도 깊은 감사를 드린다.

2021년 11월
이래호

머리말 · 5

조선시대 사대부가 남성 언간   13

들어가며 · 13 | 언간의 향유 계층과 성별 · 14 | 사대부가 남성 언간의 현황 · 17 | 발수신자의 관계를 통해 본 사대부 남성의 언간 · 29 | 사대부가 남성 언간의 주제 · 34

언간에 나타난 사부대가 남성의 높임법   41

관계에 따라 달라지는 높임법 · 41 | 부인에 대한 대우 · 42 | 어머니와 서모에 대한 대우 · 50 | 장모에 대한 대우 · 56 | 첩에 대한 대우 · 57 | 여성 동기에 대한 대우 · 59 | 상대방에 대한 특별한 대우 · 64

집에 못 다녀가니 울고 가네   71

가장 오래된 한글 편지 · 71 | <신창맹씨묘출토언간>과 나신걸 · 73 | 회덕 온양댁 가인께 상백 · 75 | 영안도로 경성 군관이 되어 가네 · 81 | 어머님, 아기 모시고 다 잘 계시오 · 87 | 분(粉)하고 바늘 여섯 개를 사서 보내네 · 90 | 죽어서도 머리맡에 두고 있었던 편지 · 91

왜적이 전라도로 간다 하니 밤낮으로 걱정하오   95

무덤에서 발견된 13장의 편지 · 95 | 임금은 서울을 나가셨고 왜적은 고을에 가득하오 · 98 | 선릉과 정릉을 영장할 도감 도청으로 내가 되었소 · 104 | 어떻게 해서 갔는

고? · 107 | 전라도로 왜적이 들어갔으니 · 111 | 두 아들을 낳았다고 남들에게 자랑이나 말 것을…… · 122 | 이 약을 정성 들여 달여서 밤이나 아침에 드시오 · 124 | 나라를 자기 집처럼 근심하고 집안 사람들을 다스리며 · 126

아마 멀리 있는 나를 속이는 듯하오   131

선비도 사랑 표현에 서툴지는 않았나 보다 · 131 | 까다로워도 보통 까다롭지 않은 사람, 추사 · 132 | 부끄러워 편지를 못하셨소? 나는 섭섭하오 · 135 | 무릇 나 혼자 괜찮다 말씀할 것이 아니라 · 138 | 아마 멀리 있는 나를 속이는 듯하오 · 144 | 아내의 소상이 가까웠으나 나는 멀리서 예와 같이 지내지 못하니 더욱 슬프다 · 149 | 아내를 잃은 슬픔은 너무도 놀라워 견딜 수가 없네 · 153

나는 병들고 네 어머니는 시샘을 너무 하여 병드니   157

순천 김씨 묘에서 출토된 편지 · 157 | 네 어미 투기도 아주 요동 없으니 · 159 | 지극히 기쁘고 기쁘구나 · 169 | 김훈의 두 모습 · 173

죽지 못한 아비는 눈물 씻고 끝에 쓴다   177

오직 통곡할 뿐이로다 · 177 | 한갓 죽은 나만 애타게 부르짖고 집안일을 돌보지 아니하면 나의 바람이 아니로다 · 180 | 죽지 못한 아비는 눈물 씻고 끝에 쓴다 · 183 | 설움을 참고 번역하여 며느리가 보도록 한다 · 185 | 말로 다 이르지 못하여 이리 적는다 · 188

갑갑한 염려와 가지가지 근심이 마음속에 쌓여   195

예나 지금이나 아버지의 마음은 매 한가지 · 195 | 『선찰(先札)』 소재 언간과 간찰, 송규렴 · 196 | 기별 못 들으니 염려 그지없다 · 197 | 끝내 문채 없는 사람이 되지 마라 · 212 | 아버지들의 빼놓을 수 없는 일상사, 걱정 · 221

어머니를 기쁘게 하기 위하여 과거에 급제하다　　　　　　　223

편지에 드러나는 삶의 모습 · 223 | 소퇴계(小退溪)라 일컬어지다 · 224 | 이천소(李千梳)가 되다 · 226 | 다시 과거를 치르다 · 227 | 과거, 파방(罷榜)이 되다 · 232 | 과거에서 급제를 하다 · 240 | 어머니를 모시기 위하여 걸군(乞郡)을 청하다 · 251 | 사람의 자식 된 자로서 어찌 효도를 하지 않으리오 · 254

쇠고기와 전복을 잡수시게 보내옵니다　　　　　　　259

사위는 백년손님 · 259 | 무덤에서 발견된 편지 · 262 | 비록 적지마는 한 때나마 잡수시게 보내옵니다 · 263 | 언문을 가르쳐 보내시옵소서 · 270 | 장모 사랑은 사위 · 278

조선시대 사대부가 남성 언간

들어가며

조선시대의 한글 편지는 언간(諺簡), 언서(諺書), 언찰(諺札), 내간(內簡) 등으로 불렸는데, 이는 간찰(簡札), 간독(簡牘), 서간(書簡), 서신(書信), 서찰(書札), 서한(書翰), 척독(尺牘) 등으로 불리던 한문 편지와 구별하기 위해 명명된 것이다.

한글은 '언문(諺文)'으로 불리면서 공식적인 국문(國文)으로 인정받지 못하였기 때문에 사용 범위가 국한될 수밖에 없었다. 그러므로 공식적인 문서 등에서는 한글이 거의 사용되지 못하고 한문의 보조적인 역할을 담당했을 뿐이다. 그러나 사적(私的)인 영역에서는 한글이 매우 폭넓게 쓰였는데, 특히 편지 글에서는 한글이 한문 못지않게 널리 쓰이는 훌륭한 의사소통 수단이었다.

언간은 실용 범위가 넓었던 만큼 현재 전하는 언간의 양도 적지 않을 뿐만 아니라 16세기부터 19세기에 이르기까지 조선시대의 대부분을 망라할 정도로 시기별로 다양하게 분포되어 있다. 또, 언간은 향유 층에 따라 최상 계층이 쓴 궁중 편지에서부터 아래로는 사대부 가문, 그리고 일반 서민 계층이 남긴 편지까지 계층별로도 다양하게 분포되어 있다.

언간의 향유 계층과 성별

세종대왕은 1443년 훈민정음 28자를 창제한 후 3년 동안 다듬고 시험 사용 기간을 거친 다음 1446년 음력 9월에 이를 반포하였다. 세종대왕이 『훈민정음』의 서문에서 "사람마다 쉽게 익혀 나날이 쓰는 데 편하게 하고자 할 따름"이라고 창제 의도를 밝힌 바와 같이 훈민정음은 모든 사람들을 위한 문자였다. 한글은 실제로 왕족뿐만 아니라 사대부, 평민 남성, 여성, 노비에 이르기까지 모든 계급과 계층에서 두루 사용하는 문자였다.

이후 훈민정음이 백성들의 일상생활에서 가장 밀접하게 활발히 사용된 분야는 편지일 것이다. 언간은 훈민정음이 반포된 이후 얼마 되지 않은 시기부터 쓰였다. 이러한 사실은 『조선왕조실록』에서 확인할 수 있는데, 언간 사용의 최초의 기록은 1451년(문종 1) 11월 17일 조에 양녕대군이 조카 문종에게 언문(諺文)으로써 김경재(金敬哉)로 하여금 상경하여 그 딸을 시집보내도록 하기를 청하는 짧은 편지를 써서 아뢰었다는 기록이다. 이 편지는 왕족 남성 간에 오간 한글로 된 편지라는 점에서 의의가 있다. 여성이 쓴 언간에 대한 최초의 기록은 1453년(단종 1) 4월 2일 조에 한 시녀가 언문(諺文)으로 아지(阿之)의 안부를 써서 혜빈(惠嬪)에게 보냈다는 기록과 1453년(단종 1) 4월 14일 조에 시녀 월계(月桂)의 방에 모여서 언문으로 서신을 써 주도록 청하여 부귀(富貴)에게 보냈다는 기록이다. 이런 기록들로 보아, 훈민정음이 반포된 후 왕족을 비롯하여 시녀까지 훈민정음을 알고 있었고 언간은 비교적 이른 시기부터 궁중에서 남성과 여성이 이용하였음을 알 수 있다.

훈민정음이 왕실에서 양반층으로, 다시 중인층을 포함하여 평민이나 하층민으로 단계적으로 확산되었듯이(백두현 2001:199-207) 언간도 왕실에서 점차 백성에게 확산된 것으로 추정된다. 현전하는 언간 중에 가장 오래된 것은 1490년대로 추정되는 〈신창맹씨묘 출토 언간〉이다. 이 언간은 간본과 큰 차이가 없을 정도로 정제된 표기법을 보여 주는데, 지방의 한 부부 사이에 이렇게 정제된 편지가 오갈 수 있다는 사실은 이 시기에 이미 훈민정음이 일반 백성에게도 널리 퍼졌다는 것을 보여 주며(배영환 2012:236), 민간에서도 언간이 활발히 사용되었다는 것을 보여 준다. 현전하는 왕실 언간 가운데 가장 이른 언간은 효종대왕 언간이다. 효종이 장모인 안동 김씨에게 보낸 이 언간은 왕실과 민간 사이에도 언간의 왕래가 이루어졌음을 보여준다. 현전하는 사대부 언간으로서 가장 이른 것은 〈순천김씨묘출토간찰〉이다. 이들 언간이 쓰여진 시기는 임진왜란 전 16세기 중후반인데, 189건에 해당하는 적잖은 언간이 부모와 자식 간, 부부간, 장모와 사위 간, 시부모와 며느리 간, 남매간 등에 오간(조항범 1998:7-15) 사실을 볼 때 16세기 중반에 이미 언문의 보급이 광범위하게 이루어졌고, 언간의 사용이 보편화되었음을 확인할 수 있다.

조선시대의 언간의 향유자는 왕실에서부터 하층민까지 다양하며 그 성별도 남녀 구분이 없었다. 궁중에서는 왕족 남성 간, 왕과 여성 친척, 왕비와 공주, 왕과 장모, 왕비와 친정어머니 등으로 발수신자의 관계가 다양하며, 민간에서는 사대부 가족 간을 비롯하여 상전과 노비, 하인, 관가의 상위자와 하위자 등으로 그 관계와 계층이 다양했다.

성별의 측면에서는 발신자나 수신자 어느 한쪽으로 여성이 관여하는 언간이 많다는 특징을 보인다.[1] 『조선시대 한글편지 판독자료집』(한국학중앙연구원 어문생활사연구소, 2013)에 실린 언간들을 대상으로 발신자와 수신자의 성별을 살펴보면 다음과 같다.

『조선시대 한글편지 판독자료집』의 발수신자 성별

성별	여→여	여→남	여→남녀	남→여	남→남	여→미상
건수	332	618	10	461	21	29
비율(%)	22.6	42	0.7	31.3	1.4	2

조선시대 언간의 발신자나 수신자는 거의 대부분(98.6%) 여성이 관여하지만, 남성이 관여하는 경우도 75.4%(여→미상 제외)나 되어 남성이 관여하는 경우도 상당히 많다. 남성 간의 언간은 1.4%인데, 이렇게 남성 간의 언간이 적은 이유는 남성 간에는 기본적으로 한문 서간이 오갔고, 언간은 주종간(主從間)이나 외교상 기밀을 유지하기 위해 오간 경우가 많았기 때문이다.(김일근 1986/1991:46-48; 황문환 2002:134; 황문환 2010:76) 그러나 『조선왕조실록』에 나타나는 왕실의 양녕대군→문종의 언간뿐만 아니라 현존하는 언간 중에 왕실〈현종(처남)→정제현(매제)〉, 사대부가〈송규렴→이세창〉, 관가〈김진화(지방관)→안영록(경아전)〉 등 남성 간에 언간 교환이 있었다는 사실을 볼 때, 남성 간에도 일상의 안부나 소식을 전할 때 언간이 적잖이 오갔을 것으로 추정된다.

현전하는 언간을 보았을 때 남성 간의 언간 교환은 18세기까지는 그리 많지 않지만, 19세기부터 점차 많아지고 있다. 특히 19세기에는 이전 시기에 비해 남성 간에 언간이 비교적 활발히 오간 것으로 추정되는데, 그 근거는 방각본 『언간독』과 『징보언간독』의 출판에서 찾을 수 있다. 특히 『징보

---

1   황문환(2002:134)에서는 조선시대에는 언간의 발신자나 수신자 어느 한쪽으로 반드시 여성이 관여하고 있었다고 하였다.

언간독』에는 46건의 언간 규식이 있는데, 26건은 발신자가 남성인 규식이고 20건은 발신자가 여성인 규식이다. 발신자가 남성인 26건 규식 가운데는 남성이 여성에게 보내는 규식도 있지만, 그 수신자가 남성인 규식도 13건이나 된다.[2] 방각본은 상업적인 이익을 취하기 위해 간행되었으므로, 방각본 언간독에 수록된 언간의 규식은 언간을 쓰는 실사용자들의 요구를 일정 정도 반영한 것으로 볼 수 있다.(김봉좌 2004:51 참조) 이렇게 남성 간에 보내는 언간의 규식이 많이 있는 것은 남성 간의 언간 왕래가 그만큼 활발했음을 뜻한다고 볼 수 있다.

요컨대 조선시대의 언문은 궁중의 왕족에서부터 일반 사대부, 하층민까지 다양한 계층에 보급되어 언문을 익힌 사람이면 누구나 주고받을 수 있는 것이었다. 그리고 언간의 사용에는 신분이나 성별 등 어떠한 제약도 없었기에 많은 사람들이 향유할 수 있었다.[3]

사대부가 남성 언간의 현황

이래호(2015)에서 현재 여러 방면에서 이용할 수 있도록 판독문나 원문이 공개된 언간은 약 2,857건으로 추정하였다.[4] 이 가운데 쓰여진 정확한 시기

---

2 〈징보언간독〉은 상편과 하편으로 구성되어 있는데, 상편은 남성의 규식, 하편은 여성의 규식이다. 남성의 규식 가운데 아버지→아들(2), 삼촌→조카(2), 형↔아우(2), 외삼촌→조카, 사위→장인, 바깥사돈간, 손아랫사람→존장, 상고간(3)(김봉좌 2004:58 참조)은 남성 간의 어간 규식이라고 할 수 있다.

3 '들어가기'와 '언간의 향유 계층'은 이래호(2015)를 수정한 것이다.

4 이래호(2015)에서는 판독문이 공개된 편지를 약 2,857건으로 추정하였다. 이는 공개된 모든 편지가 다 포함된 것은 아니므로 실제 이용 가능한 편지는 2,857건보다는 많을 것이다.

나 대략의 시기가 밝혀지고 발신자가 밝혀진 사대부가 남성의 언간은 약 533건이다.[5] 이들을 종별 언간과 개별 언간으로 구분하여 연도순으로 제시하면 다음과 같다.

조선시대 사대부가 남성 언간의 현황

번호	연도	한글 편지명	건수	구분
1	1490년대	신창맹씨묘출토언간	2	개별
2	1550~1592	순천김씨묘출토간찰	53	종별
3	1573~1593	정철 언간	1	개별
4	1590~1652	진주하씨묘출토언간	110	종별
5	1592	김성일 언간	1	개별
6	1590~1599	양호당이덕열언간(이덕열 언간)	13	종별
7	1595~1682	허목 언간	1	개별
8	1611~1684	나주임씨가 『총암공수묵내간』 언간	8	종별
9	1623~1657	유시정 언간	58	종별
10	1625~1767	은진송씨 동춘당 송준길가 언간	24	종별
11	1630~1764	은진송씨 송준길가 『선세언독』 언간	20	종별
12	1644~1701	진성이씨 이동표가 언간	39	종별
13	1649~1696	나주임씨가 『임창계선생묵보국자내간』 언간	18	종별
14	1657~1709	은진송씨 제월당 송규렴가 『선찰』 소재 언간	33	종별
15	1671~1679	송시열 언간	10	개별
16	1754~1897	추사가 언간	26	종별
17	1760~1812	성대중 언간	1	개별
18	1765~1899	의성김씨 학봉 김성일가 언간	31	종별
19	1767	김윤겸 언간	1	개별
20	1818~1844	추사언간	40	종별
21	1831	정약용 언간	1	개별
22	1863~1922	은진송씨 송병필가 언간	42	종별
		계	533	

---

5 『조선시대 한글편지 판독자료집』(한국학중앙연구원 어문생활사연구소, 2013)에 실린 1465건의 언간과 최근에 공개된 〈양호당이덕열언간(이덕열 언간)〉을 포함시켜 남성이 보낸 언간만을 계산하였다.

먼저 종별 언간을 소개하고, 그 언간에서 남성들이 쓴 언간을 발신자와 수신자 관계별로 정리하여 보이면 다음과 같다.[6]

〈순천김씨묘출토간찰〉은 1977년 충북 청주 북일면 순천김씨 묘에서 출토된 간찰 192건을 이르는 것으로, 그 중에서 189건이 언간이며 이들은 모두 임진란 이전 16세기 중후반에 쓰여진 것들이다. 이중 남성의 언간은 53건인데, 대부분 채무이가 아내와 딸에게 쓴 언간이 주종을 이루며, 김여물, 김여흘이 동기와 누나, 동생에게 쓴 편지도 있다. 이들을 발신자와 수신자의 관계별로 정리하여 보이면 다음과 같다.

〈순천김씨묘출토간찰〉의 발신자와 수신자 관계

구분	관계		건수
	발신자	수신자	
1	남편	아내	41
2	아버지	딸	9
3	동기(남자)	동기(여자)	2
4	시아버지	며느리	1
계			53

〈순천김씨묘출토간찰〉은 여성이 쓴 편지가 남성이 쓴 편지보다 훨씬 비중이 높은데 그 가운데서도 아내가 남편 채무이에게 보낸 편지가 대다수를 차지한다. 또한 남성이 쓴 편지에서도 남편이 아내에게 쓴 편지의 비중이 가장 높다.

〈진주하씨묘출토언간(현풍곽씨언간)〉은 1989년 4월 경북 달성군 구지면 도

---

6 언간에 대한 소개는 황문환·임치균·전경목·조정아·황은영 엮음[한국학중앙연구원 생활사연구소](2013), 『조선시대 한글편지 판독자료집(1~3)』을 참조하였다.

동리 석문산성 내(內) 진주 하씨(晉州河氏)의 묘에서 출토된 편지와 문중에서
보관하고 있던 171건을 이른다.[7] 이중 남성의 언간은 110건인데,[8] 곽주(郭澍)
가 아내에게 보낸 편지, 곽주가 장모에게 보낸 편지, 곽주의 아들들이 어머
니께 보낸 편지 등이 있다.

〈진주하씨묘출토언간(현풍곽씨언간)〉의 발신자와 수신자 관계

구분	관계		건수
	발신자	수신자	
1	남편	아내	95
2	아들	어머니	6
3	손자	할머니	1
4	사위	장모	2
5	상전	노비	1
6	기타	기타	5
계			110

〈진주하씨묘출토언간(현풍곽씨언간)〉은 〈순천김씨묘출토간찰〉과는 달리 발
신자 측면에서 볼 때 남성 편지의 비중이 더 높게 나타나는 특징이 있다.
또한 남성이 보낸 편지에서도 곽주가 아내 진주 하씨에게 보낸 편지가 대
다수를 차지하는데, 그 이유는 부부의 거주지가 서로 다른 곳이었기 때문이
다. 곽주가 아내 진주 하씨에게 보낸 편지가 대다수를 차지하는 만큼 그 사

---

7   백두현(2019)를 참조하였다. 황문환 외(2013)에서는 〈진주하씨묘출토언간〉이라 명명하
    였는데, 백두현(2003), 백두현(2019) 등에서는 〈현풍곽씨언간〉이라 명명하였다. 여기에
    서는 황문환 외(2013)의 명칭을 주로 따른다.

8   백두현(2019)에서는 제시한 한문 문건을 포함한 176매의 문건 가운데 남성이 보낸 언간
    은 총 122건이다. 여기에서는 이 가운데 곽주가 보낸 분급기(分級機), 노비 명부, 물목기
    (物目記), 금기일(禁忌日) 및 근신(勤愼), 양조법(釀造法) 등은 제외하였다.

연도 다른 편지들에 비해 다채롭다. 백두현(2011)에 따르면, 곽주의 편지에는 곽주가 절에 들어가 공부하는 모습이 있는가 하면 과것길에 나서서 새재를 넘고 충주를 지나 서울로 들어가는 여정이 나타나기도 한다. 서원에서 제를 지내기 위한 준비, 서울 친구들과 함께 집에 갈 것이니 손님 맞을 준비를 잘 하라는 이야기, 장성한 아들의 관례를 치르는 이야기, 노복의 죽음을 안타까워하며 장사를 잘 치르도록 관과 음식을 주는 이야기, 가족 간의 화목을 위해 노력하는 모습, 질병에 시달리며 치료를 위해 애쓰는 이야기 등 조선시대 선비의 일상생활이 고스란히 담겨 있다.

〈나주임씨가『총암공수묵내간』언간〉은 나주임씨(羅州林氏) 집안에 전하는 언간첩 2첩 가운데, 총암(叢巖) 임일유(林一儒)와 관련된『叢巖公手墨內簡』에 수록되어 있는 8건을 이른다. 이 가운데 남성이 쓴 언간은 7건으로, 모두 임일유가 딸에게 쓴 것이다. 편지의 내용은 주로 시집간 딸이 잘 지내는지 안부를 묻고, 딸의 병을 걱정하는 내용이 대부분이다. 마지막, 딸에게 보낸 편지를 내 관속에 잘 넣으라는 내용이 인상적이다.

〈양호당이덕열언간〉은 2016년 10월 17일 전라남도 곡성군 삼기면에 있는 청풍 김씨 묘를 이장할 때 나온 13점의 언간을 이른다. 13점이지만 남편인 이덕열이 보낸 편지지 뒷면에 아내 청풍 김씨가 답장을 쓴 것이 있어서 언간은 총 14건이다. 1590년부터 1599년 사이에 작성된 것이며, 임진왜란 당시와 직후에 임무를 수행하면서 부인에게 보낸 것으로 부인과 가족에 대한 걱정을 담고 있다. 14건의 언간 가운데 13건이 이덕열이 아내 청풍 김씨에게 보낸 것이고, 1건은 청풍 김씨가 이덕열에게 보낸 것이다.

〈나주임씨가『임창계선생묵보국자내간(林滄溪先生墨寶國字內簡)』언간〉은 창계(滄溪) 임영(林泳)이 쓴 편지를 모아 만든 편지첩『林滄溪先生墨寶國字內簡』에 수록되어 있는 18건을 이른다. 이 18건 모두 임영이 어머니와 누이동생,[9]

조카에게 쓴 것인데, 이들을 발신자와 수신자의 관계별로 정리하여 보이면 다음과 같다.

〈나주임씨가 『임창계선생묵보국자내간』 언간〉의 발신자와 수신자 관계

구분	관계		건수
	발신자	수신자	
1	오빠	누이동생	15
2	아들	어머니	2
3	삼촌	조카	1
계			18

〈나주임씨가 『임창계선생묵보국자내간』 언간〉은 임영이 나주 임씨에게 보낸 편지가 대다수를 이루는데, 안부, 산소 수리 문제, 병치레에 대한 이야기, 집안일, 자식에 대한 공부, 장사(葬事)와 상제(喪祭) 관련 등이 주류를 이룬다.

〈진주유씨가 묘 출토언간〉은 2001년 경기도 포천 유시정(柳時定)의 묘에서 출토되어 진주 유씨가 종손가에 보관하고 있던 언간 58건이다. 이 언간들은 모두 유시정이 부인인 안동 김씨에게 보낸 것이다. 그 내용은 집안에 대한 안부, 농사, 장사(葬事), 건강, 유시정의 벼슬살이에 대한 내용, 정치적 사건과 관련된 당부 등이다.

---

9 〈나주임씨가 『임창계선생묵보국자내간』 언간〉의 발신자·수신자 관계에서 가장 많은 비중을 차지하는 것은 임영이 나주 임씨에게 보낸 언간이다. 이 나주 임씨에 대한 호칭이 '누의님', 발신자 표시가 '동성'으로 되어 있어, 그동안의 연구에서는 남동생이 (막내)누나에게 보낸 것으로 파악하였었다. 박부자(2015)에서는 언어학적 사실과 고문서 분재기를 통하여 '누의님'은 하위자인 [妹]를 의미하는 실례가 될 수 있고, '동성'은 "동생"이 아닌 "동기"를 뜻하는 것으로 파악하였다. 여기에서는 박부자(2015)를 따라 오빠인 임영이 동생인 나주 임씨에게 보낸 것으로 파악한다.

〈은진송씨 동춘당 송준길가 언간〉은 송준길 후손가에 전하는 380건 가운데 송준길의 큰며느리 배천 조씨(白川趙氏)로부터 5대손 송기연(宋起淵)이 쓴 언간 총 96건을 가려 뽑은 것을 이른다. 이들 언간 가운데 남성이 쓴 언간은 모두 24건이며, 송병하, 송요화, 송익흠, 송기연 4대가 아내, 며느리, 어머니 등에게 보낸 언간이 주종을 이룬다.

〈은진송씨 동춘당 송준길가 언간〉의 발신자와 수신자 관계

구분	관계		건수
	발신자	수신자	
1	남편	아내	14
2	아들	어머니	2
3	시아버지	며느리	4
4	조카	이모/고모/아주머니	3
5	송병하	미상	1
계			24

〈은진송씨 송준길가 『선세언독』 언간〉은 송준길(宋浚吉) 후손가에 전해

〈은진송씨 송준길가 『선세언독』 언간〉의 발신자와 수신자 관계

구분	관계		건수
	발신자	수신자	
1	남편	아내	8
2	아들	어머니	2
3	아버지	딸	3
4	시할아버지	손자며느리	3
5	시아버지	며느리	2
6	사위	장모	1
7	상전	노비	1
계			20

내려온 언간 가운데『선세언독(先世諺讀)』이라는 첩에 실려 전하는 언간 40건을 이른다. 이들 언간 가운데 남성이 쓴 언간은 모두 20건이다. 송준길, 송병하, 송요화, 송익흠 등 4대가 며느리, 아내, 딸 등에게 주고받은 언간이 주종을 이룬다.

〈진성이씨 이동표가 언간〉은 김종택(1979)에서 '이동표 선생(李東標先生)의 언간(諺簡)'으로 소개되었다. 이동표의 후손 고(故) 이원주(李源周) 계명대 교수 집안에 소장되어 전하는 37건[10]과『난은선생문집(懶隱先生文集)』에 실린 2건, 총 39건이 있다. 모두 남성이 쓴 언간인데, 이 중에서 이동표가 어머니, 딸, 부인, 첩, 서모에게 쓴 언간이 38건, 이동표의 작은아버지인 이명익(李溟翼)이 형수인 이동표의 어머니에게 쓴 언간이 1건이 있다.

〈진성이씨 이동표가 언간〉의 발신자와 수신자 관계

구분	관계		건수
	발신자	수신자	
1	아들	어머니	19
2	적장자	서모	1
3	남편	아내/첩	9
4	아버지	딸	2
5	시동생	형수	1
6	수상자	수하자	1
7	남성(이동표)	미상	6
계			39

---

10 37건이라 하였지만, 이동표가 어머니에게 보낸 27번 편지는 앞뒤에 각각 다른 날짜에 쓰인 편지여서 실제로는 38건에 해당된다. 여기에서는『조선시대 한글편지 판독자료집 2』에 따라 37으로 하고, 27번은 1건으로 계산한다.

〈은진송씨 제월당 송규렴가『선찰』 소재 언간〉은 경기도 박물관에 소장
되어 있는 은진송씨 제월당(霽月堂) 송규렴가(宋奎濂家) 전적(典籍)『선찰(先札)』
에 실린 언간 124건을 이른다. 이들 언간의 대부분은 송규렴과 그의 부인
안동 김씨가 아들 송상기와 며느리 칠원 윤씨에게 보낸 것인데, 이 가운데
남성이 쓴 편지는 모두 33건이다. 대부분 송규렴이 며느리 칠원 윤씨와 딸,
손자/손녀에게 보낸 것이다.

〈『선찰』 소재 언간〉의 발신자와 수신자 관계

| 구분 | 관계 | | 건수 |
	발신자	수신자	
1	시아버지	며느리	17
2	아버지	딸	5
3	할아버지	손자, 손녀	5
4	오빠	동생	1
5	삼촌	조카	1
6	상전	노비	1
7	송규렴	미상	3
계			33

〈추사가 언간〉은 김일근(1982a, 1982b)에서 소개된 23건과 '추사 김정희 서
거 150주기 특별전'(2006~2007) 등을 통해 공개된 22건, 총 45건이다. 18세기
중반에서 19세기 중반까지 추사를 중심으로 상하 5대에 걸쳐 쓰여진 편지
가운데 추사를 제외한 추사 집안 사람들의 편지 45건을 이른다. 45건 가운
데 남성이 쓴 편지는 총 26건으로 김노경이 부인 기계 유씨와 어머니, 며느
리, 서녀, 질녀 등에게 쓴 편지가 대부분을 차지하며, 김상희, 김관제가 쓴
편지가 그 일부를 차지한다.

〈추사가 언간〉의 발신자와 수신자 관계

구분	관계		건수
	발신자	수신자	
1	남편	아내	7
2	아들	어머니	1
3	시아버지/할아버지	며느리/질녀/손녀 등	8
4	시아버지	며느리	6
5	손녀사위	장조모	1
6	庶弟	嫡兄	1
7	오빠/동생	누나/서매	2
계			26

〈의성김씨 학봉 김성일가 언간〉은 안동 금계(金溪)의 학봉(鶴峰) 김성일(金誠
一) 종가(宗家)에 전하는 언간 가운데 167건을 추려 〈의성김씨 김성일파 종택
한글 간찰〉이라는 이름으로 한국학중앙연구원에서 소개한 것을 대상으로

〈의성김씨 학봉 김성일가 언간〉의 발신자와 수신자 관계

구분	관계		건수
	발신자	수신자	
1	아버지	딸	3
2	남편	아내/첩	4
3	아버지	아들	1
4	상급관	하급관	6
5	하인	상전	1
6	시아버지	며느리	8
7	장인	사위	1
8	조카/삼촌	외숙모/조카	2
9	아들	어머니	1
10	의원	환자	3
11	김진화	미상	1
계			31

한다.[11] 이 가운데 남성이 쓴 언간은 모두 31건이다. 김광찬, 김주국, 김진화 3대가 아내, 며느리, 딸 아내 등에게 쓴 편지가 대부분을 차지하며 그 밖의 인물들이 쓴 편지들이 있다.

〈추사언간〉은 추사 김정희가 쓴 언간 40건을 이른다. 40건 모두 김정희가 계배(繼配) 예안 이씨와 며느리 풍천 임씨에게 쓴 것이다. 김정희가 아내 예안 이씨에게 보낸 것이 38건이고, 며느리 풍천 임씨에게 보낸 것이 2건이다. 아내에게 보낸 38건 편지의 무대는 부인과 헤어져 있었던 서울과 예산을 중심으로 대구, 평양, 고금도, 제주도 등지가 되고 있으며, 유배 생활, 병을 앓고 있는 아내에 대한 걱정, 손자의 출생, 혼사와 회갑, 가족의 죽음이나 제사 등 종손으로서 본가와 처가의 집안일을 챙기는 일, 의복 문제, 노환과 질병 등에 대한 고통 등의 내용이 나타나 있다.

〈은진송씨 송병필가 언간〉의 발신자와 수신자 관계

구분	관계		건수
	발신자	수신자	
1	남편	아내	18
2	시아버지	며느리	11
3	사위	장모	2
4	아버지	딸	5
5	오빠/동생	동생/누나	2
6	사촌동생	사촌형	2
7	조카	고모	1
8	남자	남자(관계 미상)	1
계			42

---

11 이종덕·이승희·이병기·김한별(2019)에서는 『조선시대 한글편지 판독자료집』(황문환 외, 2013)의 의성김씨 학봉 김성일가 언간 167건(총량 171건), 의성김씨 천전파 언간 41을 비롯하여 이에 포함되지 않은 75건을 합하여 〈의성김씨 학봉 종가 언간〉이라는 이름으로 총 287건을 소개하였다. 여기에서는 『조선시대 한글편지 판독자료집』에 실린 언간을 기준으로 한다.

〈은진송씨 송병필가 언간〉은 충북 영동 일대에 거주한 송병필과 그 후손을 중심으로 일가 인물들 사이에 오간 언간 91건을 이른다. 여기에서 남성이 쓴 언간은 모두 42건인데 송병필이 아내에게, 송지수가 며느리에게, 이용연이 딸에게 쓴 편지가 대부분을 차지한다.

개별 남성 언간을 소개하고 발신자와 수신자의 관계를 밝히면 다음과 같다.

〈신창맹씨묘출토언간〉은 2건으로, 2011년 신창 맹씨의 목관 내에서 복식을 수습하는 도중 소렴금의 머리맡에서 출토되었다. 1490년경 남편인 나신걸(羅臣傑)이 고향에 있는 아내 신창 맹씨에게 보낸 편지로, 현존하는 가장 오래된 언간이다.

〈정철 언간〉은 송강(松江) 정철(鄭澈)의 후손가에 전해지는 언간 3건을 이르는데, 그 중 남성이 쓴 언간은 1건이며, 정철이 아내 문화 유씨에게 보낸 것이다.

〈김성일 언간〉은 학봉 김성일(金誠一)이 1592년 안동 본가에서 장모를 모시고 있는 부인에게 쓴 언간 1건이다.

〈허목 언간〉은 미수(眉叟) 허목(許穆, 1595~1682)이 조카(조카딸)에게 쓴 언간 1건을 가리킨다.

〈송시열 언간〉은 우암(尤庵) 송시열(宋時烈, 1607~1689)이 쓴 언간 10건을 이른다. 장손(長孫)인 송은석(宋殷錫)의 처 밀양 박씨(密陽朴氏)에게 쓴 언간 1건과 제자인 정보연(鄭普衍)의 처 여흥 민씨(驪興閔氏)에게 쓴 언간 2건, 조일주(曹一周)에게 출가한 종손녀 은진 송씨(恩津宋氏)에게 쓴 언간 7건이다.

〈성대중 언간〉은 청성(靑城) 성대중(成大中)의 글씨를 모은 필첩(筆帖) 『靑城簡帖』에 아들에게 쓴 한문편지가 들어 있는데, 그 편지 속에 함께 쓰인 언간 1건을 가리킨다. 이 편지는 성대중이 자식들과 아내 전주 이씨에게 보낸 편지이다.

〈김윤겸 언간〉은 조선 후기 화가인 진재(眞宰) 김윤겸(金允謙)이 일가의 먼 친척에게 쓴 것으로 추정되는 언간 1건을 가리킨다.

〈정약용 언간〉은 다산(茶山) 정약용(丁若鏞)이 1831년 3월 자형(姉兄)에게 쓴 한문편지 옆에 누님을 위해 한글로 몇 줄 적은 언간 1건을 가리킨다.

발수신자의 관계를 통해 본 사대부 남성의 언간

사대부 남성이 보낸 언간의 수신자는 여성이 대부분이고 수신자가 남성인 경우도 존재한다. 이 글에서 대상으로 하는 529건을 수신자를 중심으로 구분하면 다음과 같다.

사대부가 남성 편지의 수신자 성별 구분

수신자 성별	여	남	미상[12]	계
건수	505	21	7	533
비율(%)	94.7	3.9	1.3	100

본고에서 대상으로 하는 총 529건 가운데 사대부 남성이 여성에게 보낸 편지는 501건으로 전체의 94.7%를 차지하는 반면 사대부 남성이 남성에게 보낸 편지는 총 21건으로 4%를 차지한다.[13] 사대부 남성의 언간의 수신자가 주로 여성인 이유는 남성의 문자 생활과 깊은 관련을 맺고 있다. 기본적

---

12 여기에서 미상은 발신자는 남성이지만, 수신자의 성별을 모르는 경우이다.

13 2장의 〈표1〉에서 남성이 남성에게 보낸 편지는 모두 19건이라고 하였는데 이는 『조선시대 한글편지 판독자료집』만을 대상으로 왕실 언간, 사대부 언간을 모두 계산한 것이다. 여기에서 21건은 왕실 언간을 제외하고 『조선시대 한글편지 판독자료집』에 포함되지 않은 사대부 남성이 남성에게 보낸 언간이 추가된 것이다.

으로 남성에게는 주로 한문을 이용하여, 여성에게는 한글을 이용하여 편지 쓰기가 이루어졌기 때문이다.

남남간의 언간

남성이 보낸 언간 가운데 기록상으로 가장 이른 언간은 왕실에서 보낸 것으로, 앞에서 언급한 바와 같이 1451년(문종 1) 양녕대군이 조카 문종에게 언문(諺文)으로써 김경재(金敬哉)로 하여금 상경하여 그 딸을 시집보내도록 하기를 청한 언간이다. 그러나 현존하는 언간 가운데 사대부 또는 중인이 쓴 언간으로서 최고(最古)의 언간은 〈신창맹씨묘출토언간〉으로 불리는 1490년대의 나신걸이 아내 신창 맹씨에게 보낸 것이다.

남성이 남성에게 보내는 편지의 기본적인 언어는 한문이지만, 한글로도 편지를 주고받았다. 남성간의 편지를 관계별로 구분하면 다음과 같다.

사대부가 남성이 남성에게 보낸 편지의 발신자와 수신자의 관계

관계 구분	건수	비율(%)
상하간	11	52.4
형제간	3	14.3
부자간	1	4.8
옹서간(翁壻間)	1	4.8
미상	2	9.5
기타	3	14.3
계	21	100

수신자인 남성이 한자를 모르는 경우에는 언간을 보내는데, 남남간의 언간 가운데 대다수가 상하 간에 주고받은 것들이다. 사대부인 상전이 하위자

에게 보낸 언간 가운데 그 수신자가 한자를 모를 노비에게 보낸 언간은 17세기에 집중해서 나타나며,[14] 19세기에는 하인이 상전인 양반에게 보낸 언간도 나타난다. 또한 중앙 관아에 딸려 있던 구실아치인 경아전과 지방관이 주고받은 편지들도 보인다. 한문도 깨치고 있을 경아전이 양반과 언문을 주고받았다는 사실은 이미 이 시기에 남성 사이에서도 언간이 보편화되고 있었음을 보여준다고 할 수 있다. 형제간에도 언간이 왕래되었는데 이 역시 19세기 말에 나타나며 20세기 초에는 남남 간의 언간은 꽤 보편적이었을 것으로 생각된다.

이 글에서 대상이 되는 편지 가운데는 부자간과 옹서간(翁壻間)의 편지도 존재한다. 부자간의 편지는 1765년 김주국이 죽은 아들 김광찬에게 보낸 것인데, 한문으로 쓰지 않고 한글로 쓴 것은 이 편지의 내용을 며느리에게 보여주기 위한 것이다. 옹서 간(翁壻間)의 편지는 김진화가 사위인 권 서방에게 보낸 편지로 추정되는데, 42세 부인의 오른손이 붓는 증상을 기록한 증록(症錄)이다. 이 편지는 한문과 한글이 섞여 있으며 한문과 한글 편지가 그 내용이 이어지는 것으로 보아 사위에게도 말을 전하고 또 다른 제3자에게도 증상을 전하고자 한 것으로 보인다. 기타로 제시한 언간 역시 모두 증상을 기록한 증록(症錄)에 해당된다. 이 증록은 모두 국한문 혼용체이다. 의원으로 추정되는 서울의 정 주부가 김진화에게 보낸 편지로 모두 1848년, 1849년에 쓰여진 것들이다. 의원이 국한문 혼용체로 편지를 쓴 것은 의학적 지식이 부족할 수 있는 김진화에게 증상과 처방에 관한 내용을 정확하게 전달하기 위한 것으로 판단된다.

---

14 이는 17세기에 이미 노비들도 한글을 깨쳤다는 것을 보여주는 것이다.

남녀간의 언간

사대부가 남성이 여성에게 보낸 편지는 총 501건이다. 먼저 관계별로 구분하면 다음과 같다.

남성이 여성에게 보낸 편지의 발수신자 관계

관계 구분	건수	비율(%)
부부간	310	61.4
시아버지-며느리 간	54	10.7
모자간	33	6.5
부녀간	31	6.1
남매간	24	4.8
친척간	9	1.8
구부간(舅婦間)+조손간	8	1.6
장서간(丈壻間)	6	1.2
조손간(祖孫間)	9	1.8
부부간+부녀간	2	0.4
기타	19	3.8
계	505	100

조선시대 언간의 발신자와 수신자를 살펴보면 대체로 가족 간이나 친족 간에 주고받은 것이 대부분이다. 사대부가 남성이 여성에게 쓴 언간도 주로 아내, 딸, 어머니, 며느리, 누나/누이 등 가족 간이나 고모, 이모 등 친족 간에 주고받은 것이 대부분이다. 그 가운데서도 아내에게 보낸 편지가 61.9%를 차지하는데, 이는 사대부가 남성은 주로 임지에서 가정에 대한 걱정, 의식(衣食)에 대한 요청, 손님맞이에 대한 부탁, 봉제사와 집안일에 대한 당부 따위를 언간을 이용하여 전달했기 때문이다. 그다음으로 많은 비율을 차지하는 것이 사대부 남성이 며느리에게 보낸 편지이며, 그다음이 어머니와 시

집간 딸에게 보낸 편지이다.

　사대부 남성이 가족이나 친족이 아닌 여성에게 보낸 편지는 한 건이 전한다. 조선시대 사대부 남성은 가족이나 친척이 아닌 여성에게 편지 쓰는 것을 예가 아니라고 생각했기 때문이다. 이러한 사실은 송시열이 송보연이라는 제자의 아내에게 보낸 언간의 첫머리에서 드러난다.

　　네 쥬즈ㅣ라 ᄒᆞᆸ실 셩현네겨ᄋᆞᆸ셔 서ᄅᆞ 친ᄒᆞ온 부인네ᄢᅵ 권당 아니와도 편지ᄒᆞᆸ시던 일이 겨ᄋᆞᆸ시더니 죄인이 그 례롤 의거ᄒᆞ와 ᄒᆞᆫ 적 편지롤 알외ᄋᆞᆸ고져 ᄒᆞ오더 이제 시절의 업ᄉᆞ온 일이오매 즈져ᄒᆞᆸ더니 엇그제 ᄒᆞᆫ가지로 죄 닙ᄉᆞ온 사롬의 녀편네 죄인의게 덕어 뭇ᄌᆞ왓ᄉᆞᆸ거늘 혜오매 이제도 이 일이 해롭디 아니ᄒᆞᆸ도다 ᄒᆞ와 천만 황공ᄒᆞᆸ다가 덕ᄉᆞ와 알외ᄋᆞᆸᄂᆞ이다〈송시열-2, 1679년, 송시열(제자의 스승)→민씨(제자의 아내)〉

　　[옛날 주자(朱子)라 하는 성현네께서 서로 친한 부인네께 친척 아니어도 편지하던 일이 계시더니 죄인이 그 예를 의거하여 한번 편지를 아뢰고자 하되 지금 시절에 없는 일이매 주저하더니 엇그제 한가지로 죄 입은 사람의 부인이 죄인에게 적어 물어왔거늘 생각하매 이제도 이 일이 해롭지 않구나 하여 천만 황공하다가 적어 아룁니다.]

　이 편지에서 제자의 아내에게 편지를 보내는 것은 주자가 서로 친한 부인에게 편지 보내는 것에 의거한 것이지만, 송시열이 편지를 쓰는 시절에는 그러한 일이 없었다는 것을 말해 주고 있다. 또한 이렇게 제자의 아내에게 편지를 하는 것은 함께 죄를 입은 사람의 부인이 자신에게 편지를 해 물어본 것을 근거로 지금도 다른 여성과 편지를 주고받는 것이 해롭지 않다고 생각하였기 때문이라는 것이다. 다른 여성이 자신에게 보낸 편지 운운하는 것은 송시열이 제자의 아내에게 편지를 보내는 것에 대한 변명거리를 만들기 위한 것으로 보인다.

사대부가 남성 언간의 주제

편지는 장르적 특성상 안부를 비롯하여 다양한 내용이 포함되어 있다. 따라서 남성과 여성의 편지의 특성을 찾아보기 위해서는 이들이 쓴 편지의 내용이 무엇인지를 살펴보는 것도 유용할 것이다. 김무식(2009)에서는 〈순천김씨묘출토간찰〉, 〈진주하씨묘출토언간〉, 〈은진송씨 동춘당 송준길가 언간〉, 〈은진송씨 송준길가 『선세언독』 언간〉, 〈은진송씨 제월당 송규렴가 『선찰』 소재 언간〉를 대상으로 주제별로 분류하고 이를 통해 이들 편지의 특징을 살펴본 바 있다. 여기에서 사용된 주제는 '안부 및 문안, 부모, 자식, 형제, 부부, 혼사, 상사(喪事), 제사, 병환, 가사, 인생사 및 신세 한탄, 과거 및 벼슬, 해산, 가문, 학문, 언문, 굿 및 책력, 실용 목적' 등 17가지이지만, 여기에서는 언간집에 따라서 특별히 나타나는 주제를 추가하였다.[15] 김무식(2009)에서 제시한 통계[16]를 바탕으로 사대부 남성 언간의 주제에는 어떠한 특징이 있으며 여성과 남성 언간의 차이점은 무엇인지 간략하게 분석해 보고자 한다.

---

15 김무식(2009)에서 '안부 및 문안'은 위에 제시된 다른 주제가 없이 오로지 안부만 문의한 것과 하나 정도의 다른 주제가 나타난 경우로만 한정하였으며, '실용 목적'은 주로 위의 주제 외에 특별히 필요한 일을 당부했을 경우에 한정해서 통계를 내었다.

16 김무식(2009)에서 〈순천김씨묘출토간찰〉, 〈진주하씨묘출토언간〉, 〈은진송씨 동춘당 송준길가 언간〉, 〈은진송씨 송준길가 『선세언독』 언간〉, 〈은진송씨 제월당 송규렴가 『선찰』 소재 언간〉에서 남성과 여성이 쓴 편지의 주제를 백분율로 나타내고 바(bar) 형식의 도표를 보였다. 이 도표는 이해하기가 쉽지 않으므로 여기에서는 이 백분율을 막대그래프 형식으로 다시 제시할 것이다.

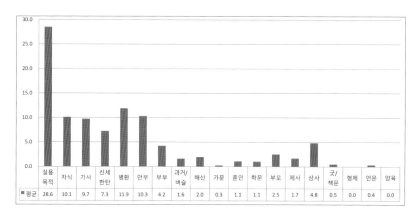

사대부가 남성 언간의 주제별 빈도 비율

	실용목적	자식	가사	신세한탄	병환	안부	부부	과거/벼슬	해산	가문	혼인	학문	부모	제사	상사	굿/책문	형제	언문	양육
평균	28.6	10.1	9.7	7.3	11.9	10.3	4.2	1.6	2.0	0.3	1.1	1.1	2.5	1.7	4.8	0.5	0.0	0.4	0.0

사대부 남성 언간의 주제 중 가장 높은 비율을 차지하는 것은 집안일에 대한 당부, 어떠한 물품을 보내줄 것, 특별히 필요한 일을 당부와 같은 실용적 목적이다. 그 밖에 집안사람의 병환, 신세 한탄, 안부, 가사, 자식, 상사, 부부 관련 내용이 주를 이룬다. 여기에서 주목되는 것은 안부와 실용적 목적이 편지의 기본 기능이라고 하였을 때, 이러한 기본적 기능을 제외하면 자식, 가사와 부부, 병환, 신세 한탄 관련 주제가 다른 주제에 비해 상대적으로 높은 비중을 차지한다는 것이다. 일반적으로 조선시대에는 가부장적 가치가 높이 평가되고 이에 따라 남성은 가정이나 부부 관련 문제에 소홀했을 것으로 판단되지만 실제 생활을 반영한 편지에서는 그렇지 않게 나타났음은 흥미롭다. 이는 김무식(2009)에서 지적한 바와 같이 남성 화자 편지의 경우는 대개 집에서 출타 중에 보내 가서(家書) 형식의 편지가 많았던 것도 그 원인으로 판단된다.

그런데 이러한 사대부가 남성 편지의 주제는 여성의 그것과 차이를 보인다. 다음의 그림은 남성과 여성의 주제를 비교해 본 것이다.

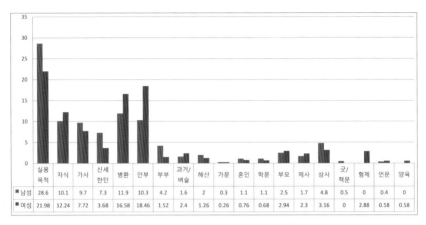

	실용 목적	자식	가사	신세 한탄	병환	안부	부부	과거/ 벼슬	해산	가문	혼인	학문	부모	제사	상사	굿/ 책문	형제	언문	양육
남성	28.6	10.1	9.7	7.3	11.9	10.3	4.2	1.6	2	0.3	1.1	1.1	2.5	1.7	4.8	0.5	0	0.4	0
여성	21.98	12.24	7.72	3.68	16.58	18.46	1.52	2.4	1.26	0.26	0.76	0.68	2.94	2.3	3.16	0	2.88	0.58	0.58

사대부가 남성과 여성 언간의 주제 비교

　우선 사대부가 여성의 편지와 남성의 편지의 주제는 큰 차이가 없으나, 주제의 비율은 큰 차이를 보인다. 남성은 실용 목적, 가사, 신세 한탄, 부부, 상사, 책문과 관련된 주제에서 더 큰 관심을 보이는 반면, 여성은 자식, 병환, 안부, 부모, 형제, 양육과 관련된 주제에서 남성보다 더 큰 관심을 보이고 있다. 남성이나 여성의 편지에서 모두 가문이나 혼인, 학문 등의 문제는 큰 관심 주제가 아니었다.

　남성의 편지와 비교했을 때 여성의 편지에는 병환이나 안부 문제와 관련된 주제가 더 많이 나타난다. 물론 여성의 편지에도 실용적 목적의 내용이 있으나 남성의 그것과는 차이가 크다. 또한 자식에 대한 걱정이나 부모에 대한 걱정이 남성 편지에 비해 높게 나타나는데, 여성의 편지는 시집간 딸이 친정어머니에게 보내는 편지나 친정어머니가 시집간 딸에게 보내는 편지가 큰 비중을 차지하기 때문인 것으로 판단된다. 또한 여성의 편지나 남성의 편지 모두에서 부모와 관련된 주제보다 자식과 관련된 주제가 많은데, 이는 부모가 자식에게 보낸 편지가 많은 것도 이유이겠지만, 부모가 자식을 생각하는 마음이 더 큼을 보여 준다고 할 있다. 여성의 편지에 비해 남성의 편지에서 자신의 신세 관련 이야기는 상대적으로 더 많이 드러난다. 이는 편지 주인공의 개인적 성격이나 편지의 구성과도 관련이 있는 것으로 판단되지만, 대상으로 한 언간의 남성들이 주로 외지에서 근무하여 자신의 어려운 상황을 여성에게 전달하는 것과 관련이 깊은 것으로 보인다.

참고문헌

김무식(2007), 「한글편짓글에 반영된 조선조 여성의식과 문화」, 『여성과 사회』, 태평양
학술문화재단, 1-90.

김무식(2009), 「조선조 여성의 문자생활과 한글편지 - 한글편짓글에 반영된 조선조 여성
의식과 문화(1)」, 『인문학논총』 14(2), 경성대인문과학연구소, 1-25.

김봉좌(2004), 「조선시대 방각본 언간독 연구」, 한국학중앙연구원 한국학대학원 석사학
위논문.

김일근(1969), '孝宗大王 在瀋陽 諺簡'의 問題點-主格助詞〈가〉의 最初記錄, 『겨레어문학』
5, 겨레어문학회, 19-27.

김일근(1982a), 「秋史家의 한글 편지들(上)」, 『文學思想』 114, 396-416.

김일근(1982b), 「秋史家의 한글 편지들(下)」, 『文學思想』 115, 363-382.

김일근(1986/1991), 『三訂版諺簡의 研究』, 건국대학교 출판부.

김종택(1979), 「諺簡을 通해 본 近世前期語의 斷面: 李東標先生의 諺簡을 中心으로」, 『語
文研究』 4, 경북대학교 어문연구소, 1-12.

박부자(2015), 「『林滄溪先生墨寶國字內簡』 수록 언간에 대한 연구」, 『국어사 연구』 21,
국어사학회, 157-193.

배영환(2012), 「현존 最古의 한글편지 '신창맹씨묘출토언간'에 대한 국어학적인 연구」,
『국어사 연구』 15, 211-239.

백두현(2001), 「조선시대 한글 보급과 실용에 관한 연구」, 『진단학보』 92, 진단학회,
193-216.

백두현(2003), 『현풍곽씨언간 주해』, 태학사.

백두현(2011), 『한글 편지로 본 조선 시대 선비의 삶』, 역락.

백두현(2015), 『한글 편지에 담긴 사대부가 부부의 삶』, 한국학중앙연구원 출판부.

백두현(2019), 『증보판 현풍곽씨언간 주해』, 역락.

이래호(2015), 「조선시대 언간 자료의 현황 및 그 특성과 가치」, 『국어사연구』 20, 국어

사학회, 65-126.

조항범(1998), 『註解순천김씨묘출토간찰』, 태학사.

황문환(2002), 「조선시대 언간과 국어 생활」, 『새국어생활』, 12권 2호, 국립국어연구원, 133-145.

황문환(2002), 『16, 17세기 언간의 상대경어법』, 태학사.

황문환(2004a), 「조선 시대 언간 자료의 연구 현황과 전망」, 『어문연구』 122, 한국어문교육연구회, 69-94.

황문환(2004b), 「추사(秋史)한글 편지의 국어학적 특징에 대한 일고찰」, 『한국어의 역사』, 보고사, 363-382.

황문환(2010), 「조선시대 언간 자료의 현황과 특성」, 『국어사연구』 10, 국어사학회, 73-131.

황문환(2013), 「조선시대 언간 자료의 종합화와 활용 방안」, 『한국어학』 59, 한국어학회, 39-74.

황문환·김주필·배영환·신성철·이래호·조정아·조항범[한국학중앙연구원 생활사연구소](2016), 『조선시대 한글편지 어휘사전(1~6)』, 역락.

황문환·임치균·전경목·조정아·황은영 엮음[한국학중앙연구원 생활사연구소](2013), 『조선시대 한글편지 판독자료집(1-3)』, 역락.

언간에 나타난 사부대가 남성의 높임법

관계에 따라 달라지는 높임법

의사소통을 할 때 화자는 자신의 의사를 효과적으로 전달하기 위해 내용의 구성, 표현의 문제, 전달하는 방식 등 많은 요소들을 고려할 것이다. 그 가운데 높임법도 중요한 고려 요소 중의 하나이다. 화자와 청자 사이에 적절한 언어적 대우가 이루어지지 않는다면 의사소통이 원만히 이루어질 수 없으며 그 결과 의사소통이 실패로 끝날 수도 있다.

그런데 지인이나 가족관계에서 의사소통을 할 때는 일반적으로 이미 결정된 관계나 친밀도에 따라 상대방에 대한 언어적 대우가 이루어지고 그러한 관계는 특별한 변화가 생기지 않는 이상 잘 바뀌지 않는다.

동일한 상대방이라 할지라도 어떠한 의사소통의 방식을 취하느냐에 따라 언어적 대우가 달라지기도 한다. 예를 들어, 가정에서 대화할 때 부모에게 해체를 사용하는 자식이 편지를 쓸 때는 부모에게 해체를 사용하지 않고 최소한 해요체 이상을 사용한다. 부부간에도 대화할 때 서로 해체를 사용하더라도 편지를 쓸 때는 해요체를 쓰는 경우가 많으며, 평소 상위자나 손윗사람과 대화할 때 해요체나 하십시오체를 사용해도 편지를 보낼 때는 더 격식을 차리려고 하는 경향이 있다.

높임법과 관련하여 조선시대에 실제 대화에서 쓰이는 말과 편지에서 나타나는 말에 어느 정도의 차이가 있었는지는 확인할 길이 없다. 비교 대상인 구어 자료가 남아 있지 않기 때문이다. 그러나 평소에 오륜을 강조하던 엄격한 유교 사회에서 대화할 때의 높임법과 편지에서의 높임법이 크게 차이 나지는 않았을 것이다. 다만, 상위자나 손윗사람에게 편지를 보낼 때 현대처럼 더 깍듯했을 것이라는 정도의 추측은 가능하다.

옛날 사대부가 남성들이 여성에게 편지를 보낼 때 관계에 따라 다양한 높임법을 사용하였을 것이다. 물론 현대와 같이 자신보다 나이, 지위가 높은 사람들에게는 현대국어의 하십시오체에 해당하는 ᄒᆞ쇼셔체를 사용했을 것은 어렵지 않게 짐작할 수 있다. 그러면 부인, 장모, 서모, 동기간, 며느리, 외간 여성 등에게는 어떠한 높임법을 사용하였을까?

부인에 대한 대우

부부는 성인이 되어서 맺어진 새로운 관계이면서 그 누구보다도 가깝고 허물없는 사이이다. 그래서 그런지 요즘 부부 사이에서 서로를 호칭하는 말도 자유분방한 면을 동시에 보이기도 한다. 부부간에 부르는 말을 몇 가지만 들어보면 "○○ 씨, ○○야, 자기야, 여보, 이봐요, 아저씨, 오빠, 아빠, 야, 어이, 마누라, 와이프, 하니, 달링" 등 일일이 헤아리기 어려울 정도이다.

부부간의 높임법도 그렇다. 나이 든 부부간에 하십시오체, 하오체, 해요체를 사용하는 경우도 있지만, 젊은 부부들은 하십시오체, 하오체는 거의 사용하지 않는 듯하고, 주로 해요체나 해체, 해라체를 사용하는 듯하다. 또한 남들 앞에서는 해요체를 사용하지만 집안에서는 서로간에 해체, 해라체를 사용하기도 한다. 상황에 따라서는 싸울 때는 의식적으로 하십시오체, 해요체를 사용하기도 하고 그 반대의 경우도 있다. 그런데 부부간이라도 편지를 주고받을 때는 평소에 쓰던 다양한 화계도 어느 한 가지로 집중되는 경향을 보이기도 하며 편지라는 매체의 특성 때문에 좀 더 격식을 차리기도 한다.

현대 편지에서는 일반적으로 수신자를 호칭하는 어휘가 그리 많이 등장하지는 않는다. 수신자를 지칭할 경우, 직책이나 관계를 지칭어로 쓰거나 특별한 경우 상대방의 대우에 맞는 대명사를 지칭어로 쓰기도 한다.

이러한 사정은 조선시대에도 마찬가지였는데, 언간 자료에서 남편이 아내를 호칭하는 호칭어는 나타나지 않는다. 16~17세기 언간에서 남편이 아내를 지칭할 때 '자내'가 사용되었다.

> 비 지믄 스믈서나홀 스이 내려니와 <u>자내</u> 부모는 일뎡 스므이튼날 나시ᄂᆞᆫ가 머흐리 나완ᄂᆞᆫ가 보기ᄂᆞᆫ 여ᄐᆡ 아니 와시면 ᄀᆞ장 슈샹ᄒᆞ도쇠 나ᄂᆞᆫ 집 근심 계워 수이 늘게 되연뇌 유더기ᄂᆞᆫ 제 아자비ᄅᆞᆯ 달화 보려니와 제 아비 아니 혀낸가 ᄒᆞ뇌 아무리 ᄒᆞ다 어더 갈고 인ᄂᆞᆫ 죵이나 어엿비 녀기소 나도 <u>자내</u> 부모 가실 제 홈ᄭᅴ 가고져 ᄒᆞ건마ᄂᆞᆫ 완ᄂᆞ니 한시글 디내고 엿쉔날 나가고져 ᄒᆞ뇌
> 〈순천김씨묘-020, 1550~1592년, 채무이(남편)→순천김씨(아내)〉

[배(船)] 짐은 스무사나흘 사이 내려오거니와 자네 부모는 필경 스무이튼날 나가시는가? 험하게 나왔는가? 복이는 여태 오지 않았으면 매우 수상하네. 나는 집 근심 이기지 못하여 빨리 늙게 되었네. 유덕이는 제 숙부를 다루어 보려니

와 제 아비 아니하여 냈는가 하네. 아무리 한다 한들 어디 갈까? 있는 종이니 불쌍히 여기소. 나도 자네 부모 가실 때 함께 가고자 하건마는 왔으니 한식(寒食)을 지내고 엿샛날 나가고자 하네.]

   더근 거슨 주세 보아니와 저의 셜워훈다 호고야 제곰 집의 나려 <u>홀가</u> <u>자내게옷</u> 호 섭디 아니호면 삼년으란 아므려나 훈 집의 살고 삼년 후에 제곰 나고려 호니 <u>자내</u> 짐쟉호여 긔별호소 친어버이 친주식 수이예도 편치 아닌 이리 혹 잇거든 호몰며 다슴어버이와 훈 집의 살며 엇디 일마다 다 됴케야 싱각 <u>홀고</u> <u>자내게</u> 하 섭게 아니커든 삼년으란 견디게 호고 하곳 섭게 호거든 다시 긔별호소〈진주하씨묘-006, 17세기 전기, 곽주(남편)→진주하씨(아내)〉

   [(편지에) 적은 것은 자세히 보았거니와 저(=李昌)가 서러워한다고 해서 제각기 집에서 나가려 할까(=제각각 집에서 내보낼 수야 있겠는가). 자네에게 너무 많이 서럽게 하지 아니하면 삼년은 아무튼 한 집에 살고, 삼 년 후에는 제각각 나가게 하고자 하니 자네가 짐작하여 기별하소 친어버이와 친자식 사이에도 편치 않은 일이 혹 있거늘, 하물며 의붓어버이와 한 집에 살며 어찌 일마다 다 좋게야 생각할꼬. 자네에게 많이 서럽게 아니하거든 삼 년은 견디고 많이 서럽게 하거든 다시 기별하소.]

   위 편지들은 16세기 중후기의 〈순천김씨묘출토간찰〉과 17세기 전반의 〈진주하씨묘출토언간〉이다. 이들 편지에서는 아내에게 한결같이 '자네'를 사용하여 지칭하고 종결형은 호소체를 사용하고 있다. 16세기, 17세기의 '호소체'는 호여라체(안높임)와 호쇼셔체(높임) 사이의 중간 등급에 해당하는 화계이고 '자네'는 이 호소체의 대표적인 2인칭 대명사로 자리잡은 형식(황문환 2002)이었으므로 곧 이 시기 남편은 아내에게 안높임과 높임 사이의 호소체를 사용하여 대우하며 '자내'로 지칭하였다고 할 수 있다.

'자내'는 ᄒ여라체의 '너'와 비교할 때 '너'의 어휘적 경어(語彙的敬語)로 볼 수 있다. 황문환(2007:125)에서는 '자내'는 '자내끠'와 같이 존칭의 조사와 결합한 예가 나타나지 않고 항상 평칭의 '자내게'와 같이 나타난다는 점, ᄒ소체와 공존하는 종결형에 "화자 겸양"의 '-습-'이 결합한 예를 보여 주지 않는다는 점에서 '자내'가 명실상부한 '너'의 존칭은 아니라고 하였다. 이에 따르면 16세기 중후반, 17세기 전반의 남편은 아내에게 '자내'를 쓰고 ᄒ소체를 쓰기는 하나 '자내'로 지칭되는 아내에 대하여 존칭의 조사를 써서 존대하거나 '-습-'으로 겸양을 표시할 대상으로까지는 보지 않았다고 할 수 있다.

그런데 17세기 중기 언간부터는 '자내'와 ᄒ소체 종결형의 대우에 변화가 생기면서 아내에 대한 대우도 변화가 생긴다.

진ᄉ 오와눌 [隔]뎌그시니 보오와 [隔]긔운이 그만이나 ᄒ시니 깃ᄉ오며 ᄯᆯ도 한진ᄉ(韓進士)의 편지(便紙)예 져기 모로듯 ᄒ다 ᄒ여시니 그러구려 됴ᄉ올가 ᄇᆞ라오며 요ᄉᆞ이는 엇더ᄒ오며 [隔]**자내** 목증은 엇더ᄒ신고 념(念) ᄀᆞ이업습〈진주유씨가 묘 출토언간-17, 17세기 중기, 유시정(남편)→안동김씨(아내)〉

[진사(進士) 오거늘 적으니 보고 기운이 그만이나 하니 기쁘며 딸도 한진사(韓進士)의 편지(便紙)예 적이 모르듯 하다 하여시니 그러구러 도사(都事) 을가 바라며 요사이는 어떠하며 당신 목증은 어떠한고 걱정 가이없소]

겨집죵 톨이 며츠 될고 그 졈 긔별ᄒ오. 아긔 대상(大祥)이 닷새 이시니 [隔]**자내** 셜워ᄒ시는 양을 보는 듯ᄒᆞᆯ 분 아니와 혼자셔 디내게 되니 그런디 더욱 ᄆᆞ음을 뎡티 몯ᄒ여 공ᄉᆞᆯ ᄒ다가도 눈물을 금티 몯ᄒ니 그 모ᄅᆞᆫ 하인은 고이히 녀기는가 시브오며 ᄆᆞ음의 살 거슬 그ᄅᆞ ᄒ여 주긴 듯 시브니 요

스이는 좀든 스이도 닛디 몯ᄒ여 눈믈로 디내오며 대동문곧 보면 남대문 ᄀ
ᄐ여 반가오니 뎌리 얼골이나 ᄀ튼니롤 반가이 보리 삼고져 특특 셜위ᄒ오.
〈진주유씨가 묘 출토언간-11, 1647년, 유시정(남편)→안동김씨(아내)〉

[계집종 탈이 몇이 될까? 그 점 기별하오 아기 대상(大祥)이 닷새 남았으니 당신
서러워하는 모습을 보는 듯할 뿐 아니라 혼자서 지내게 되니 그런지 더욱 마음을
정하지 못하여 공사(公事)를 하다가도 눈물을 금치 못하니 그것을 모르는 하인은
괴이 여기는가 싶으며 마음에는 살릴 수 있는 것을 잘못 하여 죽인 듯싶으니 요사
이는 잠든 사이도 잊지 못하여 눈물로 지내며 대동문을 보면 남대문 같아 반가우
니 저토록 얼굴이나 같은 사람을 반갑게 보되 떠올리고자 하면 답답해하고 서러워
하오]

위 두 편지는 17세기 중기의 〈진주유씨가 묘 출토언간〉이다. 이들 편지
에서는 '뎌그시니', '긔운', '자내' 앞에 격간법(隔間法)이 적용되었는데 이들
은 모두 부인이나 부인과 관계된 것들이다. 격간법은 어떤 인물이나 그 인
물의 행위를 가리키는 표현 앞에서 한두 자 정도를 여백으로 비워 해당 인
물에게 존대를 표시하는 방법이다. 그러므로 '자내' 앞에 격간법이 적용되
었다는 사실은 '자내'로 지시되는 인물에 대하여 대우가 이전과 달라졌을
가능성을 시사한다.(황문환 2007:126)

또한 화자 겸양의 '-습-'이 쓰이고 있고 종결법에 변화가 있다. 중세국어
에서 객체 존대를 나타냈던 '-습-'이 이 시기 화자 자신을 낮춰 청자를 대
우해 주는 기능으로 변화하였는데, '보오와', '깃스오며', '됴스올가', '시브
오며', '디내오며'에서 보는 바와 같이 '-습-'이 쓰여 청자인 부인을 높이고
있다. 또한 '-습'으로 끝나는 ᄒ오체 종결형이 쓰이고 있다. '-습' 역시 "화
자 겸양"의 '-습-'과 관련되고 그러한 기능이 종결형으로 굳어진 것이다.

황문환(2007:127)에서는 종결형에 '-습-'이 본격적으로 관여하기 시작한 것은 '자내'에 격간법이 적용된 사실과 더불어 '자내'로 지시되는 인물에 대하여 대우가 보다 격상된 것과 무관하지 않을 것이라고 해석하였다.

그런데 '자내'가 19세기까지 남편이 부인을 지칭하는 대명사로 계속 쓰인 것은 아니다. 17세기 후반부터는 남동생이 누나에게《창계-17》, 18세기에 숙모가 조카에게《추사가-03》, 누나가 남동생에게《선세언독-26》, 어머니가 아들에게《송준길가-36》》 보낸 편지 등에서 '자내'가 사용되기는 하였으나, 17세기 중반을 넘어서부터는 남편이 아내에게 '자내'라는 대명사를 사용한 예가 나타나지 않는다.

대신 18세기부터 일부 언간에서는 '게', '게셔' 등의 대명사가 새로이 쓰이기 시작하였다.(황문환 2007 참조)

수듕이 오나눌 덕으시니 보고 뫼옵고 대단 연고 업시 디내시니 깃브기 ᄀ 이업스디 편지마다 <u>겟</u> 병 말 어이 ᄌ시 아니 긔별ᄒ<u>옵는고</u> 아ᄌ바님 병환은 그러 구러 뎜뎜 더ᄒ<u>오신가</u> 시브니 념녀 측냥이 업습닉 …… 창동 사람 도라갈 제 편지ᄒ엿더니 보시<u>온가</u> 그리 일긋 ᄒ엿더니 두로막이가 두로 다 브쪽ᄒ여 안ᄌ면 념의들 못 ᄒ고 보션목지이 괴이ᄒ니 아마 <u>겟</u> 텬셩이오 내 팔ᄌ니 홀일업습닉 ᄒᄂ니 언마 더 드려 녜ᄉ로이 밍그올<u>쏘</u> 최 셔방의게는 덕은 것 보내여시되 시힝 못 ᄒ오니 감영 편지는 볼셔 내 그리 초 잡아 노코 도로 아니 보내노라 ᄒ 거시 갓던가 시브<u>외</u> 내 편지 답장이 그 말 볼셔 ᄒ니 더 답 업ᄉ니 <u>게셔</u> ᄒ여 브뎔업ᄉ니 고쳐 뻐서 후편의 보내고 두 분 진봉 답장 밧ᄌ와 보내<u>옵소</u>〈송준길가-57, 1739년, 송익흠(남편)→여흥민씨(아내)〉

[사중이가 와서 적으신 것 보고 (어른을) 모시고 큰 사고 없이 지내시니 기쁘기 그지없되 편지마다 당신이 병을 앓고 있다는 말은 어찌 자세히 기별하

지 않았는가. [아즈마님] 병환은 그러하여 점점 더 하신가 싶으니 염려를 헤아릴 수가 없네. …… 창동 사람이 돌아갈 때 편지를 하였는데 보셨는가? 편지를 그렇게 일찍 못하였는데 두루마기가 두로 다 부족하여 앉으면 (두루마기) 생각을 못 하고 버선목까지 이상하니 아마도 당신의 천성이고 내 팔자이니 할 일이 없네(어찌할 도리가 없네)라고 하니 얼마를 더 들여야 예사롭게 만들까. 최 서방에게는 적을 것을 보내었는데 실제로 행하지는 못하니 감영의 편지는 벌써 내 그렇게 초안을 잡아 놓고 도로 보내지 않겠다고 한 것인데 갔는가 싶네. 내가 편지의 답장에 그 말을 벌써 했는데 대답이 없으니 당신이 하여도 부질없으니 고쳐 썻어서 나중 편에 보내고 임금께 보내는 두 분의 물건과 답장을 받아 보내소.]

어느덧 겨을 되오니 년흐야 편안이들 지내오시웁 경향의셔 다 일양 무고흐웁 천안셔 <u>게셔</u> 모양을 보니 그러치 아니홀 것 아니오나 <u>게셔가</u> 그리흐야 큰 병이 나시면 말이 되개슙 즉금을 유유 만슨가 집샤롬이 편안들 흐고 <u>게셔도</u> 더욱 몸을 도라보<u>와</u> 젼보다 더 보젼흐야야 이 쳔 니 대힉 밧긔 잇는 무음을 위로을 홀 거시니 미양 목젼의 일만 싱각 마<u>오시고</u> 널이 싱각흐고 큰게 무음을 먹어 아모듀록 편안이 지내 흐<u>웁</u> 집안일이 즉금은 더고 <u>게셔씌</u> 다 달여시니 응당 그런 도리은 알으시려니와 동동흔 무음은 별노 간졀흐와 이리 말슴을 구구히 흐<u>웁</u>〈추사-20, 1840년, 김정희(남편)→예안이씨(아내)〉

[어느덧 겨울이 되니 계속하여 편안히들 지내시오? 경향에서는 다 한결같고 별 탈이 없소? 당신이 무고해야 하는데 천안에서 당신 모습을 보니 그렇지 않을 듯하여 당신께서 그리 하다가 큰 병이 나시면 말이 되겠소? 지금의 모든 일들을 한가롭고 여유롭다고 생각하고 집에 있는 사람들이 편안들하고 부인도 더욱 몸을 돌보아 이 전보다 더 보전하여야 이천 리 대해 밖에 있는 나의

마음을 위로할 것이니 매번 내가 제주도로 유배를 온 그 일만을 생각하지 마시고 널리 생각하고 크게 마음을 먹어 아무쪼록 편안히 지내도록 하시오 집안 일이 지금은 더구나 당신께 다 달렸으니 마땅히 그런 도리는 아시려니와 진정되지 못한 마음이 특별히 간절하여 이렇게 말씀을 구구히 하오]

첫 번째 편지에서는 '게'와 '게셔'가 쓰이고 있고, 두 번째 편지에서도 '게셔'가 쓰이고 있으며 '게셔'에 존칭의 여격인 '끠'까지 결합되어 있다. 이 편지들이 모두 부인에게 보낸 편지이고 '게'와 '게셔'가 부인을 지칭하는 것으로 볼 수 있기에 '게', '게셔'는 '자내'와 같이 부인을 대우하는 어휘로 사용되었음을 알 수 있다. 또한 이들 '게', '게셔'는 ᄒᆞᆸ체, ᄒᆞᆸ소체와 함께 사용하고 있고, 서술어에도 화자 겸양의 '-습-'이 결합되는 경우가 상당히 많다. 16~17세기에 남편이 부인에게 보내는 언간에서는 화자 겸양의 '-습-'이 거의 쓰이지 않았다. 그러나 18세기 이후의 언간에서는 ᄒᆞᆸ소체나 ᄒᆞᆸ체와 함께 '-습-'에 청자를 높이는, 곧 부인을 높이는 변화가 일어난 것으로 볼 수 있다.

'게', '게셔'가 어떻게 부인을 대우하는 어휘로 정착하였는지는 알기 어렵지만, '게'가 2인칭을 지시하게 된 이유는 짐작해 볼 수 있다. '게'는 중세국어의 '그에'에 소급하는 어형으로, '그에'의 '그'는 '이, 그, 뎌'의 지시사 체계에서 "청자에게 가까운 대상"을 지시하는 '그'의 기능과 완전히 일치한다. '그에'가 '그어긔'(←그+억+의[처격])에서 축약된 형태임을 고려하면 '게'의 2인칭 지시는 중세국어의 '그듸'가 지시사 '그'를 포함하는 간접 표현에서 출발하여 완전히 2인칭 대명사로 정착한 경우와 본질적으로는 차이가 없다 할 것이다.(황문환 2007:128 참조)

요컨대, 16, 17세기 전반까지는 '자내'와 ᄒᆞ소체가 호응하나 부인을 지칭하는 '자내'에 존칭의 조사를 써서 존대하거나 '-습-'으로 겸양을 표시할 대상으로까지는 보지 않았다. 그런데 17세기 중기에서부터는 일부 편지에서 '자내'에 격간법이 적용되기도 하고 종결형에 '-습-'이 본격적으로 관여하기 시작하면서 부인에 대한 대우가 좀 더 격상되었다고 볼 수 있다. 한편 17세기 후기부터는 '자내'는 보이지 않고 그 대신 18세기부터 일부 언간에서 '게', '게셔' 등의 대명사가 새로이 쓰이기 시작하였다. 18세기 이후의 언간에서는 ᄒᆞᆸ소체나 ᄒᆞᆸ체와 함께 '-습-'을 사용하여 부인을 높이는 변화가 일어났다.

어머니와 서모에 대한 대우

16세기 중후기의 〈순천김씨묘출토간찰〉에는 아들이 어머니에게 쓴 편지는 없고, 17세기 전반의 〈진주하씨묘출토언간〉에서부터 아들이 어머니에게 쓴 편지가 등장하는데, 그 가운데 하나와 〈이동표가 언간〉의 편지를 보자.

> 두어 밤 스이 긔후 엇더ᄒᆞᆸ시니잇싸 긔별 모ᄅᆞ와 스모 무궁ᄒᆞ오이다 ᄌᆞ식
> 은 당시 무스히 잇ᄉᆞᆸ고 옹젼손도 쾌복ᄒᆞ엿ᄉᆞ오니 넘녀 마ᄋᆞ쇼셔 형님겨오셔
> 어제 혼자 졀에 가 겨시니 가 뵈ᄋᆞᆸ고 오고져 시브ᄋᆞ오니 어마님 긔후옷 각별ᄒᆞᆫ
> 증셔옷 업ᄉᆞᆸ거든 가라 ᄒᆞ시면 가ᄋᆞᆸ고져 시브ᄋᆞ오니 양식 너 되 콩 여ᄃᆞᆲ 되만 보
> 내ᄋᆞ쇼셔 ᄂᆞ일노 건너가ᄋᆞ오리이다 젓ᄉᆞ와 이만 병슐 뉵월 초일일 ᄌᆞ식 형챵
> 슐이〈진주하씨묘-014, 17세기 전기(1646년), 곽형챵(아들)→진주하씨(어머니)〉
> [두어 밤 사이 건강은 어떠하오십니까? 기별 몰라 사모(思慕) 무궁합니다.
> 자식은 여전히 무사히 있삽고, 손의 종기도 쾌복(快服)하였사오니 염려 마옵

소서. 형님께서 어제 혼자 절에 가 계시니 가서 뵙고 올까 싶습니다. 어머님 건강에 각별한 증세가 없으시면 (저더러) 가라 하시면 가 보고 싶으니, 양식 너 되와 콩 여덟 되만 보내옵소서. 내일로 건너가겠습니다. 송구하여 이만. 병술 유월 초일일 자식 형창 상사리.]

하인 오와늘 하셔 밧ᄌ와 요ᄉ이 극한의 긔운 그만ᄒ여 디내옵시ᄂ 일 아옵고 못내 깃ᄉ와 ᄒ오며 그 아희도 잠간이나 낫다 ᄒ오니 씀질 효험이나 보올가 ᄇ라오며 신힝이 ᄯ오 므느오니 수이 가기만 □ᄒ여 념녀ᄒᄂ이다 ᄌ식은 헌듸도 아므랏ᄉ옵고 거월 스므닐웬날 정ᄉ의 ᄯ오 응교애 올마 홍문관의 번을 내내 드러 잇ᄉ와 탑젼의 입시롤 네 슌재 오늘도 듀강의 드럿다가 낫ᄉᄂ이다 삼 년재 입시롤 못 ᄒ왓다가 요ᄉ이 년ᄒ야 드오니 ᄆ움이 각별각별ᄒ오이다 영츈이ᄂ 아직 날 바다 보내ᄂ 일 업ᄉ오매 져로 못 ᄒ옵ᄂ듸 봄으로도 바다 보려노라 ᄒ더니 그리ᄒᄂ가 시브오이다 관가 너힝은 가시니잇가 극히 섭섭ᄒ오이다 혼슈ᄂ 갑시 업서 아직 살 계교롤 못 ᄒ오며 믈을사 지금 못 사와 좌랑의 믈을 서ᄅ 틋고 ᄃ니오니 므스 일을 ᄆ음대로 ᄒ링잇가 편지 쓰옵더니 승지 낙뎜을 모ᄅ왓ᄉ오니 당샹을 ᄒ오니 어이 아니 다힝ᄒ오리잇가 마ᄂ 이리 잇ᄉ와 어마님ᄭ 즉시 못 뵈오니 더욱 도라가올 ᄆ음이 ᄒ 국이 밧븐 듯ᄒ오며 □□ 나라 은혜롤 닙ᄉ옵고 내죵을 어이ᄒ올고 도로혀 민망ᄒ오이다 밤 드와 이만 알외옵ᄂ이다 계유 지월 초뉵일 ᄌ식 동표 술이〈이동표가 -23, 1693년, 이동표(아들)→순천김씨(어머니)〉

[하인(下人) 오거늘 글월 박도 요사이 추운 기운이 그만하여 지내시는 일 알고 못내 기뻐하며 그 아희도 잠간이나 나았다 아니 뜸질 효험이나 볼까 바라며 신행이 또 물려지니 수이 가지를 못하여 염려스럽습니다. 자식은 헌 곳도 모두 나았고 지난 달 스물이렛날 정사의 또 응교로 옮겨 홍문관의 번을 내

내 들어 있다가 왕의 자리 앞에 모셨다가 오늘도 주강에 들었다가 나왔습니다. 삼 년째 입시를 못 하였다가 요사이 계속 드니 마음이 각별각별합니다. 영춘이는 아직 날을 받아 보내는 일 없으니 [제으로] 못하니 봄으로 받아 보려고 한다 하더니 그리하는가 싶습니다. 관가 내행은 가셨습니까? 극히 섭섭합니다. 혼수는 돈이 없어 아직 살 생각을 못 하며 말을 사 지금 못 사 좌랑의 말을 서로 타고 다니니 무슨 일을 마음대로 하겠습니까? 편지 썼더니 승지 낙점을 몰랐으나 당상을 하니 어이 아니 다행입니까마는 일이 있어 어머님께 즉시 못 뵈오니 더욱 돌아갈 마음은 더욱 바쁜 듯하며 나라 은혜를 입어 나중은 어이할까 도리어 민망합니다. 밤이 들어 이만 아룁니다. 계유년 동짓달 초육일 자식 동표 올림.]

첫 번째 편지는 〈진주하씨묘 출토 언간〉의 곽형창이 어머니 진주 하씨에게 보낸 편지이고, 두 번째 편지는 〈이동표가 언간〉의 이동표가 어머니 순천 김씨에게 보낸 편지이다. 이들 편지에서 어머니께는 '어마님', '어마님끠'라고 하여 '님'을 붙이고 존칭의 격조사 '끠'를 사용하고 있다. 16세기 언간에서부터 어머니를 지칭할 때는 항상 '님'을 붙여 지칭했고 '어마님'에 격조사가 결합할 때도 대부분 '겨셔', '겨오셔', '겨옵셔', '끠', '끠셔' 등의 존칭 조사가 결합하였다. 또한 이 편지에서 종결형에 '-이다', '-잇가', '-쇼셔' 등 ᄒ쇼셔체 어미가 사용되고 있으며 대부분의 동사에 '-습-'이 결합되어 어머니께 극존칭이 사용되고 있음을 볼 수 있다. 〈이동표가 언간〉의 다른 편지에서 이동표가 "이 장원은 글로도 아니ᄒ여 도토리 만ᄒ오니 내게 오오며 비록 쏘 ᄒ온들 도로혀 두리온 일이오〈이동표가-27-2〉"라고 하여 어머니께 ᄒ옵체를 1번 사용하고 있기는 하나 극히 드문 일이다.

특히 이동표가 쓴 편지에서는 ᄒ소체, ᄒ옵체, ᄒ쇼셔체 화계는 그 대상이 뚜렷이 구분이 된다. 부인에게는 ᄒᆞ소체, 어머니께는 ᄒᆞ쇼셔체를 사용하였지만 서모에게는 ᄒᆞ쇼셔체보다 낮은 등급인 ᄒᆞᆸ체를 사용하였다. ᄒᆞᆸ체는 17세기 중엽의 〈진주유씨가 묘 출토언간〉에서 남편이 부인에게 사용한 화계였다.

혹 인편 이셔도 여러 곳 답장 골몰ᄒᆞ여 유모 못 ᄒᆞᆸ고 민일 흐ᄒᆞᆸ더니 유모 보옵고 내내 그만ᄒᆞ시니 깃브오나 무슨 츈양을 그리 오래 가 ᄂᆞ려 아니 옵 아모리 죡손 업다 ᄒᆞᆫ들 눕의 소견은 바히 아니 보옵 츈양집 혹 병이나 든 적은 겻희셔 왕ᄂᆡ ᄒᆞ인 보기 고이치 아니ᄒᆞ거니와 병 업슨 적조쳐 샹해 ᄇᆞ라코 어이 잇ᄉᆞᆸ 부디부디 ᄂᆞ려오십 게는 삼샹 어딋덧 지내고 그 손 댱가드다 ᄒᆞ니 궂븐 즁 긔특 든든ᄒᆞᆸ 나는 대단 병은 업스오나 다 늘근 사름 되여 눈이 채 어두어 답답ᄒᆞ고 귀밋치 셰니 인간이 져근덧이더 이리 굿겨 도라갈 긔약 업업스니 도로혀 가련ᄒᆞᆸ 심난 그칩 내내 편안ᄒᆞ시고 수이 집으로 ᄂᆞ려가십 지월 넘ᄉᆞ일 덕ᄌᆞ식 샹쟝〈이동표가-36, 1684~1700년, 이동표(적자)→미상(서모)〉

[혹 인편(人便) 있어도 여러 곳 답장 골몰(汨沒)하여 편지 못 하고 매일 한스러워하였는데 편지 보고 내내 그만하시니 기쁘오 무슨 춘양을 그리 오래 가 아니 내려오오 아무리 족손(族孫)이 없다 한들 남의 소견은 전혀 아니 보오? 춘양집 혹 병이나 든 적은 곁에서 왕래 하인 보기 괴이하지 아니하거니와 병 나은 적조차 항상 바라고 어찌 있소 부디부디 내려오시오 그곳은 삼상(三喪) 어느덧 지내고 그 손 장가든다 하니 심란한 중 기특하고 든든하오 나는 대단한 병은 없으나 다 늙은 사람이 되었으며 눈이 채 어두워 답답하고 귀 밑이 세니 인간이 잠시 동안 이토록 이리 헤매어 돌아갈 기약 없으니 도리어 가련하오 심란하여 그치오. 내내 편안하시고 빨리 집으로 내려가시오 동짓달

이십사일 적자식 상장(上狀).]

이 편지는 이동표가 서모에게 쓴 것이다. 위 편지에서 모든 문장이 '-옵' 종결형으로 끝났다. 서모에게 쓴 편지에 ᄒᆞ쇼셔체의 종결어미들이 보이지 않고 모두 '-옵'으로 끝난 것은 친어머니와 서모에 대한 대우의 정도를 달리하고 있음을 보여 준다. 서모가 어머니와 대우의 정도가 같다면 ᄒᆞ쇼셔체가 적어도 한 번 정도는 나왔을 것이나 그렇지 않은 것을 보면 서모와 친어머니의 대우를 확실히 구분하고, 서모에 대한 대우는 친어머니보다 낮게 하였던 것이다. 이동표는 부인에게는 ᄒᆞ소체를 사용하고 있는데 서모에게 사용하는 ᄒᆞ옵체가 ᄒᆞ소체보다 높임의 정도가 다소 높으므로 '어머니 〉 서모 〉 부인'의 위계가 있었다고 볼 수 있다.

그렇다면 서모에게는 어떠한 지칭어를 사용하였을까? 이동표가 서모에게 보낸 편지에서 '춘양집'이 나온다. 서모가 춘양 출신이기는 하지만 이 '춘양집'이 서모를 일컫는지는 정확히 알 수 없다. 지명 다음에 붙이는 '-집'은 어느 지역에서 시집오거나 그 지역으로 시집 간 여성에게 붙이는 접미사이다. 박부자(2014:219)에 따르면 [지명+-집] 구성은 손아래 여성을 지칭하는 데 쓰였다. 아무리 아버지의 첩이라고는 하지만 손아래 여성을 지칭하는 것처럼 서모를 지칭하지는 않았을 것이다.[1] 〈이동표가 언간〉은 아니지만 언간에서 서모를 어떻게 지칭하는지 알 수 있는 편지가 있다.

사롬 가올시 잠 덕스오며 아마도 평안ᄒᆞ심을 원ᄒᆞ옵 모든 아기네게 총망ᄒᆞ

---

1 『표준국어대사전』에도 '-집'에 대해 '(출신 지명 뒤에 붙어) 남의 첩이나 기생첩을 이를 때 쓰는 접미사'라고 풀이되어 있다. 1900년대를 전후하여 출생한 부인들을 대상으로 사대부가의 생활을 조사한 신정숙(1972:328)에서도 남편의 첩은 고장에다가 '집'을 붙인다는 언급이 있다(박부자 2014:218에서 인용).

여 답장 몯ᄒᆞ오니 뎐ᄒᆞ시고 셔모ᄭᅴ도 이리ᄒᆞ여 답장 몯ᄒᆞ오니 ᄉᆞᆯ오쇼셔 즉일 뉴〈진주유씨가 묘 출토언간-3, 1623-1657, 유시정(남편)→안동김씨(아내)〉

[사람 가기에 몇 자 적으며 부디 평안하길 바라오. 모든 며늘아기네 총망하여 답장 못하니 전하고 서모께도 이러 해서 답장 못하니 여쭈소서. 즉일(卽日) 유시정(柳時定)]

아긔 대상도 나ᄂᆞᆫ 혼자셔 울고 이셔 ᄆᆞ음이 아모라타 몯ᄒᆞ여 ᄒᆞᄋᆞᆸ 어미ᄂᆞᆫ 엇더ᄒᆞᄋᆞᆸ신고 놀랍ᄉᆞ와 ᄒᆞᄋᆞᆸ 이제나 ᄒᆞ리신가 ᄒᆞᄋᆞᆸ 졔믈 가던 놈 열아흐랜날도 몯 갓던가 시브오니 과심ᄒᆞ여 ᄒᆞᄋᆞᆸ 그후 공 명디 가져 효위 ᄯᅩ 가더니 갓ᄉᆞᆸᄂᆞᆫ가 ᄒᆞᄋᆞᆸ 낙홍 짓 길례에 구쳥 가져가ᄋᆞᆸ더니 틱ᄉᆞ로 운고ᄅᆞᆯ 브디 몯ᄒᆞ여 두 ᄯᆞᆯ의게 어미 젼 다 몯 뎍ᄉᆞᆸ〈진주유씨가 묘 출토언간-19, 1623-1657, 유시정(남편)→안동김씨(아내)〉

[아기 대상도 나는 혼자서 울고 있어 마음이 아무렇다 못 하오. 어미는 엇더하신가? 놀라워 하오. 이제는 나으신가 하오. 제물 (가지고) 가던 놈 열아흐렛날도 못 갔던가 싶으니 괘씸하오. 그후 공 명지(名紙) 가지고 효위가 또 갔는데 갔는가 하오. 낙홍 집의 길례에 구청 가져갔는데 [칙ᄉᆞ]로 [운고]를 부디 못하여 두 딸과 어미 앞으로 다 못 적소]

두 편지는 〈진주유씨가 묘 출토언간〉으로, 유시정(柳時定)이 부인에게 쓴 편지이다. 이들 편지에서 서모를 언급하는 말이 나오는데, 첫 번째 편지에서는 '서모'라고 하고 있다. 이 서모는 아버지 유찬(柳燦)의 측실인 장수 황씨이다. 두 번째 편지에서는 '어미'가 나온다. 편지에서 '어미'를 여러 번 언급하였는데, 이는 유시정의 어머니나 계모를 이르는 것으로 보이지는 않는다. 이들은 아버지보다 먼저 세상을 떠났기 때문이다. 또한 '어미'는 손자의 어머니, 곧 며느리를 이르는 것으로 보이지도 않는다. 다른 편지에서 '영의셔 약지 진상 간다 듣고 잠 뎍스오며 <u>어믜끠는</u> 밧바 닷 몯ᄒ오니 서운ᄒ옵'(영에서 약재 진상을 간다는 (소식을) 듣고 잠깐 적으며 어미께는 바빠 따로 못하니 서운하오)〈진주유씨가 묘 출토언간-19, 1623-1657, 유시정(남편)→안동김씨(아내)〉으로 '끠'를 붙이고 있고, '겨시-' 등 존칭 표현을 사용하여 높여 기술하고 있기 때문이다. 또한 부인에게 보내는 편지에 며느리를 높일 필요는 없다. 그렇다면 '어미'는 서모일 가능성이 높다. 진주 유씨의 족보에 의하여 유찬의 측실(側室)도 등재되어 있을 정도로 집안에서 인정한 사람이다. 유시정의 편지를 통해 서모를 지칭할 때는 '서모', 또는 '어미'로 지칭하였음을 알 수 있다.[2]

장모에 대한 대우

조선시대 남성이 장모에게 보낸 편지는 6건 정도에 불과하지만 여기에서 사위가 장모를 어떻게 대우하는지 볼 수 있다.

문안 알외<u>옵</u>고 요ᄉᆞ이 치위예 대되 엇디 겨<u>옵</u>샨고 긔별 모ᄅᆞ와 듀야의 분별ᄒ<u>옵</u>노이다 나는 가슴을 알파 ᄒᆞᆫ 둘 나마 누워 잇<u>ᄉᆞ</u>다가 져기 흐리<u>옵</u>거늘 브듸ᄒᆞᆫ 일로 어제 소례 왓<u>ᄉ와</u>셔 너일로 도로 가<u>옵</u>노이다 마ᄎᆞᆷ 아는 사ᄅᆞᆷ이 머그라 코 주<u>ᄋᆞ와</u>ᄂᆞᆯ 쇠고기 네 오리 싱포 열 낫 젹<u>ᄉᆞ</u>건마ᄂᆞᆫ ᄒᆞᆫ 져기나 잡<u>ᄉᆞ와</u>시게 보내<u>옵</u>ᄂᆞ이다 그지업ᄉᆞ와 이만 알외<u>옵</u>노이다 초계 손의게는 죠희 업ᄉᆞ와 유무 몯ᄒ<u>옵</u>노이다 긔별ᄒ<u>옵</u>쇼셔 임인 시월 열엿쉔날 녀셔 곽주〈진주

---

2   조항범(2009:62)에 따르면 '어미'는 평칭의 자격으로 지칭의 기능을 갖고 있었다.

하씨묘-106, 17세기 전기(1602년), 곽주(사위)→벽진이씨(장모)〉

[문안 아뢰옵고 요사이 추위에 모두 어찌 계십니까. 가별 못하여 밤낮으로 염려하옵니다. 나는 가슴이 아파(=가슴앓이 병으로) 한 달 넘게 누워 있다가 적이 낫거늘 부득이한 일로 어제 소례에 왔다가 내일로 도로 가옵니다. 마침 아는 사람이 먹으라고 주기에 쇠고기 네 오리, 전복 열 낱을 비록 적지마는 한 때나 잡수시게 보내옵니다. 그지없어서 이만 아뢰옵니이다. 초계에서 온 손에게는 종이가 없어서 편지 못하옵니다. (제 대신에) 기별해 주십시오. 임인 년 시월 열엿샛날 여서(女壻, =사위) 곽주(郭澍)]

이 편지는 〈진주하씨묘 출토 언간〉의 하나로, 발신자인 곽주가 자신을 '녀셔(女壻)'로 지칭하였기에 장모에게 보낸 편지임을 알 수 있다. 여기에서는 장모를 가리키는 지칭어는 따로 나오지 않는다. 종결형으로는 '-노이다', '-쇼셔'의 ㅎ쇼셔체를 사용하고 동사나 형용사마다 화자 겸양의 '-습(옵)-'을 결합하고 있다. 동시대의 편지는 아니지만 앞서 17세기 말 〈이동표가 언간〉에서 아들이 어머니께 편지를 보낼 때에도 이러한 높임법을 사용한 것을 보았다. 사위가 장모에게 부모와 같은 높임 등급으로 존중하였음을 알수 있다. 이러한 높임법은 17세기 초기나 후기, 18세기 후기, 19세기 후기와 20세기 전반기에 사위가 장모에게 보낸 편지 모두에서 동일한 ㅎ쇼셔체가 사용되었음이 확인된다.

첩에 대한 대우

사대부 남성이 첩을 두는 것은 조선시대에 흔한 일이었고 남성이 첩에게도 많은 편지를 보냈을 것으로 추정이 되지만 지금까지 남아 있는 것은 몇 건에 불과하다. 집안에서 첩에게 보낸 편지까지 후손에게 전해 주지는 않았을 것이기 때문이다. 다행히 〈이동표가 언간〉에 이동표가 첩에게 보낸 5건의 편지가 있다. 이동표는 첩에게 어떤 높임법을 사용했을까?

> 쇼가 답
>
> 편지 보고 뫼와 평안ᄒᆞ니 깃거ᄒᆞ노라 나는 병이 그만ᄒᆞ여시나 긔미 업디 못ᄒᆞ고 어마님ᄭᅴ셔도 쾌차티 못ᄒᆞ여 겨시매 나ᄒᆞᆫ날 졔ᄉᆞ의ᄂᆞᆫ 못 가고 여ᄃᆞ랜날이나 가 열ᄒᆞᄅᆞᆫ날 시ᄉᆞ를 참예케 가려 ᄒᆞ되 극히 민망ᄒᆞ다 박 셔방집은 보롬ᄭᅴ 간다 ᄒᆞ니 브듸 서ᄅᆞ 보려 ᄒᆞ더니 매안 가면 못 볼가 ᄒᆞᆫᄒᆞ노라 오ᄉᆞᆫ 와시디 바침 업슨 딕령이 민망ᄒᆞᆫ 거슬 아ᄅᆡ 요요ᄒᆞ여 도포ᄅᆞᆯ 지으란 말 못 ᄒᆞᆫ 줄 ᄒᆞᆫᄒᆞ노라 원ᄒᆡᆼ은 무ᄉᆞ히 도라오시니 깃브되 허ᄒᆡᆼ을 믜양 ᄃᆞ니시니 ᄒᆞ마 그치쇼셔 ᄒᆞ여라 이만 초이일〈이동표가-07, 1658~1698년, 이동표(남편)→미상(첩)〉
>
> [소가(小家) 답(答)
>
> 편지 보고 (어머니를) 모시고 평안하니 기뻐하노라. 나는 병이 그만하였으나 기미 없지 못하고 어머님께서도 쾌차하지 못 하여 계시매 나흔날 제사에는 못 가고 여드렛날이나 가 열하루날 시사(時祀)를 참여하게 가려 하되 극히 민망하다. 박 서방집은 보름께 간다 하니 부디 서로 보려 하였는데 매양 안 가면 못 볼가 한(恨)하노라. 옷은 왔으되 바침 없는 직령(直領)이 민망한 것을 전에 마음이 들떠 도포(道袍)를 지으란 말 못 한 것을 한(恨)하노라. (어머께서) 원행(遠行)은 무사히 돌아오시니 기쁘되 허행(虛行)을 매양 다니시니 곧 그치소서 하여라. 이만. 초이일.]

이 편지의 수신자는 어머니를 가까이서 모시고 있는 인물이고 이 인물에게 세세한 집안일까지 이야기하고 있는 것으로 보아 집안에서 중요한 위치를 차지하고 있는 듯하다. 이 편지에서 수신자를 '쇼가(小家)'라고 하였다. 『표준국어대사전』에 '소가'가 "첩이나 첩의 집을 높여 이르는 말"로 되어 있으니 이동표가 첩에게 보낸 편지임이 확실하다. 부인에게 보내는 편지에서는 ᄒᆞ소체로 일관하고 있는 반면 첩에게 보내는 편지에서는 안높임의 ᄒᆞ여라체로 일관하고 있음을 볼 수 있다. 어머니를 모시고 있는 첩이지만 부인과 동등하게 대접할 수는 없는 모양이다.

여성 동기에 대한 대우

언간에서 남성 동기가 여성 동기에게 보낸 편지는 매우 적어 약 25건 정도가 현전한다. 남성 동기가 손위 여성 동기에게 보낸 편지를 먼저 보자.

> 누의님 젼 샹샤니
> 홍덕골 채 싱원 쎡
> 문안ᄒᆞ옵고 요ᄉᆞ이는 엇더ᄒᆞ신고 온 후의는 긔별 몰라 ᄒᆞ옵ᄂᆡ이다 예는 다 됴히 겨시이다 날도 치워 가고 몸 조심ᄒᆞ여 간ᄉᆞᄒᆞ쇼셔 약 갑슨 술와건마는 보내신디 몰라 ᄒᆞ옵ᄂᆡ 형님도 가 겨신가 보기리 슈니 두 아기 초여는 갓가ᄉᆞ로 술와 지어 보내ᄂᆡ이다 아바님 알픠 드러셔 유무롤 스니 하 요요ᄒᆞ여 이만 시월 열닐웬날 오라비 여흘〈순천김씨묘-191, 1550~1592년, 김여흘(남동생)→순천김씨(누나)〉
> [홍덕골 채 생원 댁 누님 전 상사리
> 문안하옵고 요사이는 어떠하신가? 온 후에는 기별 몰라 하옵니다. 여기는

다 잘 계십니다. 날도 추워 가고 몸 조심하여 건사하소서. 약 값은 사뢰었건마는 보내셨는지 몰라 하옵네. 형님도 가셨는가? 복길이와 순이 두 아기 초연은 가까스로 말하여 만들어 보냅니다. 아버님 앞에 들어서 편지를 쓰니 하도 요요하여 이만. 시월 열이렛날. 남동생 여흘]

이 편지는 16세기의 〈순천김씨묘출토간찰〉의 남동생 김여흘이 누나인 순천 김씨에게 보낸 것이다. 김여흘은 누나인 순천 김씨를 '누의님'으로 지칭하고, '-뇌이다', '-이다' 등 ᄒᆞ쇼셔체와 '-ㄴ고', '-ㄴ가', '-뇌'의 ᄒᆞ소체를 사용하고 있으며, 경우에 따라서는 화자 겸양의 '-ᄉᆞ-'을 결합하기도 한다. 17세기에 가면 누나에게 ᄒᆞᆸ체를 사용하기도 하지만 후대로 갈수록 ᄒᆞ쇼셔체를 사용하는 경우가 많다.

반면 오빠가 여동생에게 보낸 편지는 17세기 말부터 발견되는데, 오빠는 여동생을 다음과 같이 대우하였다.

송 판셔 딕
누의님젼 답장
마젼홀 거슨 보내려 ᄒᆞ더니 너도 농 수이 가리라 ᄒᆞ니 ᄉᆞ이는 뜻고 죠은 겨ᄅᆞᆯ 업고 ᄎᆞᄌᆞ 둔니도 어려올 거시니 아니 보내<u>노라</u> 무명 넉 자 보내니 마젼이나 ᄒᆞ여 아ᄒᆡ 오시나 ᄒᆞ여 주<u>어라</u> 니블ᄀᆞ암은 고이 드리는 집 주어셔 드려보내<u>여라</u> 쟝의꼴을 닛디 말라 혼다 ᄒᆞ니 어딕 다ᄅᆞ리만은 셔운ᄒᆞ기 ᄀᆞ이업셔 ᄒᆞ<u>노라</u> 아ᄒᆡᄂᆞᆫ 실ᄒᆞ고 돈돈ᄒᆞ<u>라</u>〈선찰-9-036, 1648~1701년, 미상(오빠)→안동김씨(여동생)〉

[송 판서 댁 누이님 앞에 답하는 편지
마전할 것은 보내려고 했는데, 너도 [농] 빨리 가겠다고 하니 사이는 [뜻

고] (마전할 것을 종을 시켜 보내자니) 종은 겨를이 없고 (마전할 것을 보내어도 네가) 찾으러 다니기도 어려울 것이니 보내지 않겠다. 무명 넉 자를 보내니 마전이나 하여 아이의 옷이나 만들어 주어라. 이불감은 곱게 물들이는 집에 주어서 (물을) 들여 보내거라. 장의골을 잊지 말라고 한다고 하니 어찌 다르겠는가마는 서운하기 그지없다. 아이는 (오죽) 실하고 든든하겠느냐]

이 편지는 17세기 말의 〈『선찰』 소재 언간〉의 미상의 오빠가 여동생 안동 김씨에게 보낸 것이다. 여기에서는 편지 본문 안에서 여동생을 '너'로 지칭하고 있고 ㅎ여라체를 사용하고 있음을 볼 수 있다. 박부자(2015:182)의 언급처럼 남동생이 누나에게 보내는 편지에서는 ㅎ쇼셔체로만 일관하거나 ㅎ쇼셔체와 ㅎ소체 종결형을 함께 쓰는 반면, 오빠가 여동생에게 보낸 편지에서는 ㅎ여라체를 쓰고 있어 극명한 차이를 보인다.

그런데 여기에서 수신자의 표시에 있는 '누의님'이 주목된다. 편지 본문에서는 동생을 '너'로 지칭하면서 발신자 표시에는 '누의님'이라고 하고 있기 때문이다. 조항범(1996:304~306)에 따르면 '누의님'은 15세기에도 확인되며 평칭의 '누의'와 마찬가지로 총칭적 의미인 [자매(姉妹)]뿐 아니라 이것에 포함되는 [姉]만을 의미하기도 하였다. 곧 손위 여자 동기뿐 아니라 손아래 여자 동기에게도 '누의님'을 쓸 수 있다는 것이다. 이 편지는 ㅎ여라체를 사용하는 것을 보면 확실히 남자 동기가 여동생에게 보낸 편지이고, 여기의 '누의님'은 하위자인 손아래 여동생을 이르는 것으로 이해된다.

그런데 여동생에게 쓴 편지임에도 ㅎ여라체가 아닌 ㅎ소체가 나타나는 편지가 보인다.

누의님 전 답소샹

하 오래 쇼식 몰나 금졍으로 유무ㅎ여 보내엿더니 겟 편지을 뎐ㅎ셔늘 두
슌 뎐 온 것 즈시 보고 못내 싀훤 든든ㅎ나 스연 볼 젹마다 새로이 셜워 ㅎ닉
…… 닉월 열흘ᄭᅴ 내 ᄂᆞ려갈 거시니 그 미쳐 편지나 ㅎ여 보내소 셔울 긔별
은 자닉 편지도 보고 듀난도 잇다감 긔별ㅎ매 약간 드르니 시졀이 괴괴ㅎ엿ᄂᆞᆫ
가 시브니 그런 한심혼 일이 업닉 …… 홍 셔방집을 닉월 초싱 가 더브러 오
랴 ㅎ니 더옥 젼의 누의님 못 ᄃᆞ려와 ㅎ시던 일이 싱각ㅎ이며 아모 일도 하
믯믯 쉽살ㅎ니 어이 젼의는 그리 미시 어렵돗던고 ㅎ닉 자고 새여 새나 둘만
보고 아모 곳도 졍 ᄆᆞᄋᆞᆷ 펼 곳시 업스니 일신을 텰업서 이다감 혼자 울고 안
잣닉 …… 부체 올혼 마치 세 곳셔 왓거늘 혼 곳 치을 두엇더니 □□니 니
세 즈ᄅᆞ 자닉 가지고 두 즈ᄅᆞ란 내 말노 니현 쥬소 대녜란 홍집 올 졔 블너오
고 시븨 스연 다 못 뎍어 이만 윤월 초십일 동싱〈창계-12, 1649~1696년, 임영
(오빠)→나주임씨(누이동생)〉

[누님 전 답서 소상

아주 오래 소식 몰라 금졍으로 편지하여 보냈더니 거기의 편지를 전하시어
올 20일전 온 것 자세히 보고 못내 시원하고 든든하나 사연 볼 때마다 서럽
네. …… 내월 열흘께 내가 내려갈 것이니 그 즈음에 미처 편지나 써서 보내
소. 서울 기별은 누님 편지도 보고 듀난도 이따금 기별하니 조금 들으니 시절
이 기괴하였는가 싶네. 이런 한심한 일이 없네. …… 홍서방 댁을 다음 달 초
생 가서 더불어 오려고 하니 더욱 전에 누님이 못 데리고 온 일이 생각나며
아무 일도 매우 밋밋하고 쉬우니 어이 전에는 그렇게 되기가 어려웠던가 하
네. 자고 새여 새나 달만 보고 아무 곳에도 정 마음 둘 곳이 없으니 일신을
철없어 (하여) 있다가 혼자 울고 앉았네. …… 부체 올해는 마침 세 곳에서
왔거늘 한 곳 치를 두었더니 □□니 이 세 자루는 누님 가지시고 두 자루는
내 말로 이현(梨峴)에 주오. 대례란 홍 서방집 올 때 불러오고 싶네. 사연 다

못 적네. 이만. 윤월 10일 동생.]

이 편지는 〈나주임씨가 『임창계선생묵보국자내간』 언간〉, 일명 〈창계 언간〉으로, 임영이 동생인 나주 임씨에게 쓴 것이다.[3] 이 편지에서는 '-소', '-니'와 같이 호소체를 사용하고 있다는 점이 눈에 띈다. 호소체는 여러 편지에서 남편이 부인에게, 남동생이 누나에게 사용하는 화계였다. 오빠가 여동생에게 보낸 다른 편지들에서 나타나는 호여라체로 나타나는데 이 편지에서는 호소체로 나타난다는 점에서 다른 편지들과 차이를 보인다.

그러나 현대 사회에서도 마찬가지이지만 언간에서도 상하 관계에 있다고 해서 항상 상위자가 하위자를 안 높이는 것은 아니다. 상위자와 하위자의 관계와 상위자의 의지가 함께 작용하여 대우의 정도가 결정될 수도 있다. 곧 항렬이나 사회적 지위가 높은 상위자는 자신의 사회적 지위나 항렬을 고려하고 상위자로서의 위엄을 지키면서 하위자를 배려하여 하위자 대우에 대한 등급을 결정할 수도 있는데, 이때 가장 적당한 등급이 극존대도 아니고 비존대도 아닌 호소체다. 이 편지에서처럼 오빠가 여동생을 어느 정도 대우해 주느냐에 따라 다른 편지들처럼 호여라체를 쓸 수도 있고 중간 등급의 호소체를 사용할 수도 있는 것이다. 이 편지에서는 박부자(2015:183)에서 언급한 바와 같이 상위자인 임영(林泳)이 하위자인 여동생과의 관계를 상하 관계에서 대등한 관계로 높여 대우하면서 호소체를 사용한 것이다.

한편 이 편지에서도 수신자 동생을 '누의님'이라고 하는 것은 〈송규렴가

---

3 그동안 이 편지를 비롯하여 15건의 편지는 '누의님'과 '자닌'라는 지칭어와 함께 호소체가 쓰인다는 사실 때문에 임영이 막내누나인 조형보의 처에게 보낸 것으로 알려져 왔다. 그러나 박부자(2015)에서는 족보와 임영(林泳) 집안의 고문서 등을 살펴본 결과 임영이 막내 여동생에게 보낸 것임을 밝힐 수 있었다. 이와 관련하여 그간 남동생이 누나에게 보낸 것으로 추정케 했던 국어학적 정황들도 재해석하였다.

언간)에서와 같다. 그런데 편지 본문에서는 동생을 '자닉'로 지칭하고 있다. 앞에서 본 〈송규렴가 언간〉에서 편지 본문 가운데 동생을 '너'라고 지칭한 것과 차이가 있다. 표기는 다르지만 '자내'는 남편이 부인을 지칭할 때 사용했던 어휘이다. 동생을 '자닉'로 이르는 것이 이상해 보일 수 있지만 ㅎ소체와의 관계를 생각해 보면 그리 이상하게 볼 필요가 없다. 앞에서 16세기, 17세기의 'ㅎ소체'는 ㅎ여라체(안높임)와 ㅎ쇼셔체(높임) 사이의 중간 등급에 해당하는 화계이고 '자내'는 이 ㅎ소체의 대표적인 2인칭 대명사로 자리잡은 형식이라고 하였다. ㅎ소체와 '자내/자닉'는 서로 호응하는 관계에 있으므로 여동생을 안높임과 높임 사이의 ㅎ소체를 사용하여 대우하고 이에 맞게 '자닉'로 지칭하였다고 할 수 있다.

상대방에 대한 특별한 대우[4]

언간에서 상위자와 하위자의 관계에 특별한 외적 요소가 개입되지 않은 이상 상위자는 하위자에게 ㅎ여라체를 사용하였다. 이에 따라 시아버지가 며느리에게, 할아버지가 손녀들에게 모두 ㅎ여라체를, 그리고 상위자가 하인들에게도 마찬가지로 ㅎ여라체를 사용하였다.

그런데 상위자가 분명 하위자로 보이는 사람에게 ㅎ소체나 ㅎ쇼셔체를 사용하는 경우는 다른 편지에서도 발견된다.

아기네 오나늘 유무 보고 아히 두리고 무수히 인는가 시브니 깃거ㅎ닉 예

---

4 '상대방에 대한 특별한 대우'는 이래호(2014)의 일부를 수정한 것이다.

논 미일 병환 등의 디내니 <u>심심히</u> 아므려나 됴히 <u>잇소</u> 이만 칠월 스므이튼날 조구〈선세언독—01, 1668~1672년, 송준길(시할아버지)→안정나씨(손자며느리)〉

[며느리가 와서 편지를 보고 (네가) 아이를 데리고 무사히 있는가 싶으니 기쁘네. 여기는 매일 병 중에 지내니 심란하이. 아무쪼록 잘 있<u>으소</u> 이만. 7월 22일 시할아버지]

이 편지는 시조부가 손부에게 보낸 편지이다. 시조부인 송준길이 손부(孫婦)인 안정 나씨에게 보낸 편지는 총 세 편으로 모두 ᄒᆞ소체를 사용하고 있다. 일반적으로 시아버지가 며느리에게 ᄒᆞ여라체를 사용한 것에 비추어 보면 시조부가 손부에게 ᄒᆞ소체를 사용한 것은 상하 관계에서 벗어난 특이한 예라 할 수 있다. 이를 해석하기 위해 시조부가 손부에게 ᄒᆞ여라체를 사용할 만한 상황이나 특별한 관계를 고려해 볼 수 있다. 허경진(2003)에 따르면, 송준길은 자신의 제자인 나성원(羅星遠)의 딸 안정 나씨와 아들 송병하의 혼례를 주선하여 며느리로 받아들였다고 한다. 송준길은 나성원을 제자로서 특별히 아끼어 사돈 관계까지 맺게 되었는데, 아끼는 제자의 딸이 며느리가 되었기에 며느리를 대우하여 ᄒᆞ소체를 쓴 것이 아닌가 한다.

친족 관계로 보면 시아버지와 며느리 관계이기는 하지만 특수한 상황에 의해 ᄒᆞ쇼셔체가 쓰인 경우도 있다.

던마누라 젼

기간 망극지스을 엇지 만 니 외에 안젼 셔즈로 ᄒᆞ올잇가 마누라<u>계셔</u>은 상천이 도으셔 환위을 ᄒᆞ셧건이와 니야 엇지 싱환ᄒᆞ기을 바라<u>올잇가</u> 날이 오러 오니 옥도 ᄉᆡ시고 틱평틱평ᄒᆞ시고 상후 졔졀과 즈뎐 문안 틱평ᄒᆞ시고 동궁마마 니외가 안슌ᄒᆞ기을 츅슈츅슈ᄒᆞ<u>오닌다</u> 나은 다시 싱환은 못 ᄒᆞ고 만 니 밧

고혼이 되오니 우리 집 후ㅅ야 양뎐의셔 얼연니 보아 쥬시ᄉᆞᆸᄂᆞᆫ잇가 다시 뵈
옵도 못ᄒᆞ고 세상이 올익지 안니ᄒᆞ긔신이 지필을 더ᄒᆞ야 한심ᄒᆞ오니다 닌너
틱평이 지ᄂᆡᄉᆞᆸ시기을 발아옵ᄂᆡ다 보뎡부 안치 죄 니 상장 십월 십이일〈홍션
대원군-1, 1882년, 이하응(시아버지)→명성황후(며느리)〉

　[전마누라(중전마마)께

　그동안 망극한 일을 어찌 만 리 밖에서 안전에 간략한 글월[書字]로 말씀드
리겠습니까. (중전)마마께서는 하늘[上天]이 도우셔서 환위(還位)를 하셨거니
와 나야 어찌 살아 돌아가기를 바라오리까. 날이 오래되니 (중전마마의) 옥도
(玉度)가 빛나시고 태평태평하시고 상감마마 제절과 자전(조 대비)께서도 태평
하시고 동궁마마 내외가 평안하기를 축수하고 축수할 뿐입니다. 나는 다시 살
아 돌아가든 못하고 만 리 밖의 외로운 넋[孤魂]이 되오니 우리 집 대를 이을
자식[後嗣]이야 두 분 마마[兩殿, 고종과 명성황후]께서 어련히 보아주시겠습
니까. 다시 뵙지도 못하고 이승에서의 내 목숨이 오래지 못하겠으니 종이와
붓[紙筆]을 마주 하니 한심스럽습니다. 내내 태평히 지내시기를 바라옵니다.
보정부(保定府) 안치(安置) 죄인(罪人) 이(李) 올림. 1882년 10월 20일.]

　이 편지는 홍선대원군이 명성황후에게 보낸 편지이다. 친족관계로 보면
시아버지-며느리 관계이지만 처음부터 끝까지 ᄒᆞ쇼셔체가 사용되었다. 여
기에서는 일반적인 시아버지-며느리의 관계로 보기 어렵다. 이 편지가 쓰
여진 1882년은 임오군란이 발생한 후 정권 탈취를 노렸으나 실패로 끝나고
명성황후의 실종으로 명성황후의 상(喪)까지 공포한 홍선대원군이 결국 청
군에 의해 납치를 당하여 톈진(天津)에 있던 시기이다. 이 편지는 다시 재기
한 명성황후에게 자신의 잘못을 뉘우치고 후사를 부탁하는 내용으로 홍선
대원군이 시아버지의 입장에서 보낸 것이 아니라 황후에게 신하의 입장으

로 보낸 것이라고 할 수 있다. 곧 표면적인 친족관계로 보면 시아버지-며느리의 관계이지만, 편지의 내용상 실질적인 관계는 황후와 신하의 관계라고 할 수 있다.

제자의 스승이 제자의 아내에게 편지를 보내는 경우, 연령으로 보나 사회적 관계로 보나 제자의 스승은 상위자, 제자의 아내는 하위자이다. 그러나 다음 편지에서는 제자의 아내를 ᄒᆞ쇼셔체로 존대하고 있다.

…… 디하의 가와도 녜 사름둘올 어늬 놋츠로 보오려뇨 ᄒᆞ오며 노체 잇스온 제 모옴의 미일 편티 몯ᄒᆞ와 ᄒᆞ오다니 죽스온 후도 일뎡 닛디 몯ᄒᆞ오링이다 뎡쳔이 ᄌᆞ식 낫습기롤 시작ᄒᆞ엿습고 내 집도 증손 남녀 여러히오니 젼의 일을 닛ᄌᆞ오시고 넌가롤 ᄒᆞ려 ᄒᆞ오시면 내 집이 젼의 일을 져그나 깁스올가 ᄒᆞ옵ᄂᆞ이다 죄인이 됴셕의 죽게 되오매 ᄌᆞ식둘ᄃᆞ려 유언을 ᄒᆞ옵ᄂᆞ이다 ᄯᅩ 산소 일은 셔울셔 봉홰 극히 머오매 뎡쳔이 졔ᄉᆞ 둔니옵다가 굿기옵ᄂᆞᆫ 일이 잇스올가 ᄒᆞ와 뎨쳔 곧 ᄡᅳ오면 시시 편당ᄒᆞ오매 그리로 권ᄒᆞ오나 봉홰롤 어루신네 극히 듕히 녀기옵시던 터오니 이제라도 돈돈이 슈습ᄒᆞ와 ᄌᆞ손이나 ᄡᅳ옵게 ᄒᆞ옵시고 눕이 사려 ᄒᆞ와도 허티 마옵시면 죄인이 져그나 쇽죄ᄒᆞ올가 ᄒᆞ옵ᄂᆞ이다 ……이 밧근 뎡쳔이롤 시시로 글 닑습기와 힝실 닷글 일을 니ᄅᆞ옵시고 싀동싱님네 집 말솜을 일졀 몯ᄒᆞ옵게 ᄒᆞ옵쇼셔 노병ᄒᆞ와 계유 ᄡᅳ오매 셩ᄌᆞ롤 몯ᄒᆞ오며 말솜이 ᄎᆞ셰 업스오니 더옥 황공ᄒᆞ오이다 긔미 이월 초오일 안티 죄인 송시렬〈송시열-2, 1679년, 송시열(제자의 스승)→민씨(제자의 아내)〉

[…… 지하에 가도 옛사람들을 어느 낯으로 보려 하며 노체 있는데 마음에 매일 편지 못하여 하니 죽은 후도 일정 잊지 못하겠습니다. 정천이 자식 낳기를 시작하였고 내 집도 증손 남녀 여럿이니 전에 일을 잊으시고 연가(宴歌)를 하려 하면 내 집이 전에 을을 적으나마 갚을까 합니다. 죄인이 조석에 죽게

되매 자식들에게 유언을 합니다. 또 산소 일은 서울서 봉화(奉化)가 극히 머니 정천이 제사 다니다가 고생하는 일이 있을까 하여 제천(堤川) 곧 쓰면 세세 편당하매 그리로 권하나 봉화를 어르신네 극히 중히 여기던 데니 이제라도 단단히 수습하여 자손이나 쓰게 하시고 남이 사려고 하여도 허락하지 않으시면 죄인이 적으나마 속죄할까 합니다. …… 이 밖은 정천이를 시시(時時)로 글 읽기와 행실 닦을 일을 말하시고 시동생님네 집 말씀을 일절 못하게 하십시오 노병하여 겨우 쓰매 성자(成字)를 못하며 말씀이 차례가 없으니 더욱 황공합니다. 기미(己未) 이월(二月) 초오일(初五日) 안치(安置) 죄인(罪人) 송시열(宋時烈)]

이 편지는 송시열이 제자의 아내 민씨에게 보낸 편지로,[5] 송시열이 제자의 아내에게 ᄒ쇼셔체로 극존대하고 있다. 앞의 편지와 비슷하게 특별한 관계에 있는 제자의 아내라서 존대를 할 수도 있겠지만, 발신자인 송시열의 여러 가지 상황이 관여하여 제자의 아내를 ᄒ쇼셔체로 존대한 것으로 보인다. 발신자 표시에 "안티(安置) 죄인(罪人) 송시렬(宋時烈)"이라고 한 것처럼 이 편지가 쓰여진 당시는 송시열이 죄인으로서 유배당했던 시기인데 송시열은 스스로를 죄인으로 하층 신분에 해당한다고 생각하여 제자의 미망인에게 ᄒ쇼셔체를 쓰고 거기에 '-습-'까지 결합시키고 있다. 이러한 점을 고려하면, 이 편지는 상위자가 하위자에게 보낸 편지가 아니라, 하위자가 상위자에게 보낸 편지로 인식해도 무방할 것이다.

---

5   여기에 관계되는 제자는 정보연(鄭普演, 정철의 증손자)으로, 어려서 송시열에게 수학하였고 송시열의 총애를 받았지만 24세라는 젊은 나이에 요절하였다. 송시열은 제자의 죽음을 애도하여 3달 동안 흰 띠를 찼고, 미망인을 위해 가사를 돌봐 주고 그의 아들 정천을 데려다 교육시켰다.

참고문헌

박부자(2014), 「언간에 나타난 친족 내에서의 택호 사용에 대한 연구」, 『국어사연구』 19, 국어사학회, 203-232.

박부자(2015), 「『林滄溪先生墨寶國字內簡』 수록 언간에 대한 연구」, 『국어사연구』 21, 국어사학회, 157-193.

이래호(2014), 「조선시대 한글편지에 나타난 청자경어법의 특이례 고찰- 상하관계를 어기는 청자경어법을 중심으로」, 『한국언어문학』 91, 한국언어문학회, 59-87.

이승희(2005), 「조선시대 한글편지에 나타난 친족 간의 청자높임법 사용 양상」, 『국어국문학』 140, 국어국문학회, 253-276.

이정복(2002), 『국어 경어법과 사회언어학』, 월인.

조항범(2009), 『국어 어원론』, 충북대학교출판부.

황문환(1999), 「근대국어 문헌자료의 'ᄒᆞᆸ'류 종결형에 대하여」, 『배달말』 25, 배달말학회, 113-129.

황문환(2007), 「조선시대 언간 자료의 부부간 호칭과 화계」, 『장서각』 17, 한국학중앙연구원, 121-139.

한국학중앙연구원 편(2009), 『은진송씨 송규렴 가문 한글 간찰』, 태학사.

한국학중앙연구원 편(2009), 『은진송씨 송준길 가문 한글 간찰』, 태학사.

집에 못 다녀가니 울고 가네

<신창맹씨묘출토언간>을 통해 본 남편의 역할

가장 오래된 한글 편지

세종대왕은 훈민정음을 창제한 후 훈민정음 보급을 위해 많은 노력을 하였다. 훈민정음을 창제한 후 이서(吏胥) 10여 명에게 이 문자를 익히도록 하였고(세종 26년의 최만리 상소문), 훈민정음 반포 이후에는 이과(吏科)와 이전(吏典)의 취재(取才) 때에는 훈민정음도 아울러 시험해 뽑게 하되, 비록 의리(義理)는 통하지 못하더라도 능히 합자(合字)하는 사람을 뽑게 하였다.(『세종실록』, 세종 28년(1446) 12월 26일 기사) 또한 함길도 및 각 관아의 관리를 선발할 때 먼저 훈민정음을 시험하여 합격한 자에게만 다른 시험을 보게 하라고 지시하기도 하였다.(『세종실록』, 세종 29년(1447) 4월 20일 기사) 세종의 이러한 조치는 이서들에게 훈민정음을 가르쳐 관공서의 이두 문서를 훈민정음 문서로 대치하려는 데 목적이 있었던 것 같다.

한편 벼슬아치, 이서, 과거를 준비하려는 사람들만 훈민정음을 익힌 것이 아니라 승려들까지도 훈민정음을 익히고 있었다. 『조선왕조실록』에 승려로서 훈민정음 사용의 최초 기록을 남긴 이는 신미(信眉)이다. 『예종실록』, 예종 1년(1469) 6월 27일자 기사에, "조정에서 승려들에게 금강경과 법화경을 시험하여 능하지 못한 자를 환속시키려 한다는 방침을 전해들은 신미가 언문으로 글을 써서 임금께 비밀히 아뢰기를, "중으로서 경(經)을 외우는 자는 간혹 있으나, 만약에 강경(講經)을 하면 천 명이나 만 명 중에 겨우 한둘뿐일 것이니, 원컨대 다만 외는 것만으로 시험하게 하소서"라고 했다."라는 기록이 있다.

『조선왕조실록』에는 성종이 근검절약하는 뜻을 백성들에게 알리고자 하는 내용을 한글로 번역하여 중외(中外)에 반포하여 부인(婦人)과 소자(小子)들까지도 두루 알지 아니함이 없도록 하라고 명하였다는 기록(『성종실록』, 성종 3년(1472) 9월 7일 기사)이 있다. 이 기록을 통해 이미 1472년에 왕이 내린 포고문을 '부인'과 '어린아이'가 "두루" 알 수 있을 정도로 한글이 보급되어 있었음을 추정할 수 있다. 이에 대해 백두현(2001:199)에서는 방방곡곡에 나붙은 한글 포고문은 지방민에게 새로운 문자의 존재를 알리는 데 크게 기여했을 것으로 추정하였고, 16세기 중엽 경에는 지방 사회에도 한글 보급이 상당한 수준으로 진행되었다(백두현 2001:201)고 판단하였다.

한글이 왕실에서 민간으로 점차 확산되었는데, 언간도 마찬가지의 과정을 거쳐 확산된 것으로 추정된다. 현재 전하는 자료 가운데 민간에서 한글 사용의 최초는 1490년대에 작성된 것으로 〈신창맹씨묘출토언간〉이다. 한글이 창제된 지 얼마 되지 않은 시기에 민간에서도 이러한 편지가 오갔다는 것은 이 시기에 이미 훈민정음이 일반 백성에게도 널리 퍼졌다는 것을 보여 준다.

현존하는 편지 중에서 지방의 사대부 집안에서 쓴 가장 오래된 '대규모' 편지는 〈순천김씨묘출토간찰〉인데, 〈신창맹씨묘출토언간〉은 이보다 적어도 50~60여 년 앞선 것으로 보인다. 대전 지방에서 발견된 이 편지는 2건으로 구성되어 있으며, 묘의 주인인 신창 맹씨에게 남편인 안정 나씨 나신걸이 쓴 것이다.

이 편지는 멀리 전근 가는 남편이 아내에게 집에 다녀가지 못하는 아쉬움을 전하고 집안일을 부탁하는 내용인데, 나신걸이나 신창 맹씨 모두 훈민정음을 알고 있었기에 언간을 통해 마음을 제대로 표현할 수 있었을 것이고 읽는 사람도 번역의 과정을 거치지 않고 그 마음을 제대로 이해할 수 있었을 것이다.

여기에서는 2건의 편지에 나타난 내용을 중심으로 남편인 나신걸의 상황과 신창 맹씨에 대한 남편으로서의 역할을 들여다보고자 한다.

<신창맹씨묘출토언간>과 나신걸

〈신창맹씨묘출토언간〉은 2011년 5월 3일 대전광역시에서 나연종(羅連宗)의 아들인 나신걸(羅臣傑)의 아내 신창 맹씨(新昌孟氏)의 목관에서 복식을 수습하던 도중 소렴금의 머리맡에서 출토되었다. 이때 출토된 언간 2점은 접힌 상태에서 출토되었으며, 한지 재질이고 편지의 한글 글씨체는 비교적 정연하다. 현재 대전역사박물관에 소장되어 있다.

이 편지에서 수신자 표시는 '회덕 오냥쩍'으로 되어 있다. 이 편지가 신창 맹씨(新昌孟氏)의 묘지에서 출토되었다는 점에서 '회덕 오냥쩍'은 묘지의 주인인 신창 맹씨(新昌孟氏)일 가능성이 높으며, 편지의 내용으로 보아 발신자는 남편인 나신걸(羅臣傑)일 가능성이 가장 높다. 이 편지를 처음 학계에 소개한 배영환(2012)에서는 나신걸이 쓴 편지이므로 '신창맹씨묘출토 나신걸 언간' 정도로 편지의 명칭을 정하는 것이 좋겠지만 기존의 관례에 따라 출토지를 중심으로 〈신창맹씨묘출토언간〉으로 명명한다고 하였다.

배영환(2012)에서 제시한 세보에 따르면, 나신걸은 1461년에 출생하여 1524년에 사망하였다. 나신걸 아내인 신창 맹씨의 생몰년은 따로 나타나 있지 않다. 나신걸은 안정 나씨(安定羅氏)이다. 나신걸의 부친인 나연종(羅連宗, 1443~1488)은 천산현감(靑山縣監)과 호군(護軍, 오위(五衛)에 속한 정사품 벼슬)을 한 무관이었다. 나연종의 부인은 밀양 박씨(密陽朴氏)인데, 밀양 박씨의 부친은 내금위장 박숙(朴淑)이다. 이들에게는 슬하 4남이 있는데 원걸(元傑), 신걸(臣傑), 문걸(文傑), 도걸(道傑)이다. 이 편지의 작성자인 나신걸은 나연종의 둘째아들이다.

세보에 따르면 나신걸과 신창 맹씨 사이에는 아들이 하나 있었던 것으로 추정된다. 세보에 나신걸의 아들이 '점(漸)'으로 기록되어 있기 때문이다. 그리고 '척(滌)'을 '계자(系子)'하여 양자로 들였다는 기록도 있다.

나신걸의 아내인 신창 맹씨에 대해서는 생몰년은 물론 부친에 대한 기록도 나타나지 않는다. 다만, 나신걸의 부친인 나연종이 무관의 높은 벼슬인 호군(護軍)까지 하였고, 어머니인 밀양 박씨의 부친 역시 내금위장까지 한 것을 보면, 신창 맹씨 역시 양반 집안에서 시집오지 않았나 하는 추측을 할 수 있다.

편지에서 "군관에 자망(自望)한 후이니", "경성(鏡城)의 군관이 되어서 영안도(永安道, 함경도)로 가네."와 같은 구절이 있는 것으로 보아, 이 편지를 쓸 당시에 나신걸은 '군관'의 직책을 수행하고 있었던 것으로 파악된다. 군관은 『한국민족문화대백과사전』에 따르면 시취(試取)를 통해 별시위(別侍衛)·갑사(甲士)¹ 등으로 선발되거나 무과에 급제해야 무관직을 제수받을 수 있었다고 하니, 나신걸 역시 시험이나 무과에 급제하여 군관이 된 것으로 파악된다. 아버지도 무관이었고 아들 역시 아버지의 뒤를 따라 군관이 된 것이다.

회덕 온양댁 가인께 상백

앞에서 언급한 바와 같이 〈신창맹씨묘출토언간〉은 배영환(2012)에서 처음으로 소개되었다. 그 이후에 백두현(2015)에서도 편지의 현대어역을 제시하고 나신걸 부부의 삶을 조명한 바 있다. 여기에서는 배영환(2012)과 백두현(2015)을 다시 수정하여 이 편지의 원문과 함께 제시한다.

〈편지 1〉

회덕 오냥씌

가인의 샹빅

안부 그지업시 수업시 ᄒᄂᆡ 지븨 가 어마님미라 아기라 다 반가이 보고 가고져 ᄒᄃᆞᆺ다가 쟝쉬 혼자 가시며 날 몯 가게 ᄒᄉᆡ니 몯 가 ᄃᆞ녀가뇌 이런 민망ᄒᆞ고 셜온 이리 어듸 이실고 군과ᄂᆞᆯ ᄌᆞ망ᄒᆞᆫ 휘면 내 ᄆᆞ옴모로 마듸 몯ᄒᆞᄂᆞ 거 실쇠 가디 말라 ᄒᆞᄂᆞ 거슬 굿ᄃᆞ리 가면 병조의셔 회덕 골로 ᄒᆡᆼ이ᄒᆞ여 자바다가 귀향 보낼라 ᄒᆞ니 이런 민망ᄒᆞᆫ 이리 어듸 이실고 아니 가려 ᄒᆞᄃᆞ다가 몯 ᄒᆞ여 영안도로 경성 군관 ᄒᆞ여 가뇌 내 고도 겹텰릭 보내소 게ᄂᆞᆫ 가면 ᄀᆞᄂᆞ 빅뵈와 명디와 흔ᄒᆞ니 무명이 하 귀ᄒᆞ니 관워니 다 무명 오ᄉᆞᆯ 닙ᄂᆞ다 ᄒᆞ니 무명 겹텰릭과 무명 단텰릭과 니블라 ᄒᆞ니 모ᄅᆞ매 마니 ᄒᆞ여 셜 쇠오디 말오 경성

---

1 별시위는 오위(五衛) 가운데 용양위에 속한 장교 부대로 내금위의 취재에 뽑힌 사람과 무과 복시에서 화살 여섯 대 이상을 맞힌 사람을 뽑아서 편성하였다. 갑사는 오위 가운데 중위(中衛)인 의흥위에 속한 군사로, 부유한 양반 자제들 가운데에서 용모가 준수하고 무예에 뛰어난 사람들을 선발하여, 서울과 중부 지방의 수비를 맡겼다.

오로 구디 ᄒᆞ여 드려보내소 옷 몬 미처 지을 양이어든 ᄀᆞ는 무명을 마니 보내소 두 녁 ᄀᆞ티 투슈 텨 보내소 무명옷 이시면 게갠돌 오시사 몬 ᄒᆞ여 니블가 민망ᄒᆞ여 ᄒᆞᄂᆡ 모로매 ᄒᆞ여 보내소 길히 ᄒᆞᆫ 둘 길히라 ᄒᆞᄂᆡ 양식 브경이 ᄒᆞ여 주소 모ᄌᆞ라디 아니케 주소 뎐디예 구실란 형님ᄭᅴ ᄂᆞ라 주소 ᄒᆞ여 구실 디답 ᄒᆞ소 공셰란 박 틀의 찍긔 가 미리 술와 둣다가 공셰 회환ᄒᆞ소 ᄲᆞᆯ 디허다가 두소 ᄯᅩ 골셔 오ᄂᆞᆫ 뎨역 주려 ᄒᆞ고 치뎝ᄒᆞ여 주워놀 완ᄂᆞ니 ᄀᆞ올ᄒᆡ 뎡시리ᄃᆞ 려 ᄌᆞ셰 ᄎᆞ려 바다 뎨역 ᄎᆞ라 ᄒᆞ소 ᄯᅩ 녹숑이사 슬거오니 녹숑이ᄃᆞ려 무러보 와 저옷 디답ᄒᆞ려 ᄒᆞ거든 뎨역글 녹숑이 맛다 ᄎᆞ라 ᄒᆞ소 녹숑이 저옷 디답ᄒᆞ 거든 골 가 돋건녀 보라 ᄒᆞ소 쉬 비치게 쉬 비치게 소것 마니 달라 ᄒᆞ여 쇼쳥 ᄒᆞ라 ᄒᆞ소〈나신걸언간-1, 1490~1498년, 나신걸(남편)→신창맹씨(아내)〉

[회덕(懷德) 온양댁(溫陽宅)]

가인(家人)께 상백(上白)

안부를 그지없이 수없이 하네. 집에 가 어머님과 아기 다 반가이 보고 가고 자 하다가 장수(將帥)가 혼자 가시며 날 못 가게 하시니, 다녀가지 못하네. 이 런 민망하고 서러운 일이 어디에 있을꼬? (내가) 군관(자리)에 자망(自望)한 후 면 내 마음대로 말지(그만두지) 못하는 것일세. (장수가) 가지 말라고 하는 것 을 (내가) 구태여 가면 병조(兵曹)에서 회덕 고을(관아)로 문서를 발송하여 조 회하여 잡아다가 귀향 보낼 것이라 하니 이런 민망한 일이 어디에 있을꼬? 아 니 가려 하다가 못하여 영안도(永安道=咸鏡道)로 경성(鏡城) 군관이 되어 가 네. 내 고도(흰 겹저고리)와 겹철릭을 보내소. 거기는 가면 가는 흰 베와 명주 가 흔하고 무명이 아주 귀하니 관원이 다 무명옷을 입는다고 하네. 무명 겹철 릭과 무명 단철릭을 입을까 하네. 모름지기(반드시) 많이 하여 설을 쇠지 말고 (설을 쇠기 전에) 경성으로 구디(노비 이름) 시켜서 들여보내소. 옷을 (설) 미 처 못 지을 것 같거든 가는 무명을 많이 보내소. (무명의) 두 쪽 끝에 서입(署

押)을 하여 보내소. 무명옷이 있으면 거기인들 옷이야 못하여 입을까? 민망하여 하네. 모름지기(반드시) 하여 보내소 (회덕에서 경성까지) 길이 한 달 길이라 하네. 양식을 가볍게 여기지 말고 꼭 하여 주소 모자라지 아니하게 주소. 전지(田地)의 세납일랑 형님께 짜 주소 (말씀)하여 세납에 대답하소(바치소). 공세(貢稅)는 박 충의(忠義) 댁에 가서 미리 말하여 두었다가 공세를 회환하소. 쌀 찧어다가 두소 또 고을(관아)에서 오는 제역(除役) 주려 하고 [치뎝ᄒ여] 주어서 왔으니 가을에 덩실이에게 자세히 차려서 받아 제역을 치르라 하소. 또 녹송이야 슬기로우니 녹송이에게 물어보아 제가 곧 치르려 하거든 제역을 녹송이에게 맡아서 치르라 하소 녹송이가 제가 곧 치르거든 고을에 가서 [돌건녀](돌아다녀, 부지런히 움직여) 보라 하소 쉬빛(禾色, 곡식 수납 관리)에게 [소것] 많이 달라 하여 청하라 하소

편지 읽고 자세히 즉시 다 바치소(시행하소). 빨리 보내소.]

나신걸이 아내 신창 맹씨에게 보낸 첫 번째 편지
신창맹씨묘출토언간-1, 1490~1498년, 나신걸(남편)→신창맹씨(아내)

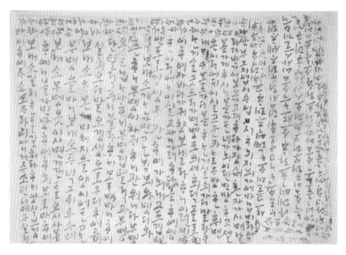

나신걸이 아내 신창 맹씨에게 보낸 두 번째 편지
신창맹씨묘출토언간-2, 1490~1498년, 나신걸(남편)→신창맹씨(아내)

〈편지 2〉

또 뎐디 다 어우리 주고 녀롭지이 마소 또 내 □(오)론 텰릭 보내소 미터나
닙새 또 보논 몰애 든 더 가래질ᄒᆞ여 어우리 주고 셩심도 죵의 말 □(듣)고
녀롭지이 마소 또 내 헌 간사 텰릭 긔새 주소 긔새 오술 복경이 니펴 가뇌 또
가래질홀 제 긔새롤 보와 도옥ᄒᆞ라 ᄒᆞ소 논 가래질 다 ᄒᆞ고 슌워니 노하 ᄇᆞ리
소 ᄇᆞ리디 마소 구디ᄃᆞ려 니ᄅᆞ소 영동의 가 알외여 우리 논 인는 겨틔셔 경셩
군과니 니월 열흘쯰 드러오ᄂᆞ니 게 가 아라 홈ᄭᅴ 내 옷 가져 드러오라 ᄒᆞ소
또 모ᄅᆞ매 영동의 가 무러 그 군관과 홈ᄭᅴ 드러오라 ᄒᆞ소 그 군과너 일호미
니현죵이라 ᄒᆞᄂᆞ 소니 또 내 삼뵈 텰리기라 모시 텰리기라 셩ᄒᆞ니로 굴히여
다 보내소 또 분ᄒᆞ고 바룰 여숫 사 보내뇌 지븨 가 몯 ᄃᆞ녀가니 이런 민망ᄒᆞᆫ
이리 어더 이실고 울오 가뇌 어마님 아기 뫼웁고 다 됴히 겨소 니년 ᄀᆞ올히
나오고져 ᄒᆞ뇌 또 다랑이 슌마니 ᄒᆞᄂᆞ 노내 삐 열연 말 니필소니 노내 삐 닐

굽 말 손댱명의 노내 삐 단 말 쇼과니 흐는 노내 삐 단 말 구디 지에 흐던
노내 삐 단 말 니문 지에 노내 삐 여둘 말 죵도리 흐는 노내 삐 여둘 말 즌고
래 노내 삐 열 말 쏘 두말구레 바틔 피삐 너 말 뭇구레예 피삐 너 말 삼바틔
피삐 흔 말 아래 바틔 피시 흔 말 닷 되 □지 흐는 바틔 피시 서 말 어셩개
밀 바틔 피시 서 말 허옴동이 어우리 흐던 보노니 시 서 말 □□□□ 무명
반 필 뿔 넉 되 졍죠 나록 서 되 뎡미뿔 흔 되 윗즁살이예 양식 맛다 되 콩
마 닷 되

[유무 보고 ᄌ셰 즉재 다 받줍소 ᄲᆞ리 보내소

또 전지는 다 어우리를 주고 농사일은 하지 마소 또 내 오래된(낡은) 철릭
을 보내소. 밑에나(안옷으로) 입세. 또 보논(洑畓)에 모래가 들어온 데 가래질
하여 어우리를 주고 절대로 종의 말을 듣고 농사일을 하지 마소 또 내 헌 간
사 철릭을 긔새에게 주소 긔새에게 줄 옷을 복경이에게 입혀서 보내네. 또 가
래질 할 때 기새를 보아서 도옥 역할 하라 하소 논 가래질 다 하고 수원이는
놓아주고 부리지 마소 구디에게 이르소 영동(永東)에 가서 아뢰어 우리 논
있는 곁에서 경성(鏡城) 군관이 다음 달 열흘쯤에 들어올 것이니 거기에 가서
알아서 함께 내 옷 가지고 들어오라 하소 또 모르니 영동에 가서 물어 그 군
관에게 함께 들어오라 하소. 그 군관은 이름이 이현종이라 하는 사람이오. 또
내 삼베 철릭과 모시 철릭과 성한 것으로 가리어 다 보내소. 또 분(粉)하고 바
늘 여섯 개를 사서 보내네. 집에 못 다녀가니 이런 민망한 일이 어디 있을꼬.
울고 가네. 어머님과 아기 뫼시고 다들 좋이 계시오 (나는) 내년 가을에 나오
고자 하네. 또 다랑이와 순만이가 짓는 논에 씨 열여섯 말, 이필손의 논에 씨
일곱 말, 손장명의 논에 씨 닷 말, 소관이 짓는 논에 씨 닷 말, 이문 짓는 논에
씨 여덟 말, 종도리 짓는 논에 씨 여덟 말, 진고래 논에 씨 열 말. 또 두말구레
밭에 피씨 너 말, 뭇구레에 피씨 너 말, 삼밭에 필씨 한 말, 아랫밭에 피씨 한

말 닷 되, □가 짓는 밭에 피씨 서 말, 어성개 밑밭에 피씨 서 말, 허옴동이 어우리하던 보논에 씨 서 말, □□□□ 무명 반 필과 쌀 넉 되, 정조 나락 석 되, 정미 쌀 한 되, 윗중살이에 쓸 양식 닷 되, 콩 닷 되.]

이 편지는 나신걸이 작성한 편지이므로, 나신걸의 생몰년을 기준으로 할 때 1461년부터 1524년 사이에 쓰인 것으로 1차적으로 추정할 수 있다. 좀 더 시기를 좁혀 보면 아내인 신창 맹씨에게 보낸 것이므로 나신걸이 혼인을 한 이후라 할 수 있다. 또한 편지 내용 중에 다음과 같은 내용을 참고로 추정할 수 있다.

지븨 가 어마님미라 아기라 다 반가이 보고 가고져 ᄒ다가〈나신걸언간-1, 1490~1498년, 나신걸(남편)→신창맹씨(아내)〉

[집에 가 어머님과 아기 다 반가이 보고 가고자 하다가]

어마님 아기 뫼옵고 다 됴히 겨소〈나신걸언간-2, 1490~1498년, 나신걸(남편)→신창맹씨(아내)〉

[어머님과 아기 뫼시고 다들 좋이 계시오.]

위 편지의 내용을 참고로 할 때 편지를 보낸 때는 집안에 아이가 있는 시기라 할 수 있다. 그러나 나신걸이 언제 결혼했는지, 아이가 언제 태어났는지에 대한 구체적인 기록이 없다. 배영환(2012)에서와 같이 추정하여 성년이 된 후 혼인을 하고 아이를 낳았거나 나문걸의 아들인 '척(滌)'을 '계자(系子)' 하였다면 아무리 일찍 잡아도 20대 이후라 할 수 있을 것이다. 그렇다면 이 편지는 나신걸이 20대 이후인 1481년 이후에 쓰인 편지일 것이다.

배영환(2012)에서는 이 편지의 작성 시기를 추정하는 또 다른 단서로 '영안도'를 제시한다. 편지 내용 중에 "영안도로 경셩 군관 ᄒᆞ여 가뇌(영안도로 경셩 군관이 되어 가네)"라는 구절이 있기 때문이다. 여기에서 '영안도'는 '함경도'를 뜻하는데 배영환(2012)에서는 이 편지의 연대와 관련하여 중요한 정보를 제공하고 있다고 보고 있다. 『성종실록』 1470년 2월 17일 기사에 따르면 신숙주 등이 "본도(함경도)를 개칭하여 영안도(永安道)라 하는 것이 어떠합니까?"라고 청하여 성종이 그대로 따랐다고 하였고, 『연산군일기』 1498년 4월 4일 기사에는 "영안도를 고쳐서 함경도라 칭하였다."는 기록이 보이므로 이 편지는 대체로 1498년 이전에 쓰인 자료로 볼 수 있다고 하였다. 또한 위 편지에서 제시된 내용 가운데 당연히 있어야 할 아버님(나연종)에 대한 언급이 없는 것으로 보아, 이 편지가 나신걸의 부친인 '나연종'이 사망한 이후에 쓰였다는 것을 암시한다고 하였다. 나연종은 1443년 태어나 1488년에 사망하였으므로 이 편지는 1488년 이후 얼마 지나지 않은 대체로 1490년대에 쓰여진 것으로 추정하였다. 여기에서도 배영환(2012)를 따라 이 편지 작성 시기의 상한선은 1490년 정도이고, 하한선은 1498년으로 한다.

영안도로 경성 군관이 되어 가네

나신걸이 이 편지를 쓴 당시의 지위는 군관이다. 그런데 갑자기 전근을 가게 되었다. 이러한 사실은 편지 내용 중 다음과 같은 표현을 통해 알 수 있다.

군과놀 ᄌᆞ망ᄒᆞᆫ 휘면 내 ᄆᆞᄋᆞ모로 마디 몯ᄒᆞᄂᆞᆫ 거실쇠〈나신걸언간-1, 1490~

1498년, 나신걸(남편)→신창맹씨(아내)〉

　[군관을 자망(自望)한 후이면 내 마음대로 말지(그만두지) 못하는 것일세]

영안도로 경성 군관 후여 가뇌〈나신걸언간-1, 1490~1498년, 나신걸(남편)→
신창맹씨(아내)〉

　[영안도로 경성 군관이 되어 가네]

　위 첫 번째에서는 나신걸이 군관을 자망(自望)하였다고 하였다. 『표준국
어대사전』에 '자망(自望)'이 '자천(自薦)'과 동의어로 되어 있고, '자천'은 "자
기를 추천함"의 뜻으로 되어 있다. 『표준국어대사전』에 따르면 나신걸은
스스로 추천하여 군관이 된 것으로 파악할 수도 있다.

　군관은 장교급의 무관이다. 『한국사』의 25권 '조선 초기의 사회와 신분
구조'를 참고하면, 5군영이 설치되기 전인 조신 전기에는 중앙군인 5위에
하급 사관으로 군관과 같은 장교층이 있었다는 기록이 보이지 않는다. 그러
므로 5위에서의 군관의 존재는 확인할 수가 없다. 그러나 지방 각지의 병영
등에는 군관 즉 장교가 소속되어 있었다. 따라서 조선 전기에 군관 즉 장교
라 하면 지방의 병영 등에 소속된 군관이요 장교라 할 수 있는 것이다. 이
에 의거하여 나신걸이 '경성 군관이 되어 가네'라고 한 것으로 보아 중앙의
군관은 아니었고, 지방 각지의 병영에 소속되어 있었을 것으로 생각된다.

　경성 군관이 되어 간다고 한 것은 두 가지 뜻으로 해석될 수 있다. 현재
군관의 직책에 있으면서 경성으로 전근을 받은 경성 군관이라는 것과 이제
막 무과에 급제하여 일정 기간 동안 한시적으로 복무하는 출신군관(出身軍
官)으로 지내다가 자망(自望)하여 경성 군관이 되어 가는 것이다. 『한국사』
의 25권에 따르면 조선 전기에 지방의 군관 즉 장교는 대체로 두 종류로 구

분된다. 하나는 향리층과 밀착되어 있는 직역으로서의 장교층이고, 다른 하나는 병사·수사 이하 진장(鎭將)의 천거를 받아 솔행(率行)하는 군관으로서 구전군관(口傳軍官) 또는 솔행군관(率行軍官)이라 불리는 자들이다. 나신걸의 집안이 고급 무관을 하는 집안이었고, 동생 나문걸까지 무과에 급제한 것을 보면 나신걸 역시 무과에 급제하여 군관의 직책으로 있었거나 출신군관으로 지내다가 자망(自望)하여 경성 군관이 되어 솔행군관으로서 경성으로 가는 것으로 볼 수 있다.

'자망(自望)'을 좀 다르게도 생각해 볼 수 있다. 『표준국어대사전』의 뜻풀이대로라면 "군과눌 ㅈ망훈 휘면(군관을 자망한 후이면)"은 글자 그대로 경성 군관으로 자신을 추천하였다는 뜻이 된다. 그런데 나신걸이 경성 군관으로 스스로 추천하였는지가 의심이다. 편지에서 농사일, 세금일 등을 자세하게 적은 내용으로 보면 자망 이후에 함경도(영안도) 경성으로 떠날 때까지 시간이 많이 있었던 것처럼 느껴지지 않고, 자망을 한 후에 그만 둘 수 없다는 것으로 보아 스스로 추천한 것 같지도 않으며 그다지 가고 싶어 하는 것 같지도 않기 때문이다. 그렇다면 '자망'의 의미를 다시 파악해 볼 필요가 있다.

'자망'이 자주 나타나는 『조선왕조실록』의 한 구절을 살펴보자.

> 병조 판서 이항(李沆)이 아뢰기를, "함경남도 병사(咸鏡南道兵使) 윤희평(尹熙平)이 정수(定數) 외 군관으로 금군(禁軍) 7인을 자망(自望)하고, 만포 첨사가 정수 외 군관으로 금군 11인을 자망했습니다. 그렇게 되면 시위(侍衛)가 허술하게 될까 염려됩니다. 또 지금은 정토(征討)할 때와 달라 비록 심사손(沈思遜)이 패사(敗死)했지만, 그렇게 많은 금군을 보내서는 안 됩니다. 청컨대 함경남도에는 4인을, 만포에는 3인을 차임해 보내는 것이 어떻겠습니까?"(兵曹判書李沆啓曰: 咸鏡南道兵使尹熙平, 數外軍官, 自望禁軍七人; 滿浦僉使數外軍官, 自望

禁軍十一人. 如是則恐侍衛虛疎也. 且今非如征討之時. 沈思遜雖敗死, 不可以是多
送禁軍也. 請南道則四人; 滿浦則三人差送何如?〈『중종실록』, 중종 23년(1528) 1월
29일 기사〉

『중종실록』에 윤희평이 군관으로 금군 7인을 자망하고, 만포 첨사가 군
관으로 금군 11인을 자망했다는 내용이 나온다. 여기에서 자망하는 주체(주
어)는 윤희평과 만포첨사이고 자망의 대상(목적어)은 금군 7인과 금군 11인이
다. '자망'이 스스로 추천한 것이라면 '내가 군관으로 자망하였다'처럼 주어
는 자신이 되어야 하고, 부사어는 그 직책이 되어야 할 것이다. 그런데 위
문장은 '자망하다'가 타동사로 쓰이고 있다. 여기에서 자망은 스스로 추천
하는 의미가 아니라 해당 장수가 자기 밑에서 일할 군관을 상부에 추천(천
거)하는 의미로 보아야 한다.

이러한 '자망'의 의미를 따른다면, 나신걸은 경성 군관으로 스스로를 추
천한 것이 아니라 이 편지에 나오는 장수에 의해 경성 군관으로 추천 또는
천거를 받은 것이다. 그렇기 때문에 한 번 자망을 하면 그만두지 못한다고
했고 그래서 나신걸은 곧 함경도 경성으로 가지 않을 수 없었던 것이다.

지븨 가 어마님미라 아기라 다 반가이 보고 가고져 ᄒ다가 쟝쉬 혼자 가시
며 날 몯 가게 ᄒ시니 몯 가 ᄃ녀가뇌 이런 민망ᄒ고 셜온 이리 어듸 이실고
군과놀 ᄌ망ᄒ 휘면 내 ᄆᆞᅌᆞ모로 마디 몯ᄒᄂᆞᆫ 거실쇠 가디 말라 ᄒᄂᆞᆫ 거슬 긋
드리 가면 병조의셔 회덕 골로 힝이ᄒ여 자바다가 귀향 보낼라 ᄒ니 이런 민
망ᄒ 이리 어듸 이실고 아니 가려 ᄒ다가 몯 ᄒ여 영안도로 경성 군관 ᄒ여
가뇌〈나신걸언간-1, 1490~1498년, 나신걸(남편)→신창맹씨(아내)〉

[집에 가 어머님과 아기 다 반가이 보고 가고자 하다가 장수(將帥)가 혼자

가시며 날 못 가게 하시니, 다녀가지 못하네. 이런 민망하고 서러운 일이 어디에 있을꼬? (내가) 군관(자리)에 자망(自望)한 후면 내 마음대로 말지(그만두지) 못하는 것일세. (장수가) 가지 말라고 하는 것을 (내가) 구태여 가면 병조(兵曹)에서 회덕 고을(관아)로 문서를 발송하여 조회하여 잡아다가 귀향 보낼 것이라 하니 이런 민망한 일이 어디에 있을꼬? 아니 가려 하다가 못하여 영안도(永安道=咸鏡道)로 경성(鏡城) 군관이 되어 가네.]

지븨 가 몯 둔녀가니 이런 민망훈 이리 어디 이실고 울오 가뇌〈나신걸언간 -2, 1490~1498년, 나신걸(남편)→신창맹씨(아내)〉

[집에 못 다녀가니 이런 민망한 일이 어디 있을꼬 울고 가네.]

나신걸은 자망을 받아 경성 군관이 되어 가는 것을 탐탁하게 생각하지 않았던 것으로 생각된다. "(경성으로) 가지 않으려 하다가 경성 군관이 되어 가네"의 구절에서 그 마음을 읽을 수 있다. 그리고 급하게 영안도로 가게 된 것으로 보인다. 약간의 시간이라도 있었으면 또는 전에 예정된 발령이었으면 여러 가지 옷가지를 챙치고 옷을 급히 만들어 보내달라는 내용, 농사일을 처리하라는 내용이 담기지는 않았으리라. 급하게 가기에 할 말이 많아 한 장의 편지에 별도의 여백도 없이 돌아가면서 빼곡히 작성하였다.

자망을 당하였어도 나신걸은 경성으로 가기 전에 집에 들러 철릭을 비롯한 여러 옷가지 등을 챙기고 집안 대소사 등을 부인에게 당부하려고 하였다. 그런데 경성으로 떠나기 전에 자신을 자망한 장수는 집에 가면서 나신걸 자신은 가지 못하게 한 점에 대해 매우 서운하게 생각하고 있다. "집에 가 어머님과 아기 다 반가이 보고 가고자 하였는데" 그럴 수가 없었다. 장수가 나신걸이 집에 가지 못하게 한 것은, 아마도 자망이 나신걸 자신의 의

지도 아니었고 함경도 경성은 변방에 해당되기에 나신걸이 장수의 말을 듣지 않고 회덕에 갔다가 돌아오지 않는 일이 생길까 하는 걱정 때문이었을 것이다. 그리하여 장수는 나신걸에게 "구태여 가면 병조(兵曹)에서 회덕 고을(관아)로 문서를 발송하여 조회하여 잡아다가 귀향 보낼 것"이라는 협박까지 하게 된 것이다. 그래서 집에 다녀가지 못하는 마음을 '민망하다(안타깝다)'로 표현하고 그러한 마음이 실제로 '울고 가네'로 표현되어 있다. 보고 싶은 가족을 보지 못하고 경성으로 떠나는 마음이 얼마나 안타까웠으면 울고 갔을까?

나신걸이 이 편지를 쓰고 함경도 경성으로 떠나는 때는 언제일까? 아마도 가을 이전으로 보인다. 편지의 내용에서 몇 가지 단서들을 발견할 수 있다. 우선 "무명 겹철릭과 무명 단철릭을 입을까 하는데, 이것들을 설을 쇠지 말고(설 쇠기 전에) 경성으로 구디(하인 이름) 시켜서 들여보내소"라는 구절에서 이 편지가 설 훨씬 전에 쓰인 것으로 판단할 수 있다. 또한 이 편지에는 세납을 처리하는 내용이 많이 등장하는데, 세납은 추수가 끝난 시기에 이루어지므로 이 편지는 대략 가을에 쓰인 것으로 추정된다. 나신걸이 편지를 쓸 당시에 있는 곳이 어디인지는 정확히 알 수 없지만 그곳보다는 함경도 경성이 훨씬 추울 것이다. 그리하여 무명 겹철릭과 무명 단철릭을 챙겨 보내라는 것도 경성의 추위를 대비한 것으로 보이므로 편지를 쓴 시기가 가을인 것을 뒷받침한다. 가장 중요한 구절은 "가을에 덩실이에게 자세히 차려서 받아 제역을 치르라 하소〈편지 1〉"이다. 돌아올 가을에 덩실이에게 제대로 챙겨서 '제역'을 치르라 하는 것을 보면, 확실히 가을 이전인 것은 분명하다.

함경도 경성에서 나오는 때는 정해졌다. "닌년 ᄀ올ᄒ 나오고져 ᄒᄂᆡ(내년 가을에 나오고자 하네.)〈편지 2〉"라고 하여 내년 가을로 정해진 것을 볼 수 있다. 곧 나신걸은 함경도 경성에서 1년이 넘는 동안 지내는 것으로 예정되어 있다. 그래서 여름옷에 해당하는 삼베철릭과 모시철릭을 성한 것으로 골라 보내라고 한 것이다.

어머님, 아기 모시고 다 잘 계시오

원치 않은 발령을 받아 함경도 경성으로 가면서 걱정되는 것은 첫 번째 추위에 대비한 옷이고, 두 번째는 세납, 세 번째는 농사일이다. 편지의 내용이 옷가지, 세납, 농사일 순서로 되어 있음을 통해 추측할 수 있다. 추위를 대비한 옷이 먼저 등장한 것은 우선 자신의 생활에 대한 걱정이 앞섰던 것이다. 가을까지야 현재 임지에서 그전에 받은 옷으로 생활하며 지내겠지만 추위가 극심한 함경도로 가게 되면서 그곳에서 겨울을 날 걱정이 먼저 되었던 것이다.

1년이 넘는 기간 동안 경성에서 있을 것을 생각하니 그래도 걱정되는 것은 집안일이다. 그것도 농사일에서 중요한 추수 때와 파종 때 집에 없으니 걱정이 될 만도 하다. 또한 추수를 하였으면 그만큼 세금도 납부해야 하기 때문에 세금을 내는 것도 던져 놓을 수 없는 걱정거리이다. 이로 보면 그는 평소에도 집안일에 아주 적극적으로 참여했던 듯하다.

나신걸이 입을 옷가지를 챙기는 것을 제외하고 집안일과 관련하여 부인에게 부탁하는 일은 다음과 같다.

賦稅(공세, 제역, 회환)
농사일 관리

아이 양육과 부모님 봉양

　나신걸이 신창 맹씨에게 부탁한 일은 먼저 세납이다. 전지(田地)의 세납은
형님께 부탁하여 무명을 짜서 바치고, 공세(貢稅)를 위해서는 미리 쌀을 찧
어 두고 박 충의(忠義) 댁에 가서 말하여 두었다가 공세를 바치라고 지시하
고 있다. 고을(관아)에서 오는 제역(除役, 관아에 바칠 공역(公役)〈백두현 2015:37 참
조〉)을 가을에 덩실이에게 제대로 챙겨서 치르라고 하였다. 혹시나 녹송이
가 치르겠다고 하면 녹송이에게 치르도록 하라고 하였다. 나신걸의 표현대
로 녹송이가 좀 더 슬기로운 사람이었던 것으로 보인다.

　편지의 내용에서 나신걸 집안의 전지(田地)는 적지 않았던 것으로 보인다.
고향 회덕에 있는 땅을 비롯하여 "영동(永東)에 가서 아뢰어 우리 논 있는
곁에서"라는 표현으로 보아 충청도 영동에도 땅이 있었던 것으로 보인다.
지금의 지도에서 회덕과 영동군 사이에는 옥천군이 자리하고 있는 것을 보
면 꽤 먼 곳까지 나신걸 집안에서 운영하는 전지가 있었던 것이다. 곧 남편
이 격지(隔地)로 떠나게 된 시점에서 부인의 입장에서는 농사일이 크나큰 걱
정이 아닐 수 없었을 것이다. 그래서 나신걸은 부인 신창 맹씨에게 세세히
농사일에 대해 알려주고 있다.

　또한 아내에게 종의 말을 듣고 농사일을 하지 말라는 당부를 하고 있다.
조선 시대 평민이나 노비층 여성들은 집안일 외에도 직접적인 생산 노동에
참여하지 않을 수 없었다. 당시 전반적으로 생산력은 낮고 노동력은 절대적
으로 부족했기 때문이다. 그러나 조선시대에 상층의 양반 계층일수록 여성
의 일은 직조나 농업 노동과는 거리가 멀었다. 나연종이 무관으로서 고위직
까지 역임하였고 나연종의 부인 밀양 박씨의 집안도 내금위장까지 한 집안
인 것을 보면, 나연종의 집안은 무관으로서 양반 계층에 속하였던 것으로

보인다. 곧 신창 맹씨는 양반 집안에 시집와 농사일을 직접적으로 하지는 않았을 것이다. 그런데 나신걸은 신창 맹씨가 혹시나 종들의 꾀임에 빠져 농사일을 직접 하지 않을까 걱정이 되어 농사일을 하지 말라고 당부하고 있는 것이다.

나신걸은 아내가 고생할 것을 생각해서 논밭은 다 남에게 소작을 주고 농사를 짓지 말라고 거듭 당부하고 있다. "보논[洑畓]에 모래가 들어온 데 가래질하여 어우리를 주고 절대로 종의 말을 듣고 농사일을 하지 마소"에서 나신걸의 아내에 대한 마음을 읽을 수 있다.

조선 전기에는 종자와 전세(田稅)는 지주 부담이 원칙이었다.(강명관, 2011) 가을이 되면 전세를 내야 했고, 봄이 되면 병작인, 소작인들에게 종자씨를 내주어야 했다. 그래서 편지의 앞에서 전세 바치는 것을 지시하고 뒤에서는 종자씨에 대해 추신과 같은 형식으로 분배에 대해 정확히 적어놓고 있는 것이다. 나신걸이 집에 있었으면 이러한 일을 직접 챙겼겠지만, 함경도 경성으로 떠나게 되면서 이러한 일은 온전히 아내 신창 맹씨의 일이 되어 버렸다. 그래서 편지의 마지막에 누구에게 얼마만큼의 종자씨를 주어야 하는지 자세히 적어 놓았다. 이러한 내용을 적고 있는 나신걸의 마음은 편치 않았을 것이다. 아내가 직접 챙겨야 하는 고생이 눈에 보였기 때문이리라.

나신걸은 또한 아내에게 홀로 되신 어머니와 아이를 잘 모시라고 하고 있다.

> 어마님 아기 뫼옵고 다 됴히 겨소 닉년 ᄀ올희 나오고져 ᄒ뇌〈나신걸언간
> -1, 1490~1498년, 나신걸(남편)→신창맹씨(아내)〉
> [어머님, 아기 모시고 다 잘 계시오. (나는) 내년 가을에 나오고자 하네.]

부모 봉양은 자식으로서, 자녀 양육은 부모로서 도리이자 의무이다. 조선 시대 여성은 자녀 양육과 부모 봉양의 실제적 책임을 회피할 수 없었지만, 이러한 일들은 남편과 함께 이루어지는 일이다. 회덕에서 한 달 길이 걸리는 함경도 경성까지 가면서, 또 내년 가을에나 돌아올 예정인 상황에서 남겨 놓은 어머니와 아이는 걱정이 아닐 수 없었다. 그래서 어머님을 모시고 아기와 함께 잘 지내기를 바라고 있다. 편지 사연의 마지막에 해당되는 내용을 편지의 끝맺음으로 생각할 수도 있겠지만, 그 끝맺음에서 아내와 어머니, 아기를 걱정하는 나신걸의 마음을 읽을 수 있다.

분(粉)하고 바늘 여섯 개를 사서 보내네

옷가지를 챙기고 옷을 지어 보내라 하고, 전지에 대한 세납을 하라 하고, 농사일을 맡기고 부모님 봉양까지 부탁하는 남편의 마음은 어떨까? 가까이 있지도 못하는데다가 이러한 일까지 맡기게 되어 정말 미안한 마음이 앞섰을 것이다.

그래서 그러한 미안한 마음을 달래고 아내를 위로하기 위해 나신걸은 아내에게 화장품인 분과 바늘 여섯 개를 사서 선물로 보내 준다. 여성들은 전통적으로 내적인 행실미를 중요하게 생각하였지만, 외적인 아름다움도 놓칠 수 없는 것이었다. 그래서 화장품은 어느 시기에나 미를 꾸미기 위한 사치품의 하나였으며, 세종 시 국혼 때 예물의 한 가지에 포함될 만큼 여성들에게는 중요한 물품이었다. 또한 바늘은 당시에 모두 중국 수입품으로 아주 귀한 물건들이었다. 이규경(1788~1856)은 『오주연문장전산고(五洲衍文長箋散稿)』에서 "지금 쓰고 있는 포침(布針)은 중국에서 온 것이다. …… 우리가 중국을 의지하고서 만드는 방법을 배우지 않다가 교역이 막히게 되면 어디로부터 사들일 것인가?"라고 하였다.(유호진 외 2011 참조) 18, 19세기에도 중국에서 바늘을 수입하여 쓰고 있었던 실정이었는데, 조선 초기 15세기 말에는 어떠하였겠는가? 바늘이 더없이 귀중한 물건이었을 것이다. 일용물품이 그다지 풍족하지 못했던 시대 상황 속에서 바늘과 분(화장품)은 아마도 아내 신창 맹씨에게 큰 선물이자 집에 들르지 못하고 임지로 떠나는 남편에 대한 아쉬움을 조금은 달래줄 수 있는 물건이었으리라. 하급 무관이었던 나신걸은 아마 몇 달치 월급을 탈탈 털었을지도 모를 일이다. 신창 맹씨는 남편이 보내준 바늘을 가지고 남편이 따뜻하게 입을 것을 생각하면서 남편이 부탁한 무명 겹철릭과 무명 단철릭을 지었을 것이다.

죽어서도 머리맡에 두고 있었던 편지

나신걸이 아내 신창 맹씨에게 보낸 편지는 2건이다. 이 두 통의 편지도 각각 보내지 못하고 먼저 한 통을 쓴 후에 회덕으로 가는 사람을 찾아 나머지 한 통도 쓴 것으로 보인다. 편지를 쓰면서 한 마디, 한 문장이라도 더 쓰기 위하여 상하좌우를 이용해 편지를 채워 나갔다.

편지에서는 자망당하여 함경도 경성으로 떠나게 된 일, 떠나기 전에 집에 다녀오고자 하였지만 장수 자신은 집에 다녀오고 나신걸은 집에 가지 못하게 하면서 집에 가면 병조(兵曹)에서 문서를 발송하여 조회하여 잡아다가 귀향 보낼 것이라며 협박까지 당하여 집에 가지 못하고 경성으로 울면서 간다는 내용을 적으면서도 경성에서 겨울을 앞두고 지낼 일이 걱정되어 여러 옷가지들을 챙기고 만들어 보내달라는 이야기, 추수철을 앞두고 공세

해야 할 일, 농사일, 부모를 모시고 아이를 돌보는 일까지 부탁하고 있다. 가장으로 집안의 대소사를 챙기지 못하고 아내에게 부탁하는 내용, 그리고 안타까운 마음을 달래려 분과 바늘을 사서 보내는 마음을 통해 15세기 말 한 남자의 아내에 대한 마음을 읽을 수 있다.

나신걸은 남편으로서의 역할을 하지만, 아내를 사랑하는 마음도 보여주고 있다. 물론 이런 사랑을 받았던 나신걸의 아내도 그만큼 사랑스러운 사람이었을 것이다. 아내는 그러한 남편의 세심함이 고마워 죽을 때까지 그 편지를 간직하고 있었고 죽어서도 그 편지를 머리맡에 두고 있었던 것이다.

편지의 내용대로 설이 되기 전에 구디를 시켜서 여러 옷가지들을 보냈을 것이다. 보내는 데 분명 남편에게 보내는 답장을 썼을 듯한데, 그것이 현전하지 않아 아쉬울 따름이다.

참고문헌

강명관(2011), 『성호, 세상을 논하다』, 자음과 모음.

유호진, 한정호, 김도윤, 힘희동, 이환명, 박주훈(2011), 「시대별 경향에 따른 우리나라 화 장품의 역사적 고찰」, 『호서대학교 기초과학연구논문집』 19, 호서대학교, 141-148.

배영환(2012), 「현존 最古의 한글편지 '신창맹씨묘출토언간'에 대한 국어학적인 연구」, 『국어사연구』 15호, 국어사학회, 211-239.

백두현(2015), 『한글 편지에 담긴 사대부가 부부의 삶』, 한국학중앙연구원출판부.

백두현(2001), 「조선시대 한글 보급과 실용에 관한 연구」, 『진단학보』 92, 진단학회, 193- 216.

백두현(2011), 『한글 편지로 본 조선 시대 선비의 삶』, 역락.

백두현(2019), 『증보판 현풍곽씨언간 주해』, 역락.

국사편찬위원회, 「조선 초기의 사회와 신분 구조」, 『한국사』 25권, 탐구당.

왜적이 전라도로 간다 하니 밤낮으로 걱정하오

<이덕열 언간>을 통해 본, 전쟁 중 임무를 수행하며
피난하는 가족을 돌보는 가장

무덤에서 발견된 13장의 편지

조선 중기 사대부가에서 장례를 치르고 시신을 매장할 때는 일반적으로
회격묘(灰隔墓) 방식을 사용하였다. 묘광을 파고 숯가루, 삼물(석회, 세사, 황토),
목곽, 목관(이중관)의 4중 구조로 시신을 안치하는데 목곽과 목관을 제외하
고도 숯과 삼물의 두께가 25~35cm 정도로 아주 단단하게 조성된다. 두꺼
운 회벽 안에는 동식물도 들어갈 수 없을 뿐만 아니라 회벽이 외부의 공기
를 차단하여 밀폐시킴으로써 주검과 같이 관 속에 넣은 여러 상례·장례
용품 등이 산화되지 않고 온전하게 보존되어 발견되기도 한다.

최근에 회격묘 안에서 미라와 부장품이 발견되었다. 광주 이씨 문경공지
파(文景公支派) 문중은 2016년 10월 17일 전라남도 곡성군 삼기면 근촌리에
있는 청풍 김씨의 묘를 이장하였다. 청풍 김씨의 묘는 회격묘 방식으로 되
어 있었고 목관은 옻칠이 되어 있었다. 목관 안에 든 시신은 미라 형태로
온전하게 보존되어 있었다. 목관은 옻칠을 촘촘히 했고, 옻칠관 속에서는

시신과 함께 염주 혹은 유리구슬로 추정되는 유품 1점과 한지로 된 봉지 2점이 나왔다. 장고은·김영(2019), 김영·장고은(2021)에 따르면 한지로 된 봉지에는 각각 한글로 '낙발'(落髮)과 '가중셔간'(家中書簡)이라고 적혀 있었다. '낙발' 봉지는 '조발낭(爪髮囊)'으로써 모발이 싸여 있었고, '가중셔간' 봉지는 외피지, 내피지로 싸여 있으며 언간 13점이 들어 있었다.

청풍김씨 미라

이 묘의 주인은 광주 이씨 문경공지파 이덕열(李德悅, 1534~1599)의 부인인 청풍 김씨(淸風金氏)이다. 언간 13점은 남편인 이덕열이 청풍 김씨에게 보낸 편지이며, 그 중 1건은 아내가 보낸 편지지 뒷장에 남편이 답장을 써서 보낸 것이어서 내용상으로 보면 총 14건이 된다.[1]

청풍김씨 묘에서 출토된 언간 14건은 1590년부터 1599년 사이에 작성된

---

1   그런데 내피지에 이덕열 집안에서 소유한 논밭과 그 논밭에 나는 수확량을 적은 1건이 더 존재한다. 이를 김영·장고은(2021:202)에서는 일종의 치부기록(置簿記錄)이라고 하였는데, 이것까지 포함하면 실제로는 내용상 15건이 된다.

것이며, 임진왜란 당시와 직후에 임무를 수행하면서 부인에게 보낸 것으로 부인과 가족에 대한 걱정을 담고 있다. 이 편지를 기존 연구에서는 〈청풍김씨묘출토언간(이덕열언간)〉, 〈양호당이덕열언간〉으로 부르기도 하였다.[2] 여기에서는 간략하게 〈이덕열 언간〉으로 지칭하기로 한다.

기존 연구에서 제시한 〈이덕열 언간〉의 발수신 관계와 발신일을 수정·정리하여 이덕열 언간의 현황을 제시하면 다음과 같다.

이덕열 언간의 현황

편지 번호	발수신 관계	발신일(추정)
이덕열 언간-1	남편(이덕열)→아내(청풍김씨)	1592. 5. 8.
이덕열 언간-2	남편(이덕열)→아내(청풍김씨)	1593. 5. 1.
이덕열 언간-3	남편(이덕열)→아내(청풍김씨)	1593. 7. 3. 이후
이덕열 언간-4	남편(이덕열)→아내(청풍김씨)	1593. 7. 10.
이덕열 언간-5	남편(이덕열)→아내(청풍김씨)	1592. 8. 8.
이덕열 언간-6	남편(이덕열)→아내(청풍김씨)	1593. 8. 12.
이덕열 언간-7	남편(이덕열)→아내(청풍김씨)	1593. 8. 14.
이덕열 언간-8	남편(이덕열)→아내(청풍김씨)	1597. 7. 14.
이덕열 언간-9	남편(이덕열)→아내(청풍김씨)	(1590~1599)
이덕열 언간-10	남편(이덕열)→아내(청풍김씨)	(1590~1599)
이덕열 언간-11	남편(이덕열)→아내(청풍김씨)	(1590~1599)
이덕열 언간-12	남편(이덕열)→아내(청풍김씨)	(1593~1599)
이덕열 언간-13-1	아내(청풍김씨)→남편(이덕열)	(1593~1599)
이덕열 언간-13-2	남편(이덕열)→아내(청풍김씨)	(1593~1599)

주 발신인인 이덕열(1534~1599)의 호는 양호당(養澔堂)이며, 영의정을 지낸 이준경(李浚慶)의 셋째 아들로 태어난 후, 5촌 숙부인 이유경(李有慶)의 양자

---

2 이 편지를 장고은·김영(2019)에서는 〈청풍김씨묘출토언간(이덕열언간)〉으로 이름하였고 장고은·김영(2021)에서는 〈양호당이덕열언간〉으로 명칭을 고쳤다.

로 들어갔다. 이덕열은 1569년 별시 문과에 병과로 급제해 수찬, 청주목사, 장령 등을 지내고 1590년 성주목사(星州牧使)에 부임하였다.(장고은·김영 2019: 128-129 참조)『한국민족문화대백과사전』에 따르면 이덕열은 임진왜란 발발 초기에 성주성에서 적을 토벌하였으며, 1593년 장령이 되어서는 사은사(謝恩使) 정철(鄭澈) 등이 전대(專對, 왕을 홀로 대좌해 자신의 견해를 전함)의 임무를 받고 남은 왜적이 없다는 설을 힘껏 변명하지 못한 데 대해 탄핵하기도 하였다. 그리고 임진왜란 당시 조정에서의 정책 결정 및 전황, 자신의 역할 등을 기록한 『양호당일기(養澔堂日記)』를 저술하였다.

장고은·김영(2019:129-130)에 따르면 이덕열은 양천 허씨 허우(許堣)의 딸과 혼인하였는데, 양천 허씨는 자식 없이 1589년 세상을 떴다. 그 이듬해인 1590년 청풍 김씨 김운(金澐)의 딸을 계배(繼配)로 맞이하여 3남 1녀를 두었다. 편지의 수신인인 청풍 김씨는 1567년 김운의 셋째 딸로 태어나 24세가 되던 해인 1590년 이덕열과 혼인하였다. 임진왜란이 발발하자 남원, 양성 등지에서 피란하다가 1593년 서울로 갔다. 청풍 김씨는 남편의 사망(1599) 후 삼년상을 마치고 남원 주포장(周浦庄, 현 남원 주생면 영천리)으로 내려가, 1637년 71세를 일기로 세상을 떠났다.

여기에서는 〈이덕열언간〉 가운데 임진왜란과 관련된 내용이 담긴 언간을 통해 임진왜란 당시 이덕열의 신하로서의 모습과 가족에 대한 가장으로서의 모습을 재현해 보고자 한다.

임금은 서울을 나가셨고 왜적은 고을에 가득하오

1592년 4월 14일 오후 5시, 왜적의 배들이 부산 앞바다를 온통 뒤덮으며 그 모습을 드러냈다. 당시 조선으로 쳐들어 온 왜적은 9개 부대 15만 8천여 명으로 부산진성은 4시간 만에 함락되었다. 임진년에 왜적이 일으킨 7년 전쟁, 그 기나긴 전쟁은 이렇게 시작됐다. 이 당시 이덕열은 성주 목사로 재직하고 있었는데, 성주의 거점인 성주성은 왜군이 부산에 상륙한 지 열흘만인 4월 23일 함락되었다. 이때 성주 판관 고현(高晛)은 도망가고 장졸들은 뿔뿔이 흩어져 버렸다.(이탁영 2002:239)

한편, 전쟁이 일어난 지 4일 후 소식을 듣게 된 조정은 당시 최고의 명장이라 불렸던 신립(申砬)을 보내 충주를 지키게 했다. 충주는 서울로 바로 진격할 수 있는 전략적 요충지였는데 신립마저 패하자 4월 30일 선조는 수도 서울을 버리고 피란길에 올랐다. 왜적은 빠른 속도로 진격하여 전쟁을 벌인 지 20일이 채 안 된 5월 2일 서울을 함락하였다. 선조의 피란에 백성들은 큰 혼란에 빠졌다.

이때 이덕열의 부인인 청풍 김씨는 남편 없이 아이들을 데리고 성주에서 남원으로 피란하였다.[3] 전쟁 중이던 남편 이덕열은 다음과 같은 편지를 보내 가족을 걱정하며 성주의 상황과 서울의 상황을 함께 적어 보낸다.

엇디 구러 간고 분별ᄒ다니 아ᄒᆡ돌ᄒ고 뜯드ᄅᆞ니 업시 오라 드러가다 ᄒ니 깃거ᄒᄂᆡ 나도 당시 무스히 인뇌 도족은 고을ᄒᆡ ᄀᆞ득ᄒ엿고 아랫사ᄅᆞᆷ 다 드라나고 ᄂᆡᄍᆝᆼ 어드러 갈고 ᄒᄂᆡ 셔울도 나라히 나가시다 ᄒ니 온 자안홀 ᄇᆞ린 거시니 엇더ᄒ고 기이업시 여긔 두 고대 이썬 지믈 아므것도 ᄂᆡ디 몯ᄒ니 비록 사라쨔 므스 거스로 얼구룰 ᄭᅳ려 살고 …… 오월 초팔일 셩줘 ᄒᆡᆼᄎᆞ〈이덕열언간-1, 1592년, 이덕열(남편)→청풍김씨(아내)〉

3 김영·장고은(2021:218-219)에서 청풍김씨는 남편의 부임지인 성주에서 함께 지내다가 전란이 일어나게 되면서 부득이하게 남원으로 피난한 것으로 추정하였다.

[어떻게 해서 갔는가 염려하였더니, 아이들하고 떨어진 이 없이 온전히 들어갔다고 하니 기뻐하네. 나도 아직 무사히 있네. 도적[왜적]은 고을에 가득하였고 아랫사람은 다 달아나고, 나중은 어디로 갈까 하네. 서울도 임금께서 나가셨다 하는데, 온 서울을 버린 것이니, 어떠한가? 가이없네. 여기 두 곳에 있던 짐을 아무것도 내지 못하니, 비록 살았다고 해도 어떤 것으로 몸을 꾸려 살까? …… 5월 8일 성주 행차.]

이덕열이 성주 목사로 재임한 기간은 1590년부터 1592년 9월까지이고, 이 편지의 발신자 표시가 "셩쥐 힝츳(성주 행차)"로 되어 있으므로 이덕열이 임지인 성주에서 보낸 것이다. 임금마저 서울을 버렸다는 내용이 나오는데 이는 선조의 의주 파천을 뜻하는 것이며, 임금이 파천한 날은 4월 30일이었으므로 이 편지는 1592년 5월 8일에 쓰여진 것이다. 이 편지에는 성주성이 함락된 이후 성주의 상황을 비롯하여 서울이 함락되고 임금이 파천한 서울의 상황과 가족에 대한 걱정이 담겨 있다. 편지에서 "도적은 고을에 가득하고 아랫사람들은 다 달아나고"라는 표현을 통해 당시 성주 성내에 왜적들이 웅거하고 있었고, 또한 군사들은 왜적을 피해 이리저리 흩어진 상황이었음을 알 수 있다.[4]

이때 이덕열은 도망하지 않고 성주를 끝까지 지키고 있었다. 당시 성주의 상황에 대해 『난중잡록』 4월 23일 조에는 "가운데 길[中道]로 침입해 오는 왜군은 인동을 불태워 버렸고, 오른쪽 길[右道]로 오는 왜군은 현풍에서 길을 나누어 낙동강을 건너서는 성주를 불태워 버리니, 성주 판관 고현(高晛)

---

4   이러한 상황은 이탁영(2002:239)의 내용과도 일치한다. 『양호당일기』는 1592년 7월 25일부터 1597년 4월 15일까지 일이 기록되어 있으므로 이 내용은 『양호당일기』에 나오지 않는다.

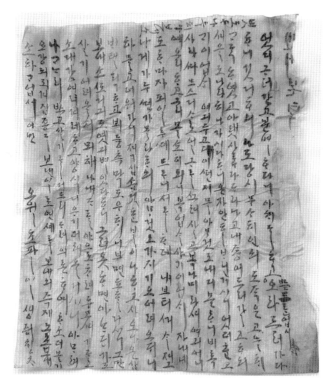

〈이덕열언간-1, 1592년, 이덕열(남편)→청풍김씨(아내)〉

은 도망쳐 달아났고, 목사 이덕열(李德悅)이 겨우 몸만 살아남아서 끝까지 고을을 지켰다. 왜적이 성안으로 들어와 점거하고 있으면서 목사를 가칭하고 어리석은 백성들을 꾀어 모으자 궁박해진 백성들은 의지할 데가 없어 왜적에게 항복하고 부동하는 자들도 많았다.”(민족문화추진회 1971:341)라고 서술되어 있다.

또한 “서울도 임금께서 나가셨다 하는데, 온 서울을 버린 것이니”라는 구절을 통해 서울이 함락당하고 임금마저 의주로 파천한 당시의 상황도 알수 있다.[5] 『선조실록』에서는 이 상황을 “새벽에 상이 인정전(仁政殿)에 나오니 백관들과 인마(人馬) 등이 대궐 뜰을 가득 메웠다. 이날 온종일 비가 쏟아졌다. 상과 동궁은 말을 타고 중전 등은 뚜껑 있는 교자를 탔었는데 홍제원(洪濟院)에 이르러 비가 심해지자 숙의(淑儀) 이하는 교자를 버리고 말을 탔다. 궁인(宮人)들은 모두 통곡하면서 걸어서 따라갔으며 종친과 호종하는 문무관은 그 수가 1백 명도 되지 않았다."(『선조실록』, 선조 25년(1592) 4월 30일자)라고 기록하고 있다. 이덕열은 편지에서 "임금이 서울을 나가신 것"은 "서울을 버린 것이다"라고 안타까움을 표현하고 있다.

이 편지를 보낸 이후에 성주목사(星州牧使) 이덕열은, 다른 장수들은 모두 도망하였는데도 성내에 웅거하고 있는 왜적을 물리치기 위하여 지경을 떠나지 않고 굳게 지키면서 도망한 군사들을 수습해 적을 계속 토벌하였다. 성주성은 임진왜란 초기 왜군이 번성(藩城)으로 삼았던 곳으로서, 경상도 지역 왜군 주둔의 거점이자 이들의 수송과 보급 선상에 있었던 전략적 요충지였으며, 성주 지역은 경상도에서 전라도로 가는 길목에 자리 잡고 있어 조선으로서도 곡창지대인 전라도 지역의 방어를 위해서라도 하루빨리 수복해야 하는 곳(김종수 2019:131-132)이었기 때문이다. 이러한 이덕열의 장수로서 활약에 대해 『선조실록』에서 다음과 같은 기술하고 있다.

> 웅천 현감(熊川縣監) 허일(許鎰)은 적이 경내를 침범하기도 전에 먼저 스스로 도주하였으며, 성주 목사(星州牧使) 이덕열(李德悅)은 왜적이 성주성에 웅거하고 있는데도 성주의 지경을 떠나지 않고 있었는데, 판관(判官) 고현(高睍)은 젊은 무부로서 홀로 먼저 도피하였으며, 개령 현감(開寧縣監) 이희급(李希伋),

---

5 1592년(선조 25) 4월, 15일 만에 왜군이 충청도와 경기도를 넘어 한성부까지 들어오자, 선조가 4월 30일 서울을 떠나 5월 평양성을 거쳐서 6월 평안북도 의주까지 피신한 사건을 말한다.

선산 부사(善山府使) 정경달(丁景達), 상주 목사 김해(金澥), 판관 권길(權吉), 문경 현감 신길원(申吉元) 등은 모두 다 도망가 숨어 적이 가는지 머무는지를 일체 치보(馳報)하지 않았습니다.(『선조실록』, 선조 25년(1592) 6월 28일자.)

왜적이 성주(星州)를 점거하여 목사(牧使)의 간 곳을 끝까지 탐색하였지만, 이덕열(李德悅)은 죽음에 이르도록 피하지 아니하고 그 지방을 굳게 지켜 흩어져 도망한 군사들을 수습하여 그 적을 토벌하겠다고 주청하였습니다. 나라를 위하는 정성이 가상하니 특별히 논상(論賞)하여 다른 사람들을 권장하소서.(『선조실록』, 선조 25년(1592) 6월 29일자)

이덕열은 군사들을 수습하고 의병들과 함께 성주성을 탈환하기 위해 지속적으로 전투를 벌였다. 4월 23일 성주성을 왜적에게 빼앗긴 이후 의병들은 6월부터 성주성이 회복되는 1593년(선조 26) 1월까지 무려 18차례 이상 왜적을 공격하였다.(김종수 2019:135) 그러나 이덕열은 성주성을 탈환할 때가지 목사직을 유지하지 못하고 1592년 9월 9일 성주목사에서 파출된 후,[6] 9월 20일 방백(方伯)에게 임금이 계시는 행재소(行在所)로 가서 연군의 정을 펼치고 싶다는 내용으로 소지(所志)를 올린 후[7] 체개(遞改, 관원을 다른 사람으로 갈아들임)되어 남원으로 돌아간다.[8]

---

6 『양호당일기』 9월 9일자에 "저물녘에 배설(裵楔)이 사람을 시켜 통보(通報)하기를 "목사와 판관을 사도(使道: 감사를 지칭한 말)가 계청(啓請)하고 파출(罷黜)하였습니다."하였다."라고 되어 있다. 여기에서 '파출'은 잘못을 저지른 사람에게 직무나 직업을 그만두게 하는 일을 뜻한다.

7 『양호당일기』 9월 20일자에 따르면 "신병을 앓는 중에 자식 놈이 사로잡혔다는 소식을 들으니 심신(心神)이 아울러 상합니다. 기왕 파출을 당하였으니 청컨대 속히 물러나 행조(行朝: 行在所에서 개설한 조정. 행재소와 같은 뜻으로 쓰였음)로 달려가서 연군(戀君)의 정을 펴고 싶소이다."라는 내용으로 소지를 올렸다.

선릉과 정릉을 영장할 도감 도청으로 내가 되었소

이덕열은 9월 25일 성주의 향소(鄕所)를 출발하여 28일 남원에 도착하였다. 이후, 남원에서 지내던 이덕열은 11월 27일 행장을 꾸려 근왕(勤王)의 길을 나서게 되었는데, 아산에 이르러 바닷길이 막혔다는 소식을 듣고 더 이상 근왕(勤王)의 길에 나서지 못하고 홍주(洪州)에 들러 장인을 만나고 다시 남원으로 돌아갔다. 다시 1593년 2월 22일 남원을 출발하여 3월에 영유(永柔)의 행재소(行在所)에 도착하여 우통례(右通禮)로서 선조를 모셨다. 이에 대해 『양호당일기』 1592년 12월 13일자에서는 "근왕(勤王)의 의리가 너무 늦어 마음에 몹시 미안하다"고 표현하고 있다.

이후 4월에는 선릉과 정릉을 영장(永葬)할 도감도청(都監都廳)의 낭청이 되었다. 이에 이덕열은 부인에게 편지를 써 이 사실을 알린다.

> 쏘 예라셔 셜능 졍능을 다 파 셜능은 다 불스라 버리고 졍능은 신톄롤 내여 버려시니 그 고텨 영장ㅎ올 도감도텽을 내 ㅎ여시니 이 초나흗날로 셔울 다히로 가뫼 그리 가시면 사롬 돈니기 갓가올 거시니 됴ㅎ되 녀름ㄱ을지 슈고홀 거시니 긔 민망ㅎ이 …… 오월 초ㅎ론날 가댱 니〈이덕열언간-2, 1593년, 남편(이덕열)→부인(청풍김씨)〉

---

8 『양호당일기』 8월 23일자에 "순찰사가 나에게 묻기를 "무슨 집을 지은 일이 있는고?"하였다. 이는 내가 막개곡(莫開谷)의 촌가(村家)에 있을 때 초정(草亭) 한 칸을 임시로 얽어 혹독한 햇볕을 가린 것인데 고을 사람들이 말을 지어 집을 지었다고 하여 정인홍의 귀에 들어간 것이다. 정인홍은 그때에 합천의 가수(假守)로 있으면서 초유사(招諭使)에게 첩보(牒報)하기를 "성주목사 아무개는 산골에 숨어서 들어 있는 가사(家舍)의 백성을 침탈하여 성주(成柱)를 하였다." 하여 초유사가 순찰사에게 말을 하여 묻게 된 것이다. 정인홍은 유언(流言)을 편신(偏信)하고 자신의 직무가 아닌데도 기어코 사명(使命)을 받든 조신(朝臣)에게 보고를 하여 사람을 해치려 하니 그 마음이 참으로 불량하다."라고 기록하고 있다. 아마도 초정을 지은 일에 대한 모함으로 파출된 것으로 보인다.

[또 왜적이 선릉(宣陵)과 정릉(靖陵)을 다 파헤쳤는데, 선릉은 다 불살라 버리고 정릉은 신체를 내어 버렸소. 그 고쳐 영장(永葬)할 도감 도청(都監都廳)으로 내가 되었으니, 이달 초나흘에 서울 쪽으로 가오. 그리 가시면 사람 다니기 가까울 것이니 좋지만, 여름에서 가을까지 수고할 것이니 그것이 민망하오. …… 5월 1일 가장(家長) 이(李)]

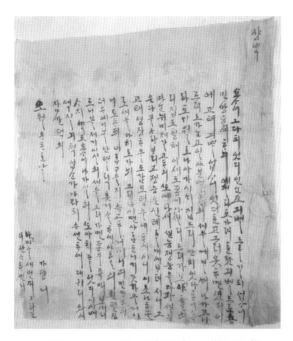

〈이덕열언간-2, 1593년, 남편(이덕열)→부인(청풍김씨)〉

이 편지는 5월 1일이라는 날짜만 나오는데, 편지에 "왜적이 선릉(宣陵)과 정릉(靖陵)을 다 파헤친" 사건이 나오고 선릉과 정릉은 1593년 8월경에 개장(改葬)을 하였으므로 이 편지는 1593년 5월 1일에 보낸 것이다.

"왜적이 선릉(宣陵)과 정릉(靖陵)을 다 파헤친" 사건은 다음과 같다.

임진왜란이 일어나 선조와 신료들이 서울을 버리고 북쪽으로 피신했다. 이런 왕과 양반 사대부들의 행태의 배신감을 느낀 백성들은 도성 이곳저곳에 불을 질렀다. 선릉과 정릉이 도굴되고 성종의 시신이 불에 타 사라졌던 것[9]도 이런 민심과 무관하지 않았다. 『조선왕조실록』은 "풍저창(豐儲倉, 곡물 창고를 경비하던 기관)의 노비 팽석이 왜적들과 결탁한 후 선릉, 정릉으로 유인하여 발굴한 상황을 대강 승복하였다."(『선조실록』, 선조 26년(1593) 10월 18일자)고 밝히고 있다. 도굴의 결과는 참혹했다. 선릉은 성종과 계비 정현왕후(貞顯王后)의 시신이 불에 타 한 줌의 재만 남아 있었다. 정릉의 경우에는 시신을 담고 있던 관은 모두 불에 타 버리고 무덤 안에 시신이 남아 있었다. 문제는 중종의 시신이 입고 있던 옷이 불타버려 시신의 진위를 분명히 가릴 수가 없게 되면서 일어났다. 조정에서는 중종의 생전 얼굴을 보았던 종실과 신료들을 찾아서 그 진위를 가리려 했으나 이미 상당하게 부패가 진행된 상태여서 논란만 계속되었다. 또 선릉뿐 아니라 정릉 주변에서도 불에 탄 시체의 재가 발견되어 더욱 논란이 가중되었다. 선릉의 시체는 불태웠으면서도 정릉의 시체만 그대로 놔두었을 리는 없지 않겠느냐는 것이었다. 결국 이 문제는 왜적이 다른 시체를 구해다가 중종의 무덤구덩이 안에 갖다 놓은 것으로 판단해 무덤 주변에 있었던 불타버린 시신의 재를 가지고 정릉을 개장함으로써 종결되었다.(이철 2011 참조) 이 편지에서 "왜적이 선릉(宣陵)과 정릉(靖陵)을 다 파헤쳤는데, 선릉은 다 불살라 버리고 정릉은 신체를 내어 버렸소."라며 이덕열은 당시의 끔찍한 사건을 부인에게 전한다.

노비 팽석과 왜적들의 결탁으로 도굴된 선릉과 정릉에 대해 대신이 선릉과 정릉의 개장을 청하고 도장도감을 설치하여 제반 일을 속히 거행할 것

9　『선조수정실록』, 선조 25년(1592) 12월 1일자에 "왜적이 선릉(宣陵)과 정릉(靖陵) 두 능을 파헤쳤다."라고 기록되어 있지만, 실제로는 언제 능이 파헤쳐졌는지는 알 수 없다.

을 청하자 선조는 이를 따랐다.(『선조실록』, 선조 26년(1593) 4월 24일자) 개장도 감(改葬都監)을 설치하였는데 이때 영장(永葬)할 도감도청(都監都廳)을 맡은 이 가 이덕열이다.[10] 이덕열은 5월부터 선릉과 정릉을 개장을 시작하여 선릉은 1593년 7월 21일에, 정릉은 8월 15일에 개장을 마치고 10월 15일에 위안제 를 지냈다. 이후 이덕열은 선조를 모시고 환궁하기 위해 9월 17일 해주의 행재소에 도착하였고, 선조는 1593년(선조 26) 9월 21일에 해주를 출발하여 10월 3일 한양에 도착하였다.

이덕열은 왜적에게 성주성이 함락당하고 장수들과 병졸들은 모두 도망 한 상황에서 임금이 서울을 버리고 의주로 파천한 것을 안타까워하면서도 성주목사로서 성내에 웅거하고 있는 왜적을 물리치기 위하여 지경을 떠나 지 않고 굳게 지키면서 도망한 군사들을 수습하였다. 또한 근왕(勤王)을 위 해 의주로 가 왕을 가까이서 모시고, 도감도청으로서 선릉과 정릉을 영장(永 葬)하였으며, 해주에 머물고 있던 선조를 모시고 환궁하기도 하기도 하였다. 이러한 모습은 전쟁 중 나라를 지키고 근왕하며 임무를 충실히 수행하는 신하로서 절의(節義)를 보인 모습이라 할 수 있을 것이다.

어떻게 해서 갔는고?

임진왜란이 발발하자 부인 청풍김씨는 남편 없이 아이들을 데리고 피란

---

10 『양호당일기』 4월 27일 일기에 "창의사(倡義使) 김천일(金千鎰)의 치계(馳啓)에 "정릉(靖 陵)에서는 옥체(玉體)를 한데에 드러내 놓았고 선릉(宣陵)에서는 양위(兩位)의 재궁(梓宮) 을 불에 태워 버렸습니다. 운운"하였다. 조정에서는 다시 의논하기를 변복(變服)으로 회 곡(會哭)하고 삭망곡(朔望哭)은 개장(改葬)할 때까지 하기로 하여 개장도감(改葬都監)을 설치하였는데 나도 도청낭청(都廳郎廳)으로 참여하였다."라고 되어 있다.

하였다. 당시 성주성이 함락당하고 장졸들은 뿔뿔이 흩어졌던 상황에서 한편으로는 나라를 걱정하면서 한편으로는 가장으로서 가족을 걱정하는 마음에 이덕열은 다음과 같은 내용으로 편지를 보낸다.

엇디 구러 간고 분별ᄒ다니 아희돌ᄒ고 뜯드르니 업시 오라 드러 가다 ᄒ니 깃거ᄒ뇌 나도 당시 무스히 인뇌 도족은 고을히 ᄀ둑ᄒ엿고 아랫사롬 다 ᄃ라나고 내죵 어드러 갈고 ᄒ뇌 셔울도 나라히 나가시다 ᄒ니 온 자안홀 ᄇ린 거시니 엇더ᄒ고 긔이업시 여긔 두 고대 이썬 지믈 아ᄆ것도 내디 몯ᄒ니 비록 사라짜 므스 거스로 얼구를 ᄭ려 살고 …… 그리 몰쇼히 되니 복 업술샤 긔이업시 자내네도 ᄒ마 자피일 후쩨 드르니 셔롤ᄒ데 내 브티 ᄶ술 져그나 게 가 두썬가 몰라 ᄒ뇌 …… ᄯ 거긔도 옛 긔별 잇다 ᄒ니 그러옷 ᄒ면 아ᄆ 듸 가도 살기 어려올쇠 뫼해나 내ᄃ롤 야으로 차려 두고서 기ᄃ로소 대강 여러 겨레ᄒ고 양식 니우기 어려올 거시니 아ᄆ려나 ᄀ느리 쓰고 살기룰 머드리ᄃ려 의론ᄒ여 ᄒ소 …… ᄀ업서 이만 오월 초팔일 셩쥐 ᄒᆡᆼ 츠〈이덕열 언간-1, 1592년 남편(이덕열)→부인(청풍김씨)〉

[어떻게 해서 갔는고 염려하였더니, 아이들하고 떨어뜨리는 것 없이 오라고 들어서 갔다고 하니 기뻐하오. 나도 아직 무사히 있소. 도적[왜적]은 고을에 가득하였고 아랫사람은 다 달아나고, 나중은 어디로 갈까 하오. 서울도 임금께서 나가셨다 하는데, 온 서울을 버린 것이니, 어떠한고? 가이없네. 여기 두 곳에 있던 짐을 아무것도 내지 못하니, 비록 살았다고 해도 어떤 것으로 몸을 꾸려 살꼬? …… 모조리 그렇게 되었으니, 복 없음이 끝이 없소. 자네네도 이미 잡힌 후에 들으니 서늘하였소. 내 부친 것을 조금이나마 거기 가 두었는지 모르겠소 …… 또 거기도 왜적의 기별 있다 하니, 그렇게 하면 어느 곳에 가도 살기 어려울 것이오. 산에나 내달을 양으로 차려 두고서 기다리소

대강 여러 겨레[가족]와 함께 양식을 잇기 어려울 것이니 아무쪼록 가늘게 쓰고 살기를 머드리와 의논하여 하소 …… 매우 (안타깝기) 그지없어, 이만. 5월 8일 성주 행차.]

편지에서 이덕열은 "어떻게 해서 갔는고 염려하였더니, 아이들하고 떨어뜨리는 것 없이 오라고 들어서 갔다 하니 기뻐하오"라며 부인이 피란 간 것에 대해 기뻐한다. 편지 내용 중 '오라고 들어가 갔다 하니'를 통해 보면 이덕열이 부인에게 편지를 보내 피란을 가라고 해서 간 것이 아니라 다른 가족으로부터 피란 오라는 편지를 받고 피란을 나선 것으로 보인다. 전쟁이 일어난 당시 이덕열의 상황이 편지를 보낼 상황이 아니었기에 어떻게 피란을 하였는지 가족에 대한 걱정이 많았을 것인데, 이때 부인의 편지를 받고 피란지에 도착한 것에 대해 기뻐한 것이다.

피란은 어디로 갔을까? 수신자 표시에 '□□ 본틱'으로 나타나는데, 본댁은 남원인 것으로 판단된다. 남원은 양부인 이유경이 성장한 곳이며,[11] 이 당시 남룡을 임신한 상태였기 때문에 출산을 위해서라도 남원으로 피란을 간 것이다. 임진왜란 발발 직후 전라도는 왜군의 직접적 공격 목표에서는 벗어나 있었기에 남원은 왜적으로부터 다른 지역보다 안전한 곳이기도 하였다.[12] 선조 25년(1592) 9월에 이덕열이 성주목사에서 체개(遞改)되어 남원으

---

11 남원은 이덕열의 양부 이유경의 묘소가 있는 곳이기도 하다. 연산군 10년(1504)에 이유경의 부친 이수원(李守元, 1468~1504)과 조부 이세좌(李世佐, 1445~1504)가 갑자사화로 사사되었는데, 이로 인해 이유경이 어머니와 함께 외조부 방의문(房毅文)이 거주하고 있는 남원으로 옮겨 그곳에서 성장했을 가능성이 있다. 청풍 김씨가 남편의 사후 남원으로 옮겨가는 것이나 그녀의 묘가 남원과 가까운 곡성에 있는 것은 이러한 양부 이유경의 배경과 관련이 있을 것으로 보인다.(장고은·김영 2019:130)

12 하태규(2007:149)에 따르면 임진왜란 당시 전라도 지역은 초기부터 관군의 활동이 정상적으로 이루어졌던 곳이다. 전라도 관군은 임란 발발 초기부터 체계적인 대응을 함으

로 돌아간 것을 통해서도 청풍 김씨가 아이들과 함께 남원으로 간 것을 알 수 있다.

그런데 가족의 피란길이 순탄치만은 않았던 것으로 보인다. 편지에 "자네들도 이미 잡힌 후 들으니 서늘하오."라는 내용으로 보아 청풍 김씨 일행이 피란길 도중에 왜적에게 잡혔다 풀려났던 모양이다. 『양호당일기』 1592년 9월 20일자, 이덕열이 '교대를 제폐하고 물러나고 싶다'는 뜻으로 올린 소지(所志)에 있는 "신병을 앓는 중에 자식 놈이 사로잡혔다는 소식을 들으니 심신(心神)이 아울러 상합니다."라는 내용을 통해서도 가족이 왜적에게 잡혔다는 것을 알 수 있다. 이 당시 청풍 김씨는 둘째 아이를 임신하고 있었고, 가족이 피란 중에 "잡혔다"는 소식을 들었으니 이덕열은 심신이 상할 정도로 아프고 안타까웠을 것이다.

그래도 다행히 남원에 살아 도착하였지만, 가족이 앞으로 살아갈 일이 걱정이다. 짐을 아무것도 가져가지 못했고, 가족과 함께 양식을 잇기 어려운 상황이니 보내준 양식을 아무쪼록 가늘게(아껴) 쓰고, 살기를 머드리(종)와 의논하여 하라고 당부한다. 또한 남원에 왜적의 기별이 있다고 하니 그것 또한 큰 걱정이 아닐 수 없다. 여기에서 "옛 기별"은 왜적이 침략했다는 기별을 뜻한다. 그래서 어느 곳에 가더라도 살기가 어려울 것이니 만약을 대비해 '산에나 내달을 양으로 차비하여 두고서 기다리라'고 당부한다.

로써 왜군의 호남 공격을 막아내고 호남 곡창을 수호였을 뿐만 아니라, 이후 임란 극복의 주요 전투마다 주력 병력으로 참전하여 중요한 역할을 하였다.

전라도로 왜적이 들어갔으니

이덕열은 성주성을 탈환하기 위해 장졸들을 수습하고 의병들과 함께 지속적으로 전투를 벌이는 과정에서도 가족이 있는 남원의 상황에 계속 관심을 갖는다. 많은 왜적이 전라도로 갔다는 소식을 듣고 가족에 또다시 편지를 보낸다.

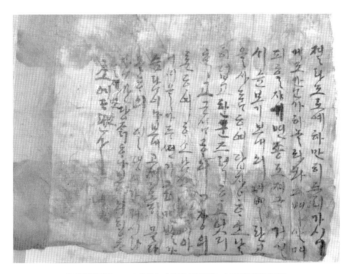

〈이덕열언간-5, 1592년, 남편(이덕열)→부인(청풍김씨)〉

졀라도로 예 하 만히 드러가시니 게도 간는가 하 놀라와 긔별 알며 피홀쟈기면 죵도 져글 거실시 슌보기 보내뇌 □(긔)별란 고을 사룸 ᄒ여 답장ᄒ소 …… 일뎡이 갈 거시라 잠깐 당즙 ᄒ나 보내뇌 힝츳홀 제 쓰소 초여드랜날니〈이덕열언간-5, 1592년, 남편(이덕열)→부인(청풍김씨)〉

[전라도로 왜적이 매우 많이 들어갔으니, 거기도 갔는가? 매우 놀라워서 기

별 알리며, 피할 것 같으면 종도 적을 것이기 때문에 순복이를 보내네. 기별일
랑 고을 사람을 시켜 답장하소 …… 일정이가 갈 것이라 잠깐 고리 하나 보
내오. 행차할 때 쓰소. 초 8일 이(李)]

『양호당일기』 8월 5일자에 남원에 갔다가 돌아온 사람을 통해 "전주 경
내에서 패한 왜적이 금산으로 물러갔다가 옥천으로 향하려 한다"는 이야기
를 들었다는 내용이 나오는 것으로 보아, 남원에 갔다가 돌아온 사람에게
왜적이 전라도를 침략한 상황을 전해 듣고 다시 부인에게 편지를 보낸 것
으로 판단해 볼 수 있다. 혹시나 남원에 왜적이 침입하게 되면 가족은 또다
시 피란을 떠나야 하기에 이덕열은 전라도에 왜적이 많이 들어갔다는 소식
에 남원에도 많이 갔는가 하여 놀라워하며, 성주에서 왜적과 싸워야 하는
상황에서 가족을 돌보지 못하는 것에 대한 걱정을 놓지 못한다. 그래서 임
신한 몸으로 또다시 피란을 가게 되면 종도 적어서 어려울 것이니 종도 함
께 보내고, 피란 시 사용할 고리짝도 함께 보내 준다.

다행스럽게도 이때 왜적이 남원을 침략하지는 않았다. 전라도 관군이 왜
군의 소굴이 된 경상도로부터 넘어올 수 있는 왜군을 막기 위해 남원, 장수
지역에서 방어 태세를 취하고 있었기 때문이다. 『선조수정실록』 25년 임진
6월 1일조에, 왜군이 금산(錦山)으로부터 진안을 점령하여 전주부성(全州府城)
이 위협을 당하게 되자 전라감사(全羅監司) 이광(李洸)은 첩을 올려 광주목사
권율(權慄)을 도절제사(都節制使)로 삼았고, 권율이 동복현감(同福縣監) 황진(黃
進), 나주판관 이복남(李福男)과 김제군수(金堤郡守) 정담(鄭湛) 등으로 하여금
웅치와 이치의 관애(關隘)를 지키게 하여 대비하였다고 하여 호남 방어를 위
한 준비 태세를 취한 것으로 기록되어 있다.

이렇게 가족을 걱정하던 이덕열은 그해 9월 성주목사에서 체개(遞改)되어

남원으로 돌아와 가족과 상봉하게 되고, 이때 아들 남룡이 태어난다. 『양호당일기』에 "임진 10월 1일. 날이 저물 무렵에 아들 남룡(南龍)이 태어났다."라고 기록되어 있다.

하지만 전쟁 중 가족과 함께 하는 일도 길게 이어질 수 없었다. 이덕열은 임금이 계시는 행재소(行在所)로 가서 연군의 정을 펼치고 싶다는 내용으로 소지(所志)를 올렸다. 그래서 연군지정(延君之情)을 펼치기 위해서는 남원에 오래 머무를 수가 없었다. 그해 11월 말 행장을 꾸려 근왕(勤王)의 길을 나섰다가 뜻을 이루지 못하고 다시 돌아와 다음해인 1593년 2월에 다시 근왕의 길에 나섰다. 가족과 함께 하는 일도 중요하지만, 전쟁 중 신하로서 근왕이 더 중요했기 때문이다.

한편 파죽지세로 몰아붙이던 왜적에 속수무책으로 당하던 조선에 이순신은 잇따른 전투에서 승전보를 올린다. 전쟁이 한창이던 이때 경남 의령의 선비 곽재우를 시작으로 전국 곳곳에서 의병들이 일어나 관군들이 힘을 얻으며 곳곳에서 승전보가 들리고 서울 주변의 전투에서 연이어 승리하며 서울이 수복되었다. 그렇지만 전국 곳곳에서는 왜적에 의해 피해를 보고 있었으므로 당시 도청도감(都廳都監)으로 임명된 이덕열은 행재소가 있는 해주에서, 왜적이 전라도까지 간다는 소식을 듣고 바로 부인에게 편지를 한다.

요사이 그대히 엇디 인는고 긔별 드를 길히 업스니 민망ᄒᆞ여 ᄒᆞ뇌 예 절라도 가려ᄒᆞᆫ닷 긔별 드론 후에 고텨 긔별 업스니 엇더ᄒᆞᆫ고 그러옷 ᄒᆞ면 엇디 어드로 가는고 일야 분별ᄒᆞ뇌 셔울 에[예] 볼셔 나가고 나라토 니월로 나아가시니 …… 또 예려셔 셜능 경능을 다 파 셜능은 다 불스라 ᄇᆞ리고 경능은 신톄를 내여 ᄇᆞ려시니 그 고텨 영장ᄒᆞ올 도감도령을 내 ᄒᆞ여시니 이 초나흗날로 셔울다히로 가뇌 그리 가시면 사ᄅᆞᆷ ᄃᆞ니기 갓가울 거시니 됴ᄒᆞ되 녀룸ᄀ

을지 슈고홀 거시니 긔 민망ᄒᆞ이 …… 오월 초ᄒᆞᄅᆞᆫ날 가댱 니〈이덕열언간-2, 1593년, 남편(이덕열)→부인(청풍김씨)〉

　[요사이 그쪽은 어찌 있는고? 기별 들을 길이 없으니 민망(憫憫)하여 하오. 왜가 전라도로 가려고 한다는 기별 들은 후에 바뀐 기별 없으니, 어떠한고? 그렇게 하면 엿디[미상] 어디로 가는고? 밤낮으로 염려하오. 서울에서 왜적이 벌써 나가고 나라[임금]도 다음 달로 나가실 것이오 …… 또 왜적이 선릉(宣陵)과 정릉(靖陵)을 다 파헤쳤는데, 선릉은 다 불살라 버리고 정릉은 신체를 내어 버렸소 그 고쳐 영장(永葬)할 도감 도청(都監都廳)으로 내가 되었으니, 이달 초나흘에 서울 쪽으로 가오. 그리 가시면 사람 다니기 가까울 것이니 좋지만, 여름에서 가을까지 수고할 것이니 그것이 민망하오 …… 5월 1일 가장(家長) 이(李)]

　이덕열은 도감도청을 맡은 후, 잠시 해주에 있던 대궐(행재소)에 왔다가 잠시 짬을 내어 아내에게 자신의 관직이 바뀌었음을 알려주기 위해 편지를 쓴 것이다. 이덕열은 1593년에, 새로운 관직을 맡아 5월 4일에 서울에 가면 여름에서 가을까지 바빠질 것이므로 또 아내에게 가 보지 못하는 안타까움을 '민망하다'고 표현한다.

　이 당시 왜적은 독산성 전투, 행주산성 전투, 노원평·사한리 전투 등 한성 주변에서 발생한 전투들의 패배로 조선군으로부터 강한 압박을 받았고, 명과의 강화 협상으로 서울에서 철수를 하게 되었다.(유연성 2014:93-130 참조) 편지에서 "서울에서 왜적이 벌써 나가고"는 강화 협상으로 왜적이 서울에서 철수하게 된 상황을 이르는 것이다. 『양호당일기』 1593년 4월 8일자에 "오늘이 왜적이 물러가기로 약정한 날이다."라고 기록되어 있다. 왜적이 서울에서 철수하였지만, 남쪽 지방에서는 왜적의 침략이 여전히 이루어지고 있었다.

편지에서는 먼저 아내가 있는 남원의 상황은 어떠한지 묻고 있다. 전쟁 중이라 전인(專人)도 없고 이덕열이 있는 해주에서 아내가 있는 곳까지 오가는 사람도 없었을 것이니 기별도 못 하여 아내의 상황이 궁금하고 또한 1592년 10월 1일 태어난 아들의 소식도 궁금하였을 것이다. 그런데 더 걱정되는 것은 왜적이 전라도로 가려고 한다는 소식이다.[13] 이 당시에도 아내는 본가가 있는 남원에 있었는데, 왜적이 침입하면 남원을 떠나야 하므로 전라도에 왜적이 침입하면 어떻게 할 것인지, 아내는 어디로 가야 할 것인지 "밤낮으로 염려"를 한다.

지속적으로 왜적이 전라도를 침략한다는 소식이 들리자 이덕열은 다시 편지를 보내어 가족의 거처를 남원에서 다른 곳으로 옮기게 한다.

요스이 마히 엇디 겨신고 용이 난 후 안부 엇던고 분별ᄒᆞᄂᆡ 이제나 집안란 그즌가 향더기 어둔개는 병으로 주근가 역질로 주근가 몰라 ᄒᆞᄂᆡ ᄯᅩ 예 그별이 요란타 홀시 일뎡이 믈 가져 보내ᄂᆡ 진실로 졀라도 예 온다 ᄒᆞ면 설워 피홀 거시니 옥쳔딕과 의론ᄒᆞ여 홈ᄭᅴ 나소 다만 어드러 와야 홀고 홍쥐 슈이 나와셔 남원 곧 통홀 양이면 양시기나 갇다가 먹고 하 도죽기 퍼디게 되면 셔울로 올쇠 남뇽이 돈돈이 묻고 [隔]신쥬 간ᄉᆞᄒᆞᆸ기 감역ᄒᆞ여 구디 ᄒᆞ오라 ᄒᆞ소 셰간도 집안히 무ᄃᆞ면 뎍 파내니 길쳐 뫼해 묻게 ᄒᆞ소커니와 ᄆᆞᄋᆞᆯ 사ᄅᆞᆷ이 둘가이 둔 거시나 타작ᄒᆞ여 ᄃᆞ나면 아닐가 엇디 될고 민망히 셔우론 하 곡셔기 업서 사ᄅᆞᆷᄃᆞ리 나날 주그니 아ᄆᆡᆫ들 엇디 살고 시븨 ……〈이덕열언간-4, 1593

13 『양호당일기』 1593년 4월 1일자에 "전라순찰사 권율 등으로 하여금 왜군을 요격함으로써 사기를 그르치지 말게 하라 운운"하였다는 내용이 나오는데, "왜적이 전라도로 가려고 한다는 기별"은 이때와 관련이 있는 것으로 생각된다.

　[요사이 장마에 어찌 계신고? 용이 간 후 안부 어떠한고? 걱정하오 이제 집안일랑 가지런한가? 향덕이와 어둔개는 병으로 죽었는가, 역질(疫疾)로 죽었는가? 몰라 하오 또 왜적의 기별이 요란하다 하기에 일정이에게 말을 가져가게 보냈소. 진실로 전라도에 왜적이 온다 하면 서러워 피할 것이니, 옥천댁과 의논하여 함께 나서소 다만 어디로 와야 할꼬? 홍주 사이로 나와서 남원을 통할 것이면 양식이나 가져다 먹고, 너무 도적이 퍼지게 되면 서울로 오소 남룡이 단단히 묻고 신주(神主) 간수하는 것을 감역(監役, 일을 감독함)하여 굳게 하라고 하소 세간도 집안에 묻으면 적이 파낼 것이니 길 근처의 산에 묻게 하거니와 마을 사람이 들 가에 둔 것이나 타작하여 다니면 아니 될까? 어찌 될꼬? 민망하오 서울은 너무 곡식이 없어서 사람들이 나날이 죽으니, 아무인들 어찌 살까 싶소……]

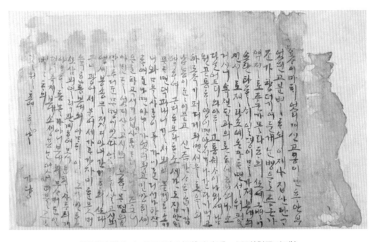

〈이덕열언간-4, 1593년 남편(이덕열)→부인(청풍김씨)〉

　왜적이 전라도를 침략한다는 소식이 들끓기에 이덕열은 말을 보내어 가족을 남원에서 다른 곳으로 피란하게 하지만, 아내에게 남원을 떠나 어디로 가라고 정확히 말하지 못한다. 이덕열은 아직도 선릉과 정릉의 개장 일을 맡아 하고 있는 중이었기에 부인에게 홍주(洪州, 지금의 홍성)에 잠시 머물렀다가 왜적의 상황을 보아 서울로 오라고 하였지만, 실제 가족은 서울로도 오지 못하였다.

당시 왜적은 군량미가 부족하여 약탈을 일삼았다. 당시 먹을 것도 부족했던 백성들은 조금의 양식이라도 모두 땅속 곳곳에 파묻어 놓아 그나마의 세간과 양식을 지킬 수 있었다. '세간도 집안에 묻으면 적이 파낼 것이니 길 근처의 산에 묻게 하거니와'는 그때의 상황을 전하는 것이다.

임진왜란 당시 굶주림과 역질, 그리고 왜구의 침략으로 얼마나 많은 사람이 죽었는지는 『조선왕조실록』에 잘 나타난다. "우리 조종(祖宗)이 2백 년 동안 길러온 백성들이 전쟁으로 죽고 역질과 굶주림에 섬멸되어 살아남은 자가 별로 없다. 마을은 황폐하여 굴뚝엔 연기가 나지 않으며 넓은 들판엔 쓸쓸하게 잡초만 무성하다."(『선조수정실록』, 선조 29년(1593) 2월 1일자) 전쟁 당시 역질과 굶주림에 죽는 사람이 얼마나 많은지 서울과 지방의 사정이 이 편지에 잘 나타나 있다.

> 양식을 남원셔 온 것 얼멜고 엇디ᄒ여 니을고 하뇌 ᄒᆞᆫ 되홉도 허피 말고
> ᄀᆞ장 앗겨ᄡᅩ소 동셩들 비셔원ᄒᆞ여도 내 지븨 어려이 도여시니 놈 도라볼 ᄉ
> 이 이실가〈이덕열언간-6, 1593년, 남편(이덕열)→부인(청풍김씨)〉
>
> [양식은 남원에서 온 것이 얼마인고? 어찌하여 이을까 하오 한 되, 한 홉도
> 헛되이 말고 매우 아껴 쓰소 동생들이 빌어도 내 집이 어렵게 되었으니 남
> 돌아볼 새 있겠는가.]

이 편지는 이덕열이 1593년 9월 12일에 아내에게 보낸 것이다. 임진왜란이 한창이던 당시 백성들의 두려움은 왜적뿐만 아니라 굶주림이었다. 당시 백성들은 농사를 짓기가 힘들었고 살림살이는 더욱 어려워졌다. 이에 굶는 사람과 굶어죽는 사람 또한 많아지게 되었다. 청풍 김씨(淸風金氏)의 피난 생활에서도 가장 귀한 것은 양식이었을 것이다. 그 사이 왜구를 피해 홍주에 와 있는 아내에게 남원에서 양식을 보내 주었나 보다. 그런데 그것이 적은 양이어서 조금이라도 헛되이 하지 말고 아껴 쓰라고 한다. 그리고 동생들이 양식을 나눠 달라고 빌어도 남 돌볼 새가 어디 있냐며 주지 말라고 한다. 우선 아내와 자식이 살아야 하겠기에 당시 상황에서 야속해질 수밖에 없는 가장의 모습과 당시의 상황을 잘 보여 준다.

남원을 떠나 잠시 홍주에 머물렀던 가족들이 서울로 오지 못하는 상황에서 이덕열은 가족을 양성(안성)으로 가게 한다.

복창이 오나눌 긔별 즈셰 듣고 깃거ᄒᄂᆡ마ᄂᆞ 그리 부치여 와셔 어려온 이리 그지 이실가 게도 주졉업고 남원도 예 경샹도 이시니 아무 제 올동 모르니 도로 가기 두리오니 셜워 양셩이나 왓다가 보아셔 셔울 오거나 남원 가거나 홀쇠 양셩의 죵의 지비 안죽 이셤 죽ᄒ다코 임셩이 유무ᄒ엿ᄂᆞ 그리 오게 ᄒ소 …… ᄯᅩ 자반 바되 여긔 아니 먹는 무근 것 보내뇌 미육 ᄒᆞᆫ 동 소곰 닷 되도 가ᄂᆡ 고을히 쟝 빈 유무ᄒᄂᆡ 나ᄂᆞ 이 스므날ᄭᅴ 능 일 ᄆ차도 ᄯᅩ 셔울 가 무거 니월로야 더리 갈쇠 일뎡이도 보낼 거시라 이만 뎍뇌 팔월 열이튼날〈이덕열언간-6, 1593년, 남편(이덕열)→부인(청풍김씨)〉

[복창이 와서 기별 자세히 듣고 기뻐하오마는 그리 부치어 와서 어려운 일이 끝이 있겠는가. 거기(홍주, =홍성)도 주접(住接)할 곳이 없고, 남원도 왜가 경상도에 있으며 어느 때 올지 모르고 도로 가기 두려우니 서러워하오. 양성

에 왔다가 보아서 서울로 오거나 남원으로 가거나 하소. 양성의 종의 집이 아
직 있으면 족하다고 임생에게 편지하였소. 그리 오게 하소 …… 또 자반 받
았소 여기에서 먹지 않는 묵은 것을 보내오 미역 한 동(同), 소금 다섯 되도
가오 고을에 늘 빈 편지를 하오. 나는 이 스무날께 능(陵)의 일을 마쳐도 또
서울에 가서 묵고, 내월(來月)에야 저리로 갈 것이오 일정이도 보낼 것이라
이만 적네. 8월 12일]

이덕열은 홍주에서 잠시 지내고 있는 가족들에게 전라도의 상황도 전하
면서 그곳 홍주의 상황은 어떤지 편지를 보낸다. 전라도에 왜적이 많이 들
어갔으니 전라도와 그리 멀지 않은 홍주에 왜적이 언제 들어올지 몰라 걱
정하고 있다. 그래서 서울과 조금 가까운 양성(陽城, =안성)에 있는 임생에게
편지를 하여 가족들을 양성으로 옮기게 한다.

또한 새로운 곳으로 계속 옮겨 다니기에 먹을 것이 없을 것이므로 이덕
열은 자신이 받은 자반을 비롯하여 미역, 소금 등도 함께 보낸다. 특히 소금
은 전쟁 당시에 더욱 구하기 어려운 것이었다. 선릉과 정릉의 개장 일을 할
때 이덕열 자신이 먹어야 할 자반이며 음식들을 가족에게 보내는 것은 함
께 있지 못하는 가장의 최소한의 배려일 것이다.

그리고 선릉과 정릉의 개장 일이 끝나면 조정의 일 때문에 다시 서울로
가야 하지만, 다음 달에는 양성으로 갈 것이라는 기쁜 소식도 전한다. 거처
를 마련하고 음식을 보내는 등의 배려도 부족했는지, 이덕열은 이틀 후에
가족이 홍주에서 양성으로 편히 올 수 있도록 또 다른 배려를 한다.

복챵이 간ᄂᆞᆫ가 양셩의 오기 ᄒᆞ고도 엇디 와셔 머글고 근심 이만ᄒᆞ여 ᄒᆞ뇌
일뎡이 몰ᄒᆞ고 보내뇌 이 무리 됴ᄒᆞ니 자내나 셩뇽이나 타 오소 길혜도 도죽

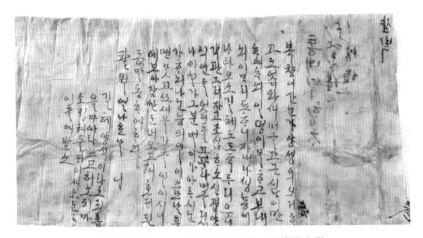

<이덕열언간-6, 1593년, 남편(이덕열)→부인(청풍김씨)>

두리우니 각관 드러 자고 조심ᄒ소 신졉 양식인돌 엇디ᄒᆞᆯ고 ᄑ라 머글 거시나 이실가 그 분별이나 아ᄅᆞ시ᄂᆞᆫ가 ᄒᄆᆡ 나ᄂᆞᆫ 능의 일이 이 스므날 휘면 믓고 쏘 셔울 가 ᄒᆞᆯ 일 이시니 에 보아 잠깐 ᄃᆞ녀오고겨 ᄒᆞ디 될동말동ᄒᆞ여 ᄒᄆᆡ 팔월 열나ᄒᆞᆯ날 니 길헤 양식이라도 되홉을 다 아라 ᄡ고 허소히 ᄆᆞ소 ᄒᆡᆼ혀 줄 ᄃᆡ 이셔도 돈돈이 ᄎᆞᆯ여 받소<이덕열언간-7, 1593년 남편(이덕열)→부인(청풍김씨)>

[복창이 갔는가? 양성에 오게 하고도 어찌 와서 먹을지 근심이 많소. 일정 이를 말하고 함께 보내오. 이 말이 좋으니 자네나 성룡이나 타고 오소. 길에 도적이 드리웠으니 각관(各官)에 들어가서 자고 조심하소 '신접(新接) 양식인 들 어찌 하겠는가? 팔아서 먹을 것이나 있을까? 그 걱정이나 알겠는가?' 하네. 또 서울 가서 할 일이 있으니, 틈을 보아 잠깐 다녀오고자 하는데 될동말동하 여 하오 8월 14일 이(李) 길 가는데 쓰는 양식은 되홉을 다 알아서 쓰고 허술 하게 쓰지 마소. 행여 줄 데가 있어도 단단히 차려 받소]

이덕열은 가족이 홍주를 떠나 경기도 양성(陽城) 임생(任生)의 집에 오게 하였지만 가족이 어떻게 올 것인가 걱정이 되어 가족들이 조금이라도 편하게 갈 수 있도록 종과 말을 보낸다. 그리고 길에 왜적이 드리웠으니 올 때 각 관청에 가서 자면서 조심히 양성에 가라는 당부도 잊지 않는다. 그리고 새로운 곳에서 어떠한 음식을 먹을지 걱정하고 있다. 아마도 양성으로 오는 길에 먹으라고 쌀되를 보낸 것으로 보이는데, 이것도 허투루 하지 말고 아껴 쓸 것이며, 행여 다른 사람에게 빌려 주더라도 반드시 챙겨서 받으라고 이전 편지에 이어 당부하고 있다. 마지막으로 이번 편지에서도 능의 일이 끝나면 잠깐 짬을 내어 양성에 다녀올 것이라는 이야기를 전한다.

가족이 양성에 있는 기간에 능의 봉축(封築)이 끝났지만,[14] 이덕열은 명장(明將)의 접대관으로서의 역할을 수행하는 등 바쁜 일정을 보냈다.[15] 그리고 9월에 초에 장령(掌令)으로 임명되자 행장을 꾸려 가족을 만나러 양성으로 내려갔다. 『양호당일기』에 "9월 6일 길을 나서 수원을 경유하여 양성으로 가서 처자를 만나보았다."라는 기록이 있다.(『양호당일기』 1593년 9월 6일자) 가족을 만난 후 이덕열은 선조를 모시고 환궁하기 위해 9월 17일 해주 행재소에 도착하였고, 선조는 1593년(선조 26) 9월 21일에 해주를 출발하여 10월 3일 한양에 도착하였다. 그 이후에 가족이 양성에서 서울에 올라올 수 있었다. 『양호당일기』 1593년 10월 28일자에 "가소(家小=妻子)가 양성에서 서울로 들어왔다."는 기록이 있다.

---

14 『양호당일기』 8월 23일자에 "봉축(封築)의 역사(役事)가 끝났다."는 기록이 있다.

15 『양호당일기』 8월 25일자에 "접반청(接伴廳)으로 나아가 명장(明將)을 접대하였다. 명장은 척유격(戚遊擊) 금(金: 이름임)이다."는 기록이 있다.

두 아들을 낳았다고 남들에게 자랑이나 말 것을……

임진왜란 당시 역질 또한 창궐하여 백성들을 더욱 힘들게 하였다. 1593
년 2월에 경상도에 역질이 크게 발생하여 조선의 백성뿐만 아니라 왜적까
지 역질에 죽는 상황이 발생하였다.(『선조실록』, 선조 26년(1593) 2월 9일자) 역질
은 경상도에서 전국으로 퍼져나갔는데, 『선조실록』에서는 "기근(飢饉)이 날
로 심해지고 질역(疾疫)이 끊이지 않아 쓰러져 있는 시체들이 즐비하여, 그
참혹한 정상을 차마 말할 수 없을 정도입니다."(『선조실록』, 선조 26년(1593) 4월
21일자)로 기록하고 있다.

이덕열 가족도 역질에서 벗어나기 어려웠다. 〈이덕열언간-4〉에서도 이
덕열 집안의 종으로 보이는 향덕이와 어둔게는 병인지 역질(疫疾)인지로 죽
었고, 아이들도 역질에 무사하지 못하였다. 1593년 5월 1일에 보낸 편지에
서 아이들의 역질에 관해 묻는다.

> 쏘 아히둘 엇디 이시며 역질 긔쳑 업손가 나라히 수션ᄒ여 대궐러 와셔 잠
> 싼 덕뇌 오월 초ᄒ론날 가댱 니〈이덕열언간-2, 1593년, 남편(이덕열)→부인(청풍
> 김씨)〉
>
> [또 아이들 어찌 있으며, 역질(疫疾) 기척은 없는가? 나라가 어수선하여 대
> 궐에 와서 잠깐 적네. 5월 1일 가장(家長) 이(李)]

이덕열은 아이들이 어찌 있으며, "역질 기척은 없는가"하며 역질의 차도
를 묻고 있다. 아마도 그 당시 창궐했던 역질에 걸렸던 것으로 생각된다. 그
런데 안타깝게도 얼마 후 좋지 않은 소식을 듣는다. 아들이 태어난 후 본
지도 오래되었는데, 1593년 7월에 이덕열은 아들이 병으로 죽은 소식을 들

게 된다.

아기 둘 감역 유무에는 니질ㅎ다가 담등 나 가다 ㅎ고 자내 유무예는 염질
로 그리 되다 ㅎ니 어니 병으로 주근고 더 슬거워썬가 나는 보안디 오라니 주
셰티 몯히 아마도 몯 살 거시런들 어려셔 가미 아니 ㅎ릴가 하 구쳐 마소 팔
자롤 쇼경 드리 쾌하니디 아니 ㅎ더니 그 다신가 내 익기 그지업서 어린 거시
맛다 간가 어엿버ㅎ뇌 두 아들 나한노라 놈둘드려 쟈랑ㅎ라니 긔나 말 거슬
ㅎ뇌〈이덕열언간-3, 1593년, 남편(이덕열)→부인(청풍김씨)〉

[아기 둘은 감역(監役)의 편지에는 이질(痢疾)을 하다가 담증(痰症)이 나서
갔다고 하고, 자네 편지에는 염질(染疾, 전염병)로 그렇게 되었다고 하는데, 어
느 병으로 죽었는고? 더 슬기로웠던가? 나는 본 지 오래여서 자세하지 못하
오. 아마도 못 살 것이라면 어려서 감이 낫지 않겠는가. 너무 언짢아 마소 소
경 데리고 팔자를 시원스럽게 하지 않았더니, 그 탓인가? 내 액(厄)이 끝이 없
어서 어린 것이 맡아서 간 것인가? 가여워하네. 두 아들을 낳았다고 남들에게
자랑하라고 하였는데, '그것이나 말 것을……' 하오]

이 편지에서 아들이 죽은 사연이 꽤나 혼란스럽다. 감역으로 온 편지에
는 이질과 담증으로 죽었다고 하고 아내의 편지에서는 염질(전염병)로 죽었
다고 한다. 도대체 어떤 병으로 죽었는지 알 수 없지만, 앞의 편지에서 '역
질 기척'을 묻는 것으로 보아 '역질'일 가능성이 좀 더 높을 듯하다. 아들을
본 지가 오래되었기 때문에 이덕열은 그 아들이 슬기로웠는지 알지도 못한
다. 아들의 죽음을 자신의 액을 아들이 맡아서 그런 것이라고 자신의 탓으
로 돌리기도 한다. 이덕열은 아들이 태어난 것을 다른 사람들에게 자랑을
많이 하였는데, 이러한 자식이 죽었으니 얼마나 슬픈 것인가? '그것이나 말

것을…' 하며 자랑한 것을 후회하고 있다.

이러한 안타까운 마음은 『양호당일기』에도 잘 나타나 있다.

6월 29일. ○밤에 꿈이 상서롭지 못하니 아들을 잃을 조짐이다.

7월 3일. 도감에 출좌하였다. ○파하고 돌아와 남쪽 소식을 들으니 남룡(南龍)이 죽었다고 하였다. 늙어서 쌍아(雙兒)를 얻어 다행으로 여겼더니 마침내 한 아이는 보전하지 못하게 되었다. 명수(命數)가 기박하여 일마다 뜻대로 되지 않으니 마음이 아프다. 울음을 삼킬 따름이다.〈양호당일기 상:33〉

남룡이 죽었다는 소식을 듣기 며칠 전 상서롭지 못한 꿈을 꾸었는데 그 것이 아들이 죽을 조짐이라고 해석하고 있다. 그런데 꿈이 현실이 되어 버렸다. 이덕열은 늙어서 얻은 두 아들을 가운데 한 아이를 지키지 못하게 된 것에 마음 아파하며 크게 울지도 못하고 울음을 삼키고 있다. 언간과 『양호당일기』에 아들을 잃은 마음이 고스란히 전해진다. 이덕열은 울음을 삼키며 다시 집에 편지(〈이덕열언간-6〉)를 하여 부인에게 아들 남룡이를 단단히 묻고 신주 간수하는 것도 잘 감독하라고 부탁한다. 멀리서 아버지로서 죽은 아들을 위해 할 수 있는 것은 잘 묻어 주는 것과 신주를 간수하는 것 외에 달리 없었을 것이다.

이 약을 정성 들여 달여서 밤이나 아침에 드시오

조선군이 서울 주변 전투에서 연이은 승전 등으로 서울을 탈환하고, 이덕열의 선릉, 정릉의 개장 일도 마무리되고 선조도 환궁을 하게 되자 1593

년 10월 28일, 가족이 서울에 돌아와 이덕열과 함께 살게 되었다. 그런데 오랜 피란 생활 때문인지 부인의 건강이 좋지 않았다. 이덕열이 임지에 있으면서 보낸 짧은 편지에 병을 걱정하는 마음이 담겨 있다.

　　오느론 병이 엇던고 어제와 흔가진가 쏘 달리 아픈가 알외소 싀양 달히니 흐고 어을메 가던 약 다 자신가〈이덕열언간-11, 1590~1599, 남편(이덕열)→부인(청풍김씨)〉

　　[오늘은 병이 어떤고? 어제와 한가진가? 또 달리 아픈가? 아뢰소 새로 달인 것과 저녁에 간 약은 다 자셨는가?]

　　싀양 모과 달혀 몬져 자코 그 무근 야그란 말고 이 야글 졍히 달혀 바미나 아져거나 자소〈이덕열언간-12, 1590~1599, 남편(이덕열)→부인(청풍김씨)〉〉

　　[생강 모과 달여 먼저 자시고, 그 묵은 약일랑 말고, 이 약을 정성 들여 달여서 밤이나 아침에 드시오]

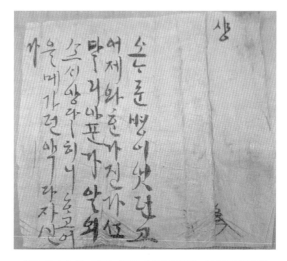

〈이덕열언간-11, 1590~1599, 남편(이덕열)→부인(청풍김씨)〉

이 편지의 작성 시기는 정확히 알 수 없다. 기존 연구에서는 이 두 편지가 모두 부부가 서울에서 함께 지낸 시기인 1593년 10월 이후부터 이덕열이 사망하기 전인 1599년 사이에 쓰인 것으로 추정하고 있다. 이러한 추정을 받아들인다면 청풍 김씨는 전쟁 후 건강이 좋지 않았던 것으로 보인다. 당시 떨어져 있는 사람들끼리 편지가 매일 오갈 수 없는 상황이었으므로 두 편지에서 아내의 병은 단순히 며칠 아픈 병이 아니라 꽤 오래 지속된 것으로 추정할 수 있다. 첫 번째 편지에서 이덕열은 이전에 편지와 함께 약을 보냈는데 그 약을 다 먹었는지도 궁금해 하며 조금의 차도는 있는지, 다른 병세는 없는지 궁금해 하고 걱정하고 있다. 두 번째 편지에서는 모과와 생강을 달여 먹이고 새로 보내는 약을 정성스레 달여 아침저녁으로 복용하라는 말도 잊지 않는다.[16] '묵은 약'과 '조금 가던 약'을 통해 두 가지 정도를 추정해 볼 수 있다. 오랫동안 약을 먹을 정도로 아내의 병은 오래되었고, 이덕열은 좋다는 약을 구해 꾸준히 아내에게 보낸 것을 알 수 있다. 짧은 두 편지를 통해 아내의 병을 걱정하며 약을 보내는 남편의 마음을 알 수 있다.

나라를 자기 집처럼 근심하고 집안 사람들을 다스리며

군주제 국가에서 신하는 왕에게 충성을 다해야 하는 존재이다. 조선시대에도 신하라면 누구나 왕에게 충성했어야 했다. 조선시대 정초(鄭招, ?~1434)는 『삼강행실도』 발문에서 "충신이 절의를 다하는 것은 바야흐로 나라가 어지러운 때에 있는 것이니, 변고를 만나지 않으면 무엇으로 말미암아 알

---

16   김영·장고은(2021:226)에서는 생강과 모과를 권하는 점으로 미루어 보아 계절로는 늦가을이나 겨울처럼 추운 계절에 심하게 걸린 상한(傷寒)이나 독감이 아닐까 추정하였다.

수 있겠습니까. …… 신하가 그 나라를 자기 집처럼 근심하고 절의를 다하여 봉공하여 임금으로 하여금 몸이 평안하고 나라가 부유하여 그 존엄과 영화를 보전하며 혜택이 백성에게 미치게 하면, 이것이 능히 충성을 다하는 것입니다."라고 하였다. 충신의 절의는 나라가 어지러운 때에 발현될 수 있는 것으로 이해할 수 있다. 〈이덕열언간〉에서 신하와 장수로서의 모습은 두 가지 경우만 나타난다. 그렇지만 〈이덕열언간〉과 이와 관련된 『양호당일기』의 내용을 통해, 이덕열은 임진왜란 당시 성주목사로서 지경을 떠나지 않고 홀로 지켰으며, 근왕(勤王)을 위해 해주 행재소로 가 왕을 모셨고 도감도청(都監都廳)이 되어 선릉과 정릉을 영장(永葬)하기도 하였으며 서울을 떠나 해주에 머물고 있던 선조를 모시고 환궁하기도 하였기에, 이덕열은 전쟁 중 신하로서의 절의를 발현하였다고 볼 수 있다.

조선시대 가장(家長)은 반드시 예법(禮法)을 신중하게 지켜서 모든 자제(子弟)와 집 안 사람들을 다스리며 직분(職分)을 나누고[창름(倉廩), 구고(廐庫), 포주(庖廚), 사업(舍業), 전원(田園) 따위를 관장하게 함을 말한다] 일을 맡기며[아침저녁으로 주관하는 일과 비상시의 일을 말한다] 그 공을 이루는 것을 책임져야 했다.[17] 그렇기에 가장은 전쟁과 같은 비상시국에서도 그 역할에 충실해야 했다.

그러나 이덕열의 경우에는 관직에 나아가 신하로서의 공적인 업무를 하느라 전쟁 중 가족을 돌볼 수 없었다. 전쟁 중 공적인 업무와 가족을 돌보는 일을 한꺼번에 할 수 없었기에 이덕열의 마음은 편치 않았다. 아내는 임신한 몸으로 아이들을 데리고 피란을 하고 있고, 피란한 남원에 왜적이 자꾸 들어가니 더더욱 걱정이 되었을 것이다. 피란 중에 아들은 병으로 죽어 더더욱 마음이 아팠을 것이다. 〈이덕열언간〉과 『양호당일기』에 그 마음이

---

17 박찬희(2019), 「16세기 兩班 남성家長의 유교적 삶과 그 이면 『默齋日記』와 『眉巖日記』를 중심으로」, 서강대학교 대학원 석사학위논문, p.6.

고스란히 나타난다. 전쟁 중 인편을 구하기도 어려운 상황에서 편지를 보내 아내의 안부를 묻고 왜적의 상황을 전하며 피란처를 옮기도록 해 주기도 하였고 양식을 보내주기도 하였다. 또한 전쟁 중 역병으로 죽은 아들을 슬퍼하는 모습을 보이고 병든 아내를 위해 꾸준히 약을 구해 보내주기도 하였다. 이러한 내용을 통해 전쟁 중 가장으로서, 남편으로서, 아버지로서의 역할을 수행하고자 하는 이덕열의 모습을 충분히 그려볼 수 있다.[18]

---

18 이 글은 이래호(2021)를 다듬은 것이다.

참고문헌

김영·장고은(2021), 「임진왜란 시기에 작성된 〈양호당이덕열언간〉의 내용과 가치」, 『국어사연구』 29, 국어사학회, 125-156.

김종수(2019), 「임진왜란 초기 방어실태와 성주(星州) 전투」, 『軍史』 111, 131-161.

문희순(2011), 「한글편지에 반영된 옛 대전의 생활문화 1 – 송준길·송규렴가 편지를 중심으로」, 『어문연구』 70, 어문연구학회, 129-157.

문희순(2012), 「동춘당 송준길가 소장 한글편지에 반영된 생활문화」, 『인문학연구』 89, 충남대학교 인문과학연구소, 33-62.

민족문화추진회(1971), 『국역 대동야승』, 민족문화추진위원회.

박찬희(2019), 「16세기 兩班 남성家長의 유교적 삶과 그 이면 – 『默齋日記』와 『眉巖日記』를 중심으로」, 서강대학교 대학원 석사학위논문.

백두현(1998), 「〈현풍곽씨언간〉에 나타난 17세기의 習俗과 儀禮」, 『문헌과해석』 3호, 문헌과해석사, 72-91

백두현(2019), 『증보판 현풍곽씨언간 주해』, 역락.

양인실(1985), 「언간에 나타난 선조여인의 실상고」, 『겨레어문학』 9, 겨레어문학회, 253-268.

유연성(2014), 「임진왜란기 한성 주변 전투의 전략적 의의」, 『한일관계사연구』 48, 한일관계사학회, 93-130.

이래호(2015), 「조선시대 언간 자료의 현황 및 그 특성과 가치」, 『국어사연구』 20, 국어사학회, 65-126.

이래호(2021), 「〈이덕열언간〉을 통해 본 신하와 가장의 한 모습」, 『어문론집』 86, 중앙어문학회, 241-275.

이철(2011), 『조선의 백과사전을 읽는다』, 알마.

이탁영(2002), 『역주 정만록』, 「征蠻錄 坤」, 의성군.

장고은·김영(2019), 「16세기 후반 한글자료인 〈청풍김씨묘출토언간(이덕열언간)〉에 대하여」, 『구결연구』 46, 구결학회, 197-266.

하태규(2007), 「임진왜란 초기 전라도 관군의 동향과 호남방어」, 『한일관계사연구』 26, 한일관계사학회, 147-180.

아마 멀리 있는 나를 속이는 듯하오

<추사언간>을 통해 본 아내를 향한 남편의 사랑

선비도 사랑 표현에 서툴지는 않았나 보다

예전에는 연애 시절 연애편지를 보내면서 그들만의 사랑을 확인하기도 하였는데 휴대폰과 인터넷이 발달한 지금에는 연인 간에도 편지를 보내는 일은 드물어졌다. 연애 시절 군대에서 매일 편지를 주고받던 남녀가 결혼을 한 후 주말부부 정도가 되더라도 서로 편지를 주고받는 일이 드문 듯하다. 연인 간 서로 연락할 일이나 표현할 일이 있으면 간단하게 문자 메시지를 보내고 혹여나 메일을 보내더라도 필요한 말만 하는 경우가 많다.

조선시대에 멀리 떨어져 있는 부부가 서로 연락할 수 있는 방법은 편지밖에 없었을 것이다. 편지를 통해 서로의 안부와 가족의 안부를 묻고, 집안과 마을의 특별한 일을 정하며 집안 대소사를 결정하기도 하고 주고받은 물건을 확인하기도 한다. 그래서 이 편지에는 여러 가지 사연들이 담겨 있다.

조선시대 지방의 양반들 가운데는 아내는 고향에서 부모님을 모시고 자신은 서울이나 임지에서 생활했던 경우가 많았다. 그래서 고향 가족과 언간을 통해 안부와 사연을 주고받았다. 조선시대의 사대부가 양반 하면 우리는 선비를 생각하기 쉽다. 선비의 이미지는 "선비는 마음 밝히기를 거울같이 해야 되고, 몸 규제하기를 먹줄 같이 해야 한다." 하여 몸가짐을 바르게 하고 동작에 위엄이 있고, 자신의 생각을 잘 표현하지 않는 사람 정도로 형성되어 있다. 그래서 우리들에게 선비는 여자에게 사랑 표현이 서툴거나 직접적으로 표현하지 않는 사람, 아내에게는 사랑을 거의 표현하지 않는 무뚝뚝한 남편으로서의 이미지도 가지고 있다. 그러나 실제 조선 선조 때의 대표적인 학자 미암(眉巖) 유희춘(柳希春)은 부부가 시로 사랑을 주고받기까지 한 것을 보면 선비(양반)도 사랑 표현에 서툴지는 않았나 보다.

언간에서 아내에 대한 남편의 사랑이 어떻게 표현되고 그들의 사랑은 어떠했는지 〈추사언간〉을 통해 들여다보자.

까다로워도 보통 까다롭지 않은 사람, 추사

추사(秋史) 김정희(金正喜, 1786~1856)는 '추사체'라고 불리는 독창적이고 개성적인 서체로 인해 서예의 신기원을 개척한 서화가일 뿐만 아니라 고증학자, 실학자, 금석학자로도 일세를 풍미한 당대 최고의 한문 문화에 정통한 지식인(김정숙 2017:216)이었다. 추사는 생전에 많은 한문 편지를 남겼지만 언간은 그의 아내인 예안 이씨와 며느리 풍산 임씨에게 보낸 편지 40건이 남아 있다.

추사의 아버지는 김노경(金魯敬, 1766~1837)이다. 추사는 8세 때 백부(伯父)인 월성위(月城尉) 집안의 장손 김노영(金魯永)에게 아들이 없었기 때문에 김노영에게 양자로 들어갔다. 어려서부터 생부를 떠나 귀한 집 종손으로 예법과 학문을 익히며 신동이라는 촉망과 귀여움을 받고 자랐지만 어린 나이에 많은 흉사를 겪었다. 12세 때 양부 김노영과 할아버지 김이주(金頤柱)가 연이어 세상을 떠났다. 추사는 15세인 1800년에 이희민(李羲民)의 딸인 한산 이씨와 혼인하였으나 흉사는 계속되었다. 16세 때에는 생모 기계 유씨가 36세의 젊은 나이에 갑자기 타계하였고, 추사 나이 20세 때 추사의 아내인 한산 이씨마저 나이 스물에 갑자기 세상을 떠났다. 아내가 죽은 바로 그 해 종성에 유배 갔던 스승 박제가(朴齊家)가 풀려나 이제 다시 스승을 찾았는가 했더니 그마저 세상을 떠나고 말았다.

그러나 1808년 추사 나이 23세 때 이병현(李秉鉉)의 딸 예안 이씨(1788~1842)를 재취로 맞아들이면서부터는 좋은 일들이 생기기 시작하였다. 1809년 24세에 사마시에 합격하여 생원이 되었고 부친 김노경도 호조참판으로 승진해서 연경에 가게 되는데, 추사 또한 자제군관(子弟軍官) 자격으로 연경에 다녀오는 등 인생에서 승승장구하는 대전환기를 맞는다. 부부의 금슬 또한 좋았기 때문에 미술사학자 최완수는 추사의 재혼을 일러 "은반지를 잃고 오히려 금반지를 얻은 기쁨이 있었던 듯하다"라고 표현하기도 하였다. (김정숙 2017:217에서 인용)

추사는 어려서부터 때로 거리낌 없이 행동하며 많은 사람들로부터 미움을 사기도 했다. 추사는 명문가의 자손이면서 학문과 예술에 성취가 큰 인물이었기 때문인지 예술에 대해 자부심이 높고 까다로운 성격이었던 것 같다. 유홍준 교수의 『완당평전』에는 그의 은사인 동주 이용희 교수의 강연 이야기가 나오는데, 여기서 "김정희는 까다로워도 보통 까다로운 사람이 아니었다"면서 강연을 시작한다. 유홍준 교수가 이용희 교수에게 물으니, 위창(葦滄) 오세창(吳世昌) 선생이 역매(亦梅) 오경석(吳慶錫) 어르신에게 들었다고 한다. 오경석은 추사의 제자였기 때문에 부친인 오경석을 통해 생전에 들은 오세창 선생의 증언은 믿을 만하다. 『완당전집(阮堂全集)』 권두에 실린 문인 민규호(閔奎鎬)의 글에서도 "공은 매우 청신하고 유연하며 품성이 안한(安閒)하고 화평하여 사람들과 말을 할 때는 모두를 즐겁게 하였다. 그러나 의리(義理)의 관계에 미쳐서는 의론이 마치 천둥 벼락이나 창·칼과도 같아 사람들이 모두 춥지 않아도 덜덜 떨었다.(公甚淸軟 氣宇安和 與人言 藹然各得歡 及夫義理之際 議論如雷霆劍戟 人皆不寒而栗)"라고 한 것을 보아도 추사는 만만한 성격은 아니었던 듯하다.

다른 사람이 쉽게 대하기 어려울 정도로 까다로운 성격의 소유자였기에 가족을 무심히 대하거나 아내에게 무뚝뚝하거나 사랑 표현이 서툴거나 하였을 것으로 생각되지만 실제로는 그렇지 않다. 추사는 어린 시절 많은 흉사를 겪고 첫 번째 아내까지 세상을 떠나서인지 재혼한 예안 이씨와는 금슬이 각별하였다. 한글 편지에 아내에 대한 세심한 배려와 애틋한 정을 진솔하게 표현되어 있다.

추사가 아내에게 보낸 편지는 모두 38건인데, 대구 감영의 추사가 장동 본가의 아내에게 보낸 편지 1건, 장동 본가의 추사가 대구 감영의 아내에게 보낸 편지 10건, 장동 본가의 추사가 온양의 아내에게 쓴 편지 3건, 장동 본가의 추사가 예산의 아내에게 쓴 편지 3건, 제주도의 추사가 예산의 아내에게 쓴 편지 15건, 평양 감영의 추사가 장동 본가의 아내에게 쓴 편지 5건, 어디에 있는지 모를 추사가 예산의 아내에게 쓴 편지 1건 등이다.

추사는 김노영의 양자가 되었지만 양부모가 모두 일찍 작고한 까닭에 생가 부모 처소인 장동에 가서 시봉(侍奉)을 하였다. 장동 본가에서 대구 감영의 아내에게 보낸 편지들은 아버지 김노경이 경상 감사를 할 때 아내가 대구 감영에 가 시아버지를 시봉할 때 보낸 것이다. 제주도 유배 시절에 아내에게 쓴 편지가 가장 많은데 이들 가운데는 제주도에서 생활하는 데 필요한 물품 등을 부탁하거나 집안 걱정을 하는 내용의 편지도 있지만, 아내를 안심 시키고 병든 아내를 걱정하는 절절한 사연들이 담겨 있는 편지들도 있다.

부끄러워 편지를 못하셨소? 나는 섭섭하오

추사가 예안 이씨에게 보낸 편지 가운데 가장 오래된 편지는 33세(1818) 에 경상도 관찰사로 재직하던 아버지 김노경을 뵈러 가 있을 때 서울의 장 동에 있던 아내에게 쓴 것이다.

> 거번 듕노의셔 ᄒ온 편지는 보와 겨시옵 그스이 인편 잇스오나 편지 못 보 오니 붓그러워 아니ᄒ야 겨오시옵 나는 ᄆ음이 심히 섭섭ᄒ옵 …… 그 길의 천 니나 쥬류ᄒ야 이령가 험노의 무슈이 속습고 열나흘 만의 득달ᄒ야 와스오 니 쉬온 지 삼 일이로디 참아 곤ᄒ와 못 견디개습 오날 졔녁이 졔스오니 형님 겨오셔나 번이나 나오시고 뒷집 진스나 드러와 지내는가 외오셔 이리 념이오 며 내힝은 념후 쩌나는디……〈추사-01, 1818년, 김정희(남편)→예안이씨(아내)〉
>
> [지난번 길 중간에서 한 편지는 보셨소? 그사이 인편이 있었는데 편지를 보지 못하니, 부끄러워 편지를 하지 않았소? 나는 마음이 매우 섭섭하오 …… 그 길에 천 리나 두루 거쳐서 진흙과 험한 길에 무수히 고생하고 열나 흘 만에 도착하였으니 쉰 지 3일이로되 차마 곤하여 못 견디겠소. 오늘 저녁 이 제사이니 형님께서나 번이나 나오시고 뒷집 진사나 들어와 지내는지 멀리 서 이렇게 걱정이며……]

추사는 아버지 김노경을 뵈러 가는 길에 아내에게 편지를 썼다. "천 리나 두루 거쳐서 진흙과 험한 길에 무수히 고생하고 열나흘 만에" 도착하였다. 멀고 험한 길을 14일이나 걸려 와서 3일 동안 쉬고 있는데도 여독이 풀리지 않는다. 그 사이 서울에서 대구로 인편이 다녀갔는데도 기다리던 아내의 답장이 오지 않자 추사는 다시 아내에게 편지를 보내며 답장을 보지 못하니 "부끄러워 편지를 하지 않았소? 나는 마음이 매우 섭섭하오."하며 섭섭한 마음을 토로하고 있다. 섭섭한 마음은 사랑하는 사람에게 기대를 하였을 때 가능한 심정이다.

또한 추사는 집안일에 대해서도 소홀히 하지 않았다. 이 편지에서 온 손님이 떠났는지에 대해서도 묻고 떠나지 않았을 경우 아내가 고생할 것을 걱정하기도 하며, 오늘 저녁이 제사인데 제사를 지낼 형님이나 진사가 왔는지에 대해서도 걱정을 하고 있다. 조선시대에서 제사는 집안의 큰 행사였기 때문에 그 큰일을 치러야 하는 아내가 걱정이 되었던 것이다. 추사가 보낸 편지 곳곳마다 집안에 대한 일에 대해 묻고, 걱정하고, 또 집안의 일을 치러야 하는 아내를 걱정하고 있다.

현재 남아있는 추사의 한글편지는 그리 많지 않지만 편지의 내용으로 보면 꽤 많은 편지들을 보낸 것으로 보인다.

> 그스이 년흥야 편지 브쳐습더니 다 보와 겨시옵〈추사-02, 1818년, 김정희(남편)→예안이씨(아내)〉
>
> [그 사이 계속해서 편지를 부쳐 아뢰었는데 다 보셨소?]

이 편지는 장동 본가에 있는 추사가 대구 감영에서 시아버지를 시봉하고 있는 아내 예산 이씨에게 쓴 편지이다. 추사는 인편이 있을 때마다 계속 편지를 보낸 것으로 보이는데, 아내는 장동 가는 인편이 없었는지 편지를 받을 때마다 답장을 못 한 듯하다. 그렇지만 추사도 한동안 편지를 보내지 못한 적이 있었다.

그스이 혹 인편 이시되 편지 오리 못 부치오니 섭섭ᄒᆞ올 ᄲᅮᆫ이오며 …… 개셔도 미양 여름의 본병 긔운이 나시더니 엇더ᄒᆞᆸ 올혼 그리 지내지 아이십 외오셔 넘이오며 나는 오날 졔ᄉᆞ 격야ᄒᆞ오시니 새로히 망극지통 엇지 다ᄒᆞ올잇가 졔ᄉᆞ는 겨요 챠려 지내오나 ᄉᆞᄉᆞ 민망ᄒᆞ온 일이 만스오니 이리 민연ᄒᆞᆸ〈추사-07, 1818년, 김정희(남편)→예안이씨(아내)〉

[그사이 혹 인편 있되, 편지 오래 못 부치니 섭섭할 뿐이며, 늦더위가 극심하니 모시고 연하여 한결같이 지내시오? …… 당신도 매양 여름에 본병 기운이 나셨는데 어떠하오? 올해는 그렇게 지내지 않소? 멀리서 걱정이며 나는 오늘 제사 하룻밤을 앞두니 새로이 망극지통 어찌 다 하오리까. 제사는 겨우 차려 지내나 일마다 민망한 일 많으니 이렇게 안타깝소]

이 편지도 역시 장동 본가에 있는 추사가 대구 감영의 아내에게 보낸 것인데, 인편이 있으나 이리저리 바쁜 일 때문인지 편지를 오래 부치지 못해 섭섭할 뿐이라고 하고 있다. 여기에서 '섭섭하다'는 것은 자신이 편지를 쓰지 못했기 때문에 미안한 일이고 편지를 받지 못한 아내는 섭섭했을 것이라는 뜻으로 이해된다. 아내는 여름마다 본래 가지고 있던 병을 앓았던 듯한데 오랫동안 편지를 보내지 못하고 받지도 못했으니 이번 여름의 병 기운은 어떠한지 꽤 걱정되었을 것이다. 그래서 올해도 병으로 지내지 않는지 묻는다.

또한 이 편지는 발신일이 7월 그믐이다. 편지에 제사 이야기가 나오는데, 이는 아마도 추사의 양모인 남양 홍씨 제사일 듯하다. 남양 홍씨(南陽洪氏,

1748~1806)의 제삿날이 8월 1일인데, 발신일이 7월 그믐이므로 "제스 격야
흐오시니"라고 한 사연과 부합한다. 아내도 없이 제삿날을 당하니, 망극한
심정이 더함을 토로하고 있다. 아마도 옆에서 제사를 돌봐 줄 아내가 많이
도 그리웠으리라.

무릇 나 혼자 괜찮다 말씀할 것이 아니라

추사의 50대는 꽤 힘든 시기였다. 당시 조정은 시파와 벽파의 대립이 극
심하던 때였다. 1840년(헌종 6년)에 이르러 대사헌 김홍근(金弘根)이 10년 전
의 윤상도(尹尙度) 흉서(凶書) 사건을 끄집어내어 재심의 논죄를 상소했다. 그
결과 윤상도와 함께 상소를 올렸던 아들은 추자도에서 다시 서울로 호송되
어 대역무도죄의 판결을 받고 처형되었다. 윤상도를 국문하는 중 이조참판
김양순(金陽淳)의 공술에 "윤상도의 상소는 김정희가 기초한 것"이라는 내용
이 있어 추사가 연루되었다. 이에 따라 추사가 끌려나와 가혹한 형문을 받
게 되었다. 추사는 김양순의 허위진술이라고 말하였지만 이미 김양순이 윤
상도에 연좌되어 형문을 받던 중 죽게 되어 무실을 입증할 방법이 없었다.
왕이 하교(下敎)하기를, "이제 우의정의 상소를 보니 김정희의 격쟁이 윤상
도의 옥사의 맥락과 요점이 매우 분명하다. 계속 신문해야 마땅하겠지만 증
거를 댈 길이 이미 끊어져서 힐문(詰問)할 방도가 없고, 또 대신이 옥체와 법
을 누누이 말한 것이 실로 공평하고 정대한 논의이니, 그 의심스러운 죄는
가볍게 벌한다는 의리에 있어서 감사(減死)의 법을 써야 마땅하다. 국청에서
가둔 죄인 김정희를 제주 대정현에 위리안치(圍籬安置)하도록 하라."(『헌종실
록』, 헌종 6년(1840) 9월 4일자) 하였다.

이렇게 추사는 제주도로 유배를 간다. 유배지인 제주도 대정현은 제주읍에서 80리를 더 가는 외진 곳이다. 너무나 생소한데다 기후, 식수, 음식 등여러 가지가 육순을 바라보는 노인에게는 견디기 어려운 일이었다.

추사는 유배지 대정현에 도착한 후 얼마 지나지 않아 첫 편지를 쓴다. 첫편지고 여러 내용이 있어 긴 편지 전체를 제시한다.

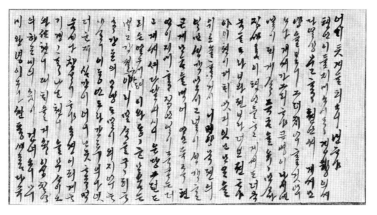

추사가 대정현에 도착한 후 얼마 되지 않아 아내에게 쓴 첫 번째 편지(앞장)
추사-20, 1840년, 김정희(남편)→예안이씨(아내)

추사가 대정현에 도착한 후 얼마 되지 않아 아내에게 쓴 첫 번째 편지(뒷장)
추사-20, 1840년, 김정희(남편)→예안이씨(아내)

어느덧 겨을 되오니 년호야 편안이들 지내오시옵 경향의셔 다 일양 무고호
옵 쳔안셔 게셔 모양을 보오니 그러치 아니홀 것 아니오나 게셔가 그리호야
큰 병이 나시면 말이 되개습 즉금을 유유 만수가 집 샤룸이 편안들 호고 게셔
도 더옥 몸을 도라보와 젼보다 더 보젼호야야 이 쳔 니 대히 밧긔 잇는 무옴
을 위로을 홀 거시니 미양 목젼의 일만 싱각 마오시고 널이 싱각호고 큰게 무
음을 먹어 아모듀록 편안이 지내 호옵 집안일이 즉금은 더고 게셔씌 다 달여
시니 응당 그런 도리은 알으시려니와 동동훈 무옴은 별노 간절호와 이리 말
숨을 구구히 호옵 강동의 모양도 말이 되지 아니호야스오니 이동안 도라간
후의나 엇더훈지 심간이 어이는 듯호옵 먹음시나 착실이 호야 쇼셩이 되게
호기 경경호옵 나는 쳔 니을 무수이 오와 또 쳔 니 대히을 거월 이십칠일의
하로 닉의 쉬이 건너오니 무비왕녕이오나 션등 샤룸 다 슈질호야 졍신을 일
허 죵일들 굴머 지내오더 나 혼쟈 슈질도 아니호고 션샹의 죵일 당풍호야 안
져 의젼이 밥도 잘 먹고 그 젼의 년호야 물마리을 먹고 오더니 션샹의셔 된인
밥을 평시와 갓치 먹스오니 그도 아니 고이호옵 대져 나 혼즈 관겨치 아니호
다 말숨호올 거시 아니오라 아모려도 그 디히는 샤룸샤룸마다 건너오리라 호
고 권호야 올 길이 업습는더 오니 항혀 놈이 갓튼 아희들이 아모 쳘도 모르고
망샹을 내올 길이 업스오니 미리 그리 아라 챠로개 호옵 초일일 대졍 비쇼의
오오니 집은 넉넉히 용션호올 만훈 더을 어더 훈 간 방의 마로 잇고 집이 졍
호야 별노 도비도 홀 것 업시 드르스오니 오히려 과호온 듯호옵 먹음시는 아
직은 가지고 온 반찬이 잇스오니 엇지 견디여 가올 거시오 싱복이 쇼산이오
니 글노 쏘 견더 듯호옵 쇠고기는 졀귀호오나 혹 가다가 어더 먹을 도리도 잇
습는가 보옵 아직은 두셔을 졍치 못호오니 엇더훈 줄 모르개습〈추사-20, 1840
년, 김정희(남편)→예안이씨(아내)〉

[어느덧 겨울 되니 연하여 편안이들 지내시오? 경향에서 다 한결같이 무고

하오? 천안에서 당신 모양을 보니 그렇지 않을 것 아니나 당신이 그리하여 큰 병이 나시면 말이 되겠소? 지금은 모든 만사가 집 사람이 편안들 하고 당신도 더욱 몸을 돌아보아 전보다 더 보전하여야 이천 리 대해 밖에 있는 마음을 위로를 할 것이니 매양 목전의 일만 생각 마시고 널리 생각하고 크게 마음을 먹어 아무쪼록 편안히 지내야 하오. 집안일이 지금은 더구나 당신께 다 달렸으니 응당 그런 도리는 아시려니와 동동한 마음은 별로 간절하여 이리 말씀을 구구히 하오. 강동의 모양도 말이 되지 아니하였으니 이동안 돌아간 후에나 어떠한지 심간이 베이는 듯하오. 먹음새나 착실히 하여 소성이 되게 하기 목이 메오. 나는 천 리를 무사히 와 또 천 리 대해를 지난달 27일에 하루 내에 쉬 건너오니 무비왕령이오나 선중 사람 다 뱃멀미하여 정신을 잃어 종일들 굶어 지내되 나 혼자 뱃멀미도 않고 선상에 종일 바람을 맞아 앉아 여전히 밥도 잘 먹고 그전에 연하여 물만밥을 먹고 왔는데 선상에서 된밥을 평시와 같이 먹으니 그도 아니 괴이하오? 무릇 나 혼자 괜찮다 말씀할 것이 아니라 아무래도 그 대해는 사람마다 건너오리라 하고 권하여 올 길이 없는데 오니 행여 놈이 같은 아이들이 아무 철도 모르고 망상을 내어 올 길이 없으니 미리 그리 알아서 차리도록 하오. 초1일 대정 배소에 오니 집은 넉넉히 용신할 만한 데를 얻어 한 칸 방에 마루 있고 집이 깨끗하여 별로 도배도 할 것 없이 들었으니 오히려 과분한 듯하오. 먹음새는 아직은 가지고 온 반찬이 있으니 어찌 견디어 갈 것이오. 생복이 소산이니 그것으로 또 견딜 듯하오. 쇠고기는 극히 귀하나 혹 가다가 얻어먹을 도리도 있는가 보오. 아직은 두서를 정하지 못하니 어떠한지 모르겠소]

추사는 의금부 소속 금오랑을 따라 유배길에 올랐다. 1840년 9월 2일에 제주 유배 명령을 받고 한강을 건너 한양에서 호남 지방으로 이어지던 삼

남대로를 따라 유배를 갔다. 천안, 완주, 정읍, 나주를 거쳐 해남에 도착했고 9월 27일에 해남에서 배를 타고 화북진(禾北津)에 도착하였다. 추사가 도착한 제주도 화북진은 현재 제주시 화북동으로 제주항의 동쪽에 자리한 항구이다. 노론을 지탱했던 송시열과 추사 이후 위정척사를 주장했던 최익현도 제주도로 유배될 때 거쳐 간 곳이다. 날씨 관계로 추사는 화북진에서 이틀을 머물고 10월 1일 출발하였다. 화북진에서 대정으로 가는 길은 반절이 돌길인데 그 길 80리를 걸어 그날 배소에 도착하여 거처를 정한 뒤 처음 쓴 편지가 이것이다. 경황 중에 쓴 것이라서 그런지 발신일과 서명을 빠뜨린 것으로 짐작된다.

유배를 오는 길에서 편지를 쓸 수 없었기에 소식을 궁금해 할 가족들을 위해 꽤 긴 편지를 썼다. 편지에서 "겨울이 되니"로부터 시작하여 제일 먼저 언급한 것이 서울과 예산, 온양 등의 집안이 모두 평안한지를 묻는 것이다. 편지에서 제일 먼저 계절을 언급하고 사람들의 안부를 묻는 차원의 첫머리는 아닌 듯하다. 유배 온 남편을 매일같이 걱정할 아내를 조금이라도 안심시키기 위한 배려인 듯하다.

다음으로 유배 오는 길에 천안을 들러 잠깐 보았을 아내의 모습에 대해 언급하고 있다. 병이 날 정도의 모습이었으나 가장이 유배되었기에 아내라도 무고해야 하고 큰 병이 나면 안 되며, 집안이 무고해야 이천 리 대해 밖에 있는 자신의 마음이 위로가 될 것이기 때문에 병이 회복되기를 빌며 걱정한다고 말한다. 또한 집안의 일은 당신에 달렸으니 매번 내가 제주도로 유배를 온 그 일만을 생각하지 마시고 널리 생각하고 크게 마음을 먹어 아무쪼록 편안히 지내도록 하라는 당부도 한다.

아내 예안 이씨의 유배 가는 남편에 대한 걱정은 아마도 유배지까지는 어떻게 갔으며 집은 어떠한지, 먹을 것은 충분한지 등에 대한 것이리라. 추사는 유배지에서의 첫 편지에서 이 모든 것에 답한다.

먼저 무사히 제주 유배지에 도착했음을 알린다. 나는 천 리를 무사히 와 또 천 리 대해를 하루 내에 쉽게 건너오니 모든 일이 임금의 영험이 아닌 것이 없다고 말한다. 또한 바다에서 있었던 일들을 상세하게 알린다. 다른 사람들은 뱃멀미를 하여 정신도 잃고 밥도 못 먹고 하는데 자신은 뱃멀미도 하지 않았고, 그 전에 물에 만 밥을 먹다가 배 안에서는 된밥도 평소처럼 잘 먹었다고 얘기한다. 중제(仲弟) 김명희(金命喜)에게 쓴 한문 편지가 따로 전하는데 이 편지의 내용과 상통하는 바가 많아 실제로 편지의 내용과 같은 상황이었겠지만, 이렇게 자세히 전하는 것은 제주까지 어떻게 갔는지 궁금해 하고 걱정하고 있을 아내를 안심시키기 위한 또 다른 전략이었을 것이다.

또한 유배지에서 지낼 집에 대해 이야기하며 아내를 안심시키고 있다. 귀향지 대정에 도착하여 보니 집은 넉넉히 살아갈 만한 곳이고, 한 칸 방에 마루도 있고 집이 깨끗하여 별로 도배도 할 것 없다면서 자신에게는 오히려 과분한 듯하다고 말한다. 실제로는 가시울타리가 사방으로 둘러쳐진 집이었다. 마지막으로 먹을 것은 가지고 온 것이 있고, 이곳의 날전복이 특산품이고 쇠고기는 귀하나 혹 먹을 도리가 있을 것이므로 어떻게든 견디어 갈 것이라고 또 다시 아내를 안심시킨다.

유배 온 추사의 처지에서는 어떻게든 가족을 안심시키는 것이 우선이었다. 이 편지에서는 자신의 입장을 한탄하거나 가족을 걱정하게 할 만한 내용이 전혀 없다. 오히려 이 편지를 읽을 아내는 가슴을 쓸어내렸을 것이다. 최악의 상황에서 아내의 걱정을 덜어 주려고 노력하는 모습, 이 편지에서 볼 수 있는 아내에 대한 추사의 사랑 표현의 한 방법이다.

아마 멀리 있는 나를 속이는 듯하오

제주도 유배지에서 보낸 모든 편지에서 추사는 아내의 병에 대해 걱정을 하고 있다. 앞 편지에서 본 바와 같이 이미 천안에서 보았을 때부터 몸이 좋지 않아 보이던 예안 이씨는 남편의 화(禍)로 인한 충격 때문이었는지 지병이 더하여져 시름시름 앓기 시작한 것으로 보인다.

세후 처음으로 양지완 편의 글월 보옵고 그 후 쏘 인편의 년흐야 글월 보오니 인편 업슬 쩌는 업습다가 이시면 쏘 겹포 보오니 든든흐옴 갓가온 디 갓 스와 일시 위로되오며. 그스이 쏘 달이 너어스오니 년흐와 평안이들 지내오시 옵. 게셔는 이 스이 엇더흐옵 관겨치 아니타 흐오나 관계치 아니흐올 니가 잇 습. 아마 먼 디 샤롬이라고 쇼기는 듯흐오며 속미음은 년흐야 즈시옵. 게셔가 몸을 보호흐야 가는 거시 날 보호흐야 주는 것시오니 그리 아오시옵.〈추사–21, 1841년, 김정희(남편)→예안이씨(아내)〉

[설을 쉰 후 처음으로 양재완 편에 글월 보고 그 후 또 인편에 연하여 글월 보니 인편 없을 때는 없다가 있으면 또 거푸 보니 든든함이 가까운 데 같아 일시 위로되며 그사이 또 달이 넘었으니 연하여 평안히들 지내시오? 당신은 이사이 어떠하오? 괜찮다 하나 괜찮을 리가 있소? 아마 먼 데 사람이라고 속이는 듯하며 속미음은 연하여 자시오? 당신이 몸을 보호하여 가는 것이 날 보호하여 주는 것이니 그리 아시오.]

거셔도 년흐야 관겨치 아니흐오시옵. 나앗도다 흐여 겨오시나 나으실 이가 잇습 진정 나으시면 원외의셔 무옴이 위로되오랴마는 그러홀 이가 업스올 듯 흐오이다.〈추사–22, 1841년, 김정희(남편)→예안이씨(아내)〉

[당신도 연하여 괜찮으시오? 나았도다 하셨으나 나으실 리가 있소? 진정 나으시면 멀리서 마음이 위로가 되겠지마는 그러할 리가 없을 듯하오이다.]

첫 번째 편지는 내용으로 보아 추사가 유배 온 다음해인 1741년 윤3월 초에 쓴 것으로 보인다. 이 편지를 받기 얼마 전에 새해 처음으로 아내로부터 편지 한 통을 받고 그 후 연이어 편지를 받은 것을 두고 가까이 있는 듯하여 일시 위로가 된다고 말한 것이다.

그런데 아내의 병은 계속 좋지 않은 모양이다. 편지에서 괜찮다고 한 모양이지만 괜찮을 리 있겠느냐며 당신이 나를 속이는 것 같다고 말한다. 예안 이씨는 남편을 안심시키기 위해 거짓말을 한 것이다. 이후 추사의 편지에서 아내에게 계속 병의 안부를 묻고 있기 때문이다. 아내는 오히려 주변에 아픈 사람들만 얘기를 하여 자신이 아픈 사실에 대한 관심을 다른 사람에게 돌리기도 한다. 추사는 아내가 아프면 마음이 편할 리 없기 때문에 당신이 몸을 잘 보호하며 지내는 것이 날 보호하여 주는 것이니 그리 알라고 당부하고 당부한다.

양재완을 통해 20여 일이 지난 후에 보낸 편지에서도 "아내께서 나았다고 하여 계시나 나으실 리가 있겠습니까? 아내께서 진정으로 나으시면 멀리서 나의 마음이 위로가 될 것이지만은 나으실 리가 없을 듯합니다."라고 하여 병의 안부를 물으면서도 역시 아내가 속이고 있는 것처럼 생각을 한다. 그런데 추사의 이러한 의심은 사실로 확인이 된다. 다음의 편지에서 아내의 병이 심각함을 알 수 있기 때문이다.

경득 회편은 어니 쩍 드러갓습 그 후로는 선편이 거너가 막히여 쇼식을 오리 못 듯ᄌ오니 어느듯 동지가 지격ᄒ온디 미령ᄒ오심 엇더ᄒ오시옵 그 증이 졸연 이각이 어렵스오나 이동안 가감 동정이 엇더ᄒ오시고 발셔 석 달이 너머스오니 원긔 범절이 오쟉 픠ᄒ와 겨오시랴 이리 외오셔 동동 념녀 엇더타 ᄒ올 길이 업스오며 침식 범빅은 엇더ᄒ옵 이동안은 무슴 약을 즈시며 아조 위셕ᄒ야 지내옵 간졀ᄒ 심녀 가스록 지졍치 못ᄒ개옵 …… 게셔 병환으로 쥬쇼의 동동ᄒ야 쇼식지 셕셕 듯지 못ᄒ오니 더고나 됴민 훈쟉ᄒ야 못 견더들 ᄒ옵 하쇽들은 다 일양이오니 다힝이옵 …… 므슴 인편 이실지 대강 두어 즈 안부만 이리 부치오니 쾌히 평복이 되신 쇼식 이리 날로 기둘이옵 그스이 경초션 편으로 응당 므어시나 부쳐 겨실 듯ᄒ오나 병환 듕 심녀되여 겨실 일 이리 념녀오며 셔울셔들은 엇지들 지내고 미동셔 동졀을 당ᄒ야 오쟉ᄒ오시랴 이치일 길이 업습 임인 지월 십스일 샹쟝 싱진이 지격ᄒ오시니 아희들ᄒ고 훈가지로 지내오실 일 요요히셔 싱각ᄲᅮᆫ이옵〈추사-31, 1842년, 김정희(남편)→예안이씨(아내)〉

[경득이 돌아가는 편에 보낸 편지는 어느 때 들어갔소? 그 후로는 선편이 거래가 막히어 소식을 오래 못 들으니 어느덧 동지가 가까운데 편찮으심 어떠하시오? 그 증이 졸연 완전히 낫기 어려우나 더하고 덜하신 상태가 어떠하시고 벌써 석 달이 넘었으니 원기 모든 것이 오죽 패하였으랴 이렇게 멀리서 동동 염려 어떻다 할 길이 없으며 자고 먹는 모든 것은 어떠하오? 이동안은 무슨 약을 자시며 아주 자리에 누워 지내오? 간절한 심려 갈수록 진정하지 못하겠소. …… 당신이 병환으로 밤낮 동동하여 소식을 썩썩 듣지 못하니 더구나 마음이 조급하고 애가 타서 못 견디어들 하오. …… 인편이 너무 없기에 제주 성에나 무슨 인편 있을지 대강 두어 자 안부만 이렇게 부치니 쾌히 평소처럼 회복하신 소식 이렇게 날로 기다리오. 그사이 경초선 편으로 응당 무엇이나 부치셨을 듯하나 병환 중에 심려되었을 일 이렇게 염려하며 서울에서들은 어찌들 지내고 미동에서 겨울철을 당하여 오죽하시랴 잊힐 길이 없소

…… 임인(1842년) 11월 14일. 올림. 생신이 가까우니 아이들하고 함께 지내실 일 멀리서 생각뿐이오.]

이 편지는 1842년 11월 14일에 보냈다. 앞의 편지에서도 병에 대한 걱정이 심했는데 이 편지에서는 아내의 병은 낫기 어려운 병인데 상태가 어떠한지, 조금의 차도가 있는지 궁금해 하며 세 달 동안이나 소식을 모르니 멀리서 발을 동동거리며 염려하는 모습이 눈에 선명히 그려질 정도로 묘사되어 있다. 먼 곳에서 아내에게 바랄 수 있는 일은 "쾌히 평소처럼 회복하신 소식 이렇게 날로 기다리는 것"뿐이다.

그런데 이 편지는 아내가 읽지 못했다. 아내가 죽은 줄도 모르고 죽은 다음 날 쓴 것이다. 추사의 아내가 죽은 때가 1842년 11월 13일인데 이 편지는 14일에 썼다. 아내가 죽은 줄 모르는 상황에서 어떠한 약을 먹는지, 아주 자리에 누웠는지 알지 못하여 얼마나 마음이 조급하고 애가 탔을 것인가? 사연 중에 "이동안은 무슨 약을 자시며 아주 자리에 누워 지내오? 간절한 심려 갈수록 진정하지 못하겠소 …… 당신이 병환으로 밤낮 동동하여 소식을 썩썩 듣지 못하니 더구나 마음이 조급하고 애가 타서 못 견디어들 하오" 하는 대목이 새삼 심금을 울린다. 아내가 죽은 줄도 모르고 다가올 생일에 아이들과 함께 지낼 모습을 그리는 모습은 더욱 더 안타깝다.

그런데 이 편지를 쓴 후 곧바로 아내의 병세가 여전히 나아지지 않고 있다는 아우(상희)의 편지를 받는다. 이 편지를 쓴 지 나흘째 되는 날인 11월 18일에 또 한 장의 편지를 쓴다.

추사가 아내에게 보낸 마지막 편지
급히 쓴 편지라 다른 편지에 비해 글씨가 혼란스럽다
추사-32, 1842년, 김정희(남편)→예안이씨(아내)

　　전편 편지 부치온 것이 인편의 혼가지로 갈 듯ᄒ오며 그ᄉ이 시 본관 오는
편의 녕뉴의 편지 보오니 이ᄉ이 년ᄒ야 병환을 쩌지 못ᄒ오시고 일양 진퇴
ᄒ시나 보오니 발셔 여러 달을 미뉴ᄒ오셔 근녁 범빅이 오쟉ᄒ와 겨오시개습
우녹젼을 ᄌ시나 보오니 그 약의나 쾌히 동명이 겨시올지 원외셔 심녀 초졀
ᄒ옵기 형용 못 ᄒ개습 나는 젼편 모양이오며 그져 쇼양으로 못 견듸개습 갑
쇠을 아니 보내올 길 업셔 이리 보내오나 그 가는 모양 춤측ᄒ오니 긱듕의 쏘
일층 심회을 뎡치 못ᄒ개습 급히 쩌나 보내기 다른 ᄉ연 길개 못ᄒᆷ 임인 지
월 십팔일 샹장〈추사-32, 1842년, 김정희(남편)→예안이씨(아내)〉

　　[전편 편지 부친 것이 인편에 함께 갈 듯하며, 그사이 새 본관이 오는 편에
영유의 편지 보니, 이사이 연하여 병환을 떼지 못하시고 한결같이 덜했다 더
했다 하시나 보니 벌써 여러 달을 편찮으시어 모든 근력이 오죽하시겠소? 우
록전을 자시나 보니 그 약에나 쾌히 차도가 있을지 멀리서 심려 초조하고 간
절하기 형용 못 하겠소. 나는 전편 모양이오며 그저 가려움증으로 못 견디겠

소. 갑쇠를 아니 보낼 길 없어 이렇게 보내나 그 가는 모양이 참혹하고 딱하니 객중에 또 한층 심회를 진정하지 못하겠소. 급히 떠나보내기에 다른 사연 길게 못 하오 임인(1842년) 11월 18일. 올림.]

새로 부임한 본관이 제주도에 오는 편에 아우 상희의 편지를 받아 보고 아내의 병이 한결같이 더했다가 덜했다가 하는 정도인 것을 알게 된다. 더욱이 아내의 병에 우록전이라는 약이 빨리 효과가 있을지 마음을 졸이며 초조해 하고 있다. 추사는 무엇인가 예감을 했는지 유배지에서 수발을 들고 있던 갑쇠를 급히 보낸다. 갑쇠가 가는 모양이 참혹하고 딱하다고 하였는데, 결국은 갑쇠의 뒷모습이 추사의 모습이 되어 버렸다. 이 편지는 추사가 아내에게 쓴 마지막 편지가 되어 버렸기 때문이다.

아내의 소상이 가까웠으나 나는 멀리서 예와 같이 지내지 못하니 더욱 슬프다

추사가 아내의 부고를 받고 애통한 심정으로 쓴 '아내예안이씨애서문(夫人禮安李氏哀逝文)'에 따르면, 추사가 그 부고를 받은 것은 다음해 정월 15일이다. 아내가 죽은 지 두 달 만에 소식을 들었다. 위리안치(圍籬安置)되어 있어 아내의 상사에 가 보지 못하는 심정을 오죽할까. 박정숙(2017)의 표현처럼 추사는 죄인의 몸이라 아내의 상례를 직접 치를 수 없었던 자신의 처지를 애통해하다가 정화수를 올린 후 상투를 푼 다음 예산이 있는 북쪽 하늘을 향하여 비통한 심정을 애서문(哀逝文)으로 토해 내었다.

임인년 11월 을사삭(乙巳朔) 13일 정사에 아내가 예산(禮山)의 추사(楸舍)에서 일생을 마쳤는데 다음 달 을해삭(乙亥朔) 15일 기축의 저녁에야 비로소 부고가 해상(海上)에 전해 왔다.

그래서 부(夫) 김정희는 설위(設位)하여 곡을 하고 생리(生離)와 사별(死別)을 비참히 여기며 영영 가서 돌이킬 수 없음을 느끼면서 두어 줄의 글을 엮어 본집에 부치어 이 글이 당도하는 날 그 궤전(饋奠)을 인하여 영궤(靈几)의 앞에 고하게 하는 바이다.

어허! 어허! 나는 행양(桁楊)*이 앞에 있고 영해(嶺海)**가 뒤에 따를 적에도 일찍이 내 마음은 흔들리지 않았는데 지금 한 아내의 상을 당해서는 놀라고 울렁거리고 얼이 빠지고 혼이 달아나서 아무리 마음을 붙들어 매자도 길이 없으니 이는 어인 까닭이지요.

어허! 어허! 무릇 사람이 다 죽어갈망정 유독 아내만은 죽어가서는 안 될 처지가 아니겠소. 죽음이 있어서는 안 될 처지인데도 죽었기 때문에 죽어서도 지극한 슬픔을 머금고 더 없는 원한을 품어서 장차 뿜으면 무지개가 되고 맺히면 우박이 되어 족히 부자(夫子)의 마음을 뒤흔들 수 있는 것이 행양보다 영해보다 더욱더 심했던 게 아니겠소

어허! 어허! 삼십 년 동안 그 효와 그 덕은 종당(宗黨)이 일컬었을 뿐만 아니라 붕구(朋舊)와 외인(外人)들까지도 다 느껴 칭송하지 않는 자 없었소 그렇지만 이는 인도상 당연한 일이라 하여 아내는 즐겨 받고자 하지 않았던 것이었소 그러나 나 자신은 잊을 수 있겠소

예전에 나는 희롱조로 말하기를 "아내가 만약 죽는다면 내가 먼저 죽는 것이 도리어 낫지 않겠소"라 했더니, 아내는 이 말이 내 입에서 나오자 크게 놀라 곧장 귀를 가리고 멀리 달아나서 들으려고 하지 않았던 거요. 이는 진실로 세속의 부녀들이 크게 꺼리는 대목이지만 그 실상을 따져보면 이와 같아서

내 말이 다 희롱에서만 나온 것은 아니었었소

지금 끝내 아내가 먼저 죽고 말았으니 먼저 죽어가는 것이 무엇이 유쾌하고 만족스러워서 나로 하여금 두 눈만 뻔히 뜨고 홀로 살게 한단 말이오 푸른 바다와 같이 긴 하늘과 같이 나의 한은 다함이 없을 따름이외다.〈아내예안 이씨애서문(夫人禮安李氏哀逝文)〉

* 행양(桁楊): 형구(刑具)로 목과 다리에 채우는 일.

** 영해(嶺海): 오령(五嶺)의 남쪽, 근해의 변지(邊地)로 유배간다는 뜻.

추사는 애서문의 서문에서 형구로 목과 다리에 채우고 먼 제주도로 유배올 때도 자신의 마음은 흔들리지 않았는데, "지금 한 아내의 상을 당해서는 놀라고 울렁거리고 얼이 빠지고 혼이 달아나서 아무리 마음을 붙들어 매자 해도 길이 없으니 이는 어인 까닭이지요."라고 하면서 자신의 당황스럽고 얼이 나가고 침통한 마음을 표현하고 있다. 그리고 평소에 농담조로 말한 "아내가 만약 죽는다면 내가 먼저 죽는 것이 도리어 낫지 않겠소?"라는 말이 진실로 농담만은 아니었다고 고백을 하고 있다. 애서문을 통해 남편 추사의 아내에 대한 깊고 깊은 사랑을 진정으로 느낄 수 있다.

아내가 죽은 후 소상이 가까워진 때에 보낸 편지에서도 여전히 아내를 그리며 슬퍼하고 있는 모습이 보인다.

쇼상이 격월ᄒᆞ나 여녜이 지내지 못ᄒᆞ니 더욱 비결ᄒᆞ다. …… 겨묘 십월 초십일 구.〈추사-33, 1843년, 김정희(시아버지)→풍천임씨(며느리)〉

[아내의 소상이 가까웠으나 나는 멀리서 예와 같이 지내지 못하니 더욱 슬프다.]

아내가 죽은 지 1년이 다 되어 가는 소상을 앞두고 추사가 며느리인 풍천 임씨에게 보낸 편지이다. 며느리에게 이런 표현을 하기 쉽지 않음에도 편지에서 그 슬픔을 적극적으로 표현하고 있다.

그 슬픔을 이길 수 없었는지 추사는 다음과 같은 시를 지었다.

那將月姥訟冥司 (나장월모송명사)

來世夫妻易地爲 (내세부처역지위)

我死君生千里外 (아사군생천리외)

使君知我此心悲 (사군지아차심비)

중신 할매 내세워 명부에 소송을 해서라도

다음 생에서는 부부가 바꿔 태어나

나는 죽고 당신은 살아 천 리 밖에 남는다면

이 마음 이 슬픔을 그대가 알련마는

추사는 '나의 이 기막힌 슬픔을 도저히 표현할 길이 없으니 남녀 간의 인연을 맺어주는 월하노인에게 송사라도 하여 다음 세상에서는 우리가 부부로 만나되 그때에는 부부가 서로 바뀌어서 당신이 지금의 나의 처지에 있어 보아야 비로소 나의 이 비통한 심정을 그대가 알 수 있을 것'이라며 먼저 간 아내에게 자신의 심정을 하소연하고 있다.(박정숙 2017:222)

참으로 아내에 대한 사랑이 깊었기에, 아내의 죽음에 대한 슬픔이 컸기에, 다음 생에서는 그대가 내가 되어 나의 이 비통함을 겪어보라고 저주하듯 역설적으로 선생의 슬픔과 한을 보여 주는 시이다.

아내를 잃은 슬픔은 너무도 놀라워 견딜 수가 없네

지금도 동반자였던 아내나 남편을 먼저 떠나보낸 데 따른 슬픔은 이루 말할 수 없다. 그 슬픔을 못 이긴 나머지 홀로 된 배우자 중 상당수가 남은 삶을 우울감에 시달리며 보내곤 한다. 추사도 크게 다르지 않았다. 며느리에게 보낸 편지나 아내를 그리는 시에서 그런 마음을 충분히 보여주고 있다.

추사는 애서문에서도 표현했지만 아내보다 하루라도 먼저 죽기를 바랐다. 『완당전집』에 다음과 같은 글이 나온다.

예식은 생략하오며, 현합(賢閤, 상대방의 아내를 말함)께서 갑자기 세상을 떠나셨으니 시하의 애절한 사정과 반합(牉合, 반쪽과 반쪽이 합쳐 일체가 된다는 뜻으로 남녀가 결혼함을 이르는 말)의 의가 중함을 생각할 때 슬픔과 서러움을 억제하시기 어려울 줄 아옵니다. 오늘날 왕성하고 융숭한 가정으로서 구름 일듯 노을 퍼지듯 길한 상서가 서리고 서릴 텐데, 무슨 까닭으로 이런 휴기(隳機)가 있었는지 믿어지지 않는구려.

불녕(不佞)도 이 경지에 익숙해서 자못 그 고초를 알거니와 젊었을 때도 있어서는 아니 되며, 늙었을 때에는 더욱더 아니 되는 일이니, 만약 그렇다면 언제고 되는 때는 없을 것이나 필경에 하나는 먼저 가고 하나는 뒤로 가는 것은 면치 못할 것이며, 만약 면치 못할진대 팔십 구십에 이르러 그 먼저와 뒤를 다툴 때 누가 먼저 가는 것이 타당할지 모를 것이나 다만 이 세상에 살자면 아마 하루라도 차군(此君, 아내)이 없어서는 안 될 것입니다. 어떻다고 생각하십니까?

시하(侍下)에 계신 영감의 복체(服體) 창황(悄悅)하고 비탄한 나머지에 과한 손상이나 없으신지 깊이 정을 억눌러 자당님 심려를 위로해 드리소서. 이마에

손을 얹고 비오며 갖추지 못하고 삼가 아뢰옵니다.

아내를 잃은 다산 정약용에게 보낸 편지이다. 추사는 두 아내를 먼저 보냈으니 다산의 마음을 누구보다 더 잘 알 것이다. 그래서 다산에게 슬픔과 서러움을 억제하기 어려울 줄 안다면서, 자신은 이 경지에 익숙해서 그 고초를 안다고 말하고 있다. 그리고 아내 없이 몇 해를 살아 본 자신이 느낀 마음을 이야기한다. 애서문에서 아내가 만약 죽는다면 내가 먼저 죽는 것이 도리어 낫다고 한 것처럼, 정약용에 보내는 편지에서도 남편과 아내가 팔구십에 앞뒤를 다툰다면 하루라도 아내가 없어서는 안 될 것이라고 하였다. 그만큼 사랑하는 아내 없이 살아가는 것이 너무나도 힘들었기 때문이다.

언제까지나 그리워할 수는 없기에 세월이 흐르면서 아마도 그리움과 우울감을 견디어 내는 방법을 고안해 낸 듯하다. 『완당전집』에 다음과 같은 글이 나온다.

아내를 잃은 슬픔은 너무도 놀라워 견딜 수가 없네. 이 일은 비단 노년 중년이 당해서는 안 될 뿐 아니라 소년도 역시 당해서는 안 되는 것이니 이는 이른바 하루도 없어서는 안 되는 것이라 차군(此君)과 더불어 마찬가지라네.

나도 일찍이 이 경지를 겪어서 그 달고 쓴 것을 익히 알기에 말일세.

마음을 가라앉히고 생각을 녹이자면 종립(椶笠, 종려나무 삿갓)과 동극(東屐, 오동나무 나막신)으로 벗을 삼아 산 빛깔 강소리 사이에 소요하며 낭만을 노래하는 것만 같음이 없다네.

한번 시험해 보지 않으려나. 이 땅은 비록 천태(天台, 산 이름)·안탕(雁宕, 산 이름)의 승경은 없을망정 과히 높지 않은 푸른 메뿌리와 한 줄기 푸른 샘이 그림에도 마땅하고 시에도 마땅하며 더욱이 근일에 와서는 녹음이 눈에 가득하고 마을의 하루는 한 해와 같이 기니 그대 생각이 몹시 나서 견딜 수 없었는데 그 사이 겪은 재앙이 이와 같이 심할 줄은 꿈엔들 생각했겠는가. 편지를 받아보니 마음 둘 곳이 없네.

이상적(李尙迪)의 문하에서 한어(漢語)와 서화를 공부하고 추사의 학문을 계승한 오경석(吳慶錫)이 아내를 잃었다는 소식을 듣고 추사가 위로하기 위해 보낸 편지이다. 너무 놀라워 견딜 수 없는 아내 잃은 슬픔을 자신도 겪어 보았기 때문이 익히 알고 있다면서 오경석을 위로하고 있다. 그러면서 마음을 가라앉히고 생각을 녹이는 방법으로 "종려나무 삿갓과 오동나무 나막신을 신고 산 빛깔 강 소리 사이에 소요하며 낭만을 노래하는 것"을 오경석에게 일러 준다. 실제로 추사가 그렇게 했는지 모르겠지만 아마도 아내 잃은 슬픔은 쉽게 치료되지 않았을 것이다.

참고문헌

박정숙(2017), 『편지로 꽃피운 사랑과 예술 조선의 한글편지』, 도서출판 다운샘.

배영환(2015), 「추사의 제주 유배 언간에 나타난 어휘의 특징」, 『인문학연구』 18, 제주대
　　학교 인문학연구소, 105-132.

백두현(2015), 『한글 편지에 담긴 사대부가 부부의 삶』, 한국학중앙연구원출판부.

유홍준(2002), 『완당평전』, 학고재.

이호순(2005), 「추사 김정희의 문인화 연구」, 경희대학교 교육대학원 석사학위논문.

정창권(2020), 『천리 밖에서 나는 죽고 그대는 살아서』, 돌베게.

나는 병들고 네 어머니는 시샘을 너무 하여 병드니

<순천김씨묘출토간찰>을 통해 본 김훈의 남편과 아버지로서의 두 모습

순천 김씨 묘에서 출토된 편지

1977년 충북 청원군 북일면에서는 비행장을 건설하기 위한 대대적인 토목 공사가 진행되고 있었다. 이에 따라 비행장 터로 선정된 마을의 주민들은 이주를 하고 조상님들의 묘도 이장을 서둘렀다. 이러한 상황에 북일면 외남리 쇠내 야산에서 채무이(蔡無易)의 두 번째 부인이었던 순천 김씨의 묘를 이장하게 되었는데, 여기에서 관 안에 있던 언간을 비롯한 부장품이 세상에 모습을 드러냈다. 관을 열자 40대로 추정되던 순천 김씨는 미라 상태 그대로였다. 순천 김씨의 관 안에는 생전에 신었던 것으로 보이는 가죽신과 착용하던 의복 등의 부장품이 가지런히 놓여 있었다. 그리고 미라와 관 사이의 공간을 종이 뭉치가 메우고 있었다. 그 종이뭉치를 펴 보니 수백 년 세월의 무게를 이겨낸 한글편지, 즉 언간이었다. 편지는 한지에 꼼꼼히 적혀 있었는데, 크기가 일정하지 않고 제각각이었다. 편지의 매수는 무려 192장으로 그때까지 한 번에 발견된 편지로는 최대의 분량이었다. 그 중에 언간은 189장이고 3장만이 한문 편지 즉, 간찰이었다. 글씨체는 한문의 행서나 초서를 모방하여 속필로 흘려서 빠르게 쓰는 효빈체였고, 상하좌우나 후면까지도 빼곡히 적어서 지면을 철저히 이용하였다.

192장의 편지는 누가 보내고 받은 것일까? 모든 편지를 다 순천 김씨만 받은 것일까? 가계도를 보면서 살펴보자.

김훈의 가계도

경상도 청도에서 찰방 벼슬을 지낸 순천 김씨의 가문인 김훈은 아내로 신천 강씨를 얻어 모두 일곱 명의 자녀를 두었다. 딸은 하만택, 이충정, 채무이, 민기서에게 시집간 네 명의 딸을 두었다. 아들은 여흘, 여물, 여율로 세 명을 두었다. 이 중 채무이에게 시집간 셋째딸이 이 묘의 주인공인 순천 김씨이다.

192장의 편지 중에는 순천 김씨와 관련된 편지가 가장 많다. 친정어머니인 신천 강씨가 순천 김씨에게 보낸 것이 117건으로 주를 이룬다. 신천 강씨가 아들, 여동생, 올케, 사위 등에게 보낸 편지가 11건이다. 남편인 채무이가 순천 김씨에게 보낸 편지는 41건이다. 아버지 김훈은 딸과 며느리에게 10건의 편지를 보냈다. 남동생인 여흘과 여물이 순천 김씨에게 보낸 편지도 각각 한 통씩 있다.

편지에는 시집간 딸이 그리워 애태우는 모정, 병들고 가난한 노년의 절박함, 출타한 남편의 집안 걱정과 안부 등 인간적인 정과 진솔함이 그대로 담겨 있다. 또한 주인과 종 사이에서 벌어지는 미묘한 갈등에서 양잠하고 김쌈하며 물들이기로 쉴 새 없이 일하는 여인네의 고달픔까지 무척이나 생생하다.

이 장에서는 순천 김씨의 묘에서 출토된 편지 가운데 김훈의 편지를 중심으로 묘의 주인인 순천 김씨의 시아버지인 김훈의 남편으로서의 모습과 아버지, 시아버지로서의 모습을 살펴보고자 한다.

김훈은 청주목사를 지낸 김수렴(金粹濂)의 아들이자 창원대도호부사를 지낸 강의(康顗)의 사위로 성현역(省峴驛, 지금의 경상도 청도)의 찰방을 지낸 인물이다. 편지에 "여슈니 말자 찰방 되니(예순에 맨끝 찰방 된 사람)"를 참고하면 아주 늦은 나이인 60에 찰방 벼슬에 오른 것으로 추정된다.(조항범 1998:11 참조)

〈순천김씨묘출토간찰〉에서 김훈이 보낸 편지는 모두 10건이다. 김훈이 쓴 편지만으로는 김훈이라는 사람의 남자로서의 역할을 살펴보기에는 너무 부족하기에 부인인 신천 강씨가 쓴 편지를 덧붙여 살펴보기로 한다.

네 어미 투기도 아주 요동 없으니

김훈이 쓴 10통의 편지는 그 내용이 실용적인 목적이라기보다는 대부분 부모와 자식 간의 정리에 관한 것이다. 그중에서도 눈길이 가는 편지는 부부간의 갈등에 관한 내용이다.

나는 벼술도 과그리 브리디 몯ᄒ고 인싱은 다 사랏고 네 모시 ᄒ 투긔도 요동 업ᄉ니 내 ᄆᆞ슴도 역시미 나니 두어라 엇찌리 시브니 내 ᄆᆞ슈몬 아모 ᄃᆡ

도 브툰 디 업시 인노라〈순천김씨묘-083, 1550~1592년, 김훈(아버지)→순천김씨 (딸)〉

[나는 벼슬도 과감히 버리지 못하고 인생은 다 살았고, 네 어미 투기도 아주 요동 없으니 내 마음도 역심이 나지만 두어라 어찌하겠는가 싶으니 내 마음은 아무 데도 의지할 곳 없이 있다.]

나는 병들고 네 어마님 새옴 너모 ᄒᆞ여 병드니 너희는 아니 오라 상ᄉᆞᄂᆞᆯ 볼가 ᄒᆞ노라. 그리 블통ᄒᆞᆫ 사ᄅᆞ미 어디 이시리 졍 무진ᄒᆞ건마ᄂᆞᆫ 긋바 이만ᄒᆞ노라〈순천김씨묘-078, 1550~1592년, 김훈(아버지)→순천김씨(딸)〉

[나는 병들고 네 어머님 시새움을 너무 하여 병드니 너희는 오래지 않아 상사를 볼까 한다. 그리 불통한 사람이 어디 있겠느냐? 정은 무진하지마는 숨이 가빠 이만한다.]

위 편지 내용만을 보면 김훈의 부인인 신천 강씨는 김훈에게 상당한 투기를 부린 것 같다. 딸자식에게 보낸 편지에서 부인의 투기(妬忌)가 아주 요동이 없어서 그러한 행동에 자신의 마음도 화가 나지만 어찌하겠느냐고 하거나, 자신의 병이 부인의 시샘 때문이라며 머지않아 죽을 것 같다고 그리고 그렇게 불통한 사람이 어디 있겠느냐며 딸에게 직접적으로 하소연하고 있다. 투기는 조선시대 칠거지악(七去之惡)의 하나였으므로 부인을 내칠 만한 것이었다. 딸에게까지 의지할 곳이 없다거나 병이 걸려 곧 죽을 것 같고 숨이 가쁘다고 할 정도로 이유 없이 부인의 투기가 심했던 것이었을까? 실상을 들여다보면 그런 것 같지는 않다.

아바니미 이제 ᄃᆞ렷던 녀ᄂᆞᆫ ᄉᆞ랑코 그 쳐비라 어든 거슨 ᄉᆞ랑을 아니ᄒᆞ고

그거시 망녕되고 어린 녀이니오 이눈 간사코 괴란코 즈시긔 마리나 죵의 마
리나 죄 할오 오로 그 녀녀게 드리와다 자내 거술 맛디고 ᄉ랑ᄒ니 이를 어느
룰 두어사 ᄒ릴고 식베라 아마도 내 오래 몯 살 거시니 쇽져른 업다 내 셜운
ᄠ든 ᄉ나희 ᄌ식 모ᄅ고 하 미양 용시미 나니 사던 몯ᄒ로다〈순천김씨묘-031,
1550~1592년, 신천 강씨(어머니)→순천김씨(딸)〉

[아버님이 이제 데리고 있던 년은 생각하고 그 첩이라 얻은 것은 생각을
아니하고 그것이 망령되고 어리석은 여인이고 이는 간사하고 꾀 많고 자식의
말이나 종의 말이나 모두 헐뜯고 오로지 그 년에게 붙어서 당신 것을 맡기고
생각하니 이것을 누구를 두어야 하리 할까 싶구나. 아마도 나는 오래 살지 못
할 것이니 속절은 없다. 내 서러운 뜻은 남편과 자식이 모르고 늘 몹시 용심
이 나니 살지는 못 하겠구나.]

이 편지는 신천 강씨가 딸인 순천 김씨에게 보낸 것이다. 이 편지의 내용
을 보면 신천 강씨가 김훈에게 투기를 부린 이유를 알 수 있다. 곧 첩의 문
제이다. 앞에서도 언급한 바와 같이 김훈은 60이 되어 청도군 남성현 역에
서 종6품의 찰방(察訪)직에 부임했던 인물이다. 이 편지에서 보는 바와 같이
찰방시절에 첩을 두었고 이로 인해 순천 김씨와 많은 갈등을 겪었던 것으
로 생각된다. 김훈이 얻은 첩은 신천 강씨 입장에서 볼 때 어리석은 여인이
고 간사하고 꾀도 많으며 자식의 말이나 종의 말을 모두 헐뜯고 하는 인물
이었기에 첩을 얻은 남편 김훈에게 불만이 많았던 것이다. 신천 강씨의 다
른 편지에서 첩은 얻은 김훈에 대한 밉고 안타까운 마음이 나타난다.

편지를 통해 알 수 있는 사실은 김훈은 처음부터 첩을 얻고자 하는 마음
을 가졌었다는 것이다. 다음 편지에 그러한 내용이 나타난다.

처어믄 첩 홀 □몰 아냐 날 고로이 사다가 쵸보게 ᄒ고 아무란 거시나 의
지호려더니 져기 호화히 되니 첩 ᄆᅀᆞ미 나 뎌련 쳐블 ᄒ니 내 이리 아니 어
엿브고 셜오냐〈순천김씨묘-154, 1550~1592년, 신천 강씨(어머니)→순천김씨(딸)〉

[처음은 첩을 얻을 □□ 아니하여 매일 괴롭게 살다가 초복에 하고 아무런
것이나 의지하려고 했더니 적이 호화롭게 되니 첩을 얻고자 하는 마음이 나
서 저런 첩을 얻으니 내 이렇게 불상하고 서러우냐.]

위의 편지를 통해 김훈이 어떠한 과정을 통해 첩을 얻었는지를 알 수 있
다. 김훈은 첩을 얻고자 하는 마음은 있었지만 첩을 얻을 수 없었다. 집안의
형편이 어려웠기 때문이다. 그러나 60대에 찰방이라는 벼슬을 하면서 조금
은 살만하게 되니, 첩을 얻고자 하는 마음이 생겨 첩과 술을 가까이 했으며
첩을 얻는 과정에서 부인과도 많이 다투었음을 짐작할 수 있다. 이렇게 첩
을 얻은 김훈은 부인과 상당한 갈등을 겪는데, 첩에 대해 부인과 김훈의 생
각은 상당히 달랐던 것으로 편지에 나타난다. 부인 신천 강씨는 첩으로 인
해 자신이 병들고 남편과 말도 통하지 않는다고 생각하지만 김훈은 이를
투기나 시새움 정도로 생각하고 그러한 투기나 시새움 때문에 자신이 병이
난 것으로 생각하고 있는 것이다.(김무식 2007 참조) 남편에 대한 신천 강씨의
마음은 다음 편지에서 확인할 수 있다.

심열 이셔 이런 셰원된 거술 보면 ᄆᅀᆞ미 어즐히여 몯 ᄒ니 너희는 나눌
사란는가 녀겨도 이싱애 얼굴만 인노라. 자내도 겨지블 업시 인노라 ᄒ여 역
졍ᄒ고 격히 되니 늘ᄀ티 사니 의논도 몯 ᄒ노라〈순천김씨묘-029, 1550~1592
년, 신천 강씨(어머니)→순천김씨 및 그 여동생(딸들)〉
[심한 열이 있어서 이런 셰원(勢援: 기세를 올리는 것)된 것을 보면 마음이

어찔하여 못 하니 너희는 나를 살아 있는가 여겨도 이생에는 얼굴만 있느니라. 당신(남편인 김훈)도 첩 없이 지낸다고 하며 나에게 역정을 내고 격하니 남같이 살게 되니 의논도 못 하노라.]

이버는 사라셔도 무슴물 잡디 몯힉여 네 아바님 제곰 두고 겨집 드린 후는 통히 혜랴 호디 자내는 겨집 드리고 됴히 살건댜 내 일 셜온댜 혜노라 힉니 용시미 일곡도 니치댜리니. 날 위힉여 업시 아닐 거시니 무슴 잡디 몯힉고 병은 디터 가니 똘즛시기사 보미 쉽디 몯힉다〈순천김씨묘-060, 1550~1592년, 신천 강씨(어머니)→순천김씨(딸)〉

[이번은 살아서도 마음을 잡지 못하여 네 아버님을 따로 두고, 계집을 데린 후에는 통하게 생각하랴 하되 "당신(자네)은 계집을 데리고 좋게 사느냐. 나의 일이 서럽구나"하고 생각하니 용심이 한 순간도 잊혀지겠느냐. 나를 위하여 첩 없이 아닐 것이니 마음을 잡지 못하고 병은 깊어 가니 딸자식이야 보기가 쉽지 못하다.]

쳐블 말와댜 훈 주룰 미미 노힉여셔 마노라힉고 응전 녀눌 드려다 주고 잇돈 믭댜닌 싀앗 말일다 내 이 녀니 믭댜니니 이는 쳐블 사모리라 잡말 말라 밝긔 치 믜웨라 믜웨라 힉고 쳐비라 얻디 말라 홀디 간나힉라 어던노라 뇌여 잡말 말라 코 이시니 므슴 말 힉리 아즁 혁고 듀일 드리고 닫고 드럿고 내게 유무도 세 주리려 더 아니힉느니라〈순천김씨묘-041, 1550~1592년, 신천 강씨(어머니)→순천김씨(딸)〉

[첩을 말라고 한 것을 늘 화가 나서 첩을 않는다고 하고 응전이의 여자를 데려다 주고 있더니, 믭다는 씨앗 말을 이른 것이다. 내 이년이 믭게 다니니 이는 첩을 삼으리라. 잡말을 말라. 밝게 치믭고 믭구나 하고 첩을 얻지 말라고

하니 계집아이를 얻었노라 다시 잡말을 말라 하고 있으니 무슨 말을 하겠느냐. 나의 병이 나고 종일 데리고 닫고 들었고 내게 편지도 세 줄에서 더 하지 않느니라.]

이 편지들의 내용은 신천 강씨가 남편이 첩을 얻은 사실에 대해 한탄하고 남편을 비난하는 내용이다. 첩으로 인하여 자신이 병들고 힘들며 종도 첩에게 가 있어서 자신이 어찌할 수 없고, 남편은 첩을 데리고 좋게 잘 것이며 자신과는 말이 통하지 않아 자신의 신세에 대해 자포자기한 상태를 보인다. 이는 남편의 관심으로부터 멀어지고 여러 가지 어려운 상황에 처해 있는 자신에 대한 한탄의 차원에서 한 걸음 더 나아가 자신으로부터 남편의 관심을 빼앗아 간 대상에 대한 비판으로 그 강도가 높아진 셈이다.(김무식 2007 참조) 김훈은 가난하던 시절을 지나서 조금 집안의 형편이 여유롭게 되면서 첩을 두었는데 이 때문에 다시 생활이 어려워진 것은 물론, 신천 강씨가 늙고 중병이 들었는데도 불구하고 첩을 얻어서 신천 강씨를 매우 속상하게 하고 있다. 부인이 병든 상태에서도 김훈은 밥도 제대로 먹지도 않고 주색에 빠져 있었다.

김훈의 이러한 행동은 부인에게 비난 받아 마땅한 일이다. 이에 대해 신천 강씨는 다음과 같이 비난하고 있다.

지샹 티 되니도 쳐비 업스니 만호더 여슈니 말자 찰방 되니 호화히여 쳐블ᄒ니 아ᄆ리 내 간고ᄒ여 셜워 이리 듕병 드러 이셔도 혜디 아니ᄒ니 그 애뽈고 노호오미사 어다다 견주리 …… 내 팔지 이리 사오나이 되어 잇거니 쇽져리라 츌히 궁히 삼긴 거시 벼스리나 말고라쟈 내 주려 주글ᄲ뎡 시버 슐드리 졀오니 내 이제 죽ᄂ다 ᄒ다 어엿블사 ᄒ랴(순천김씨묘-094, 1550~1592년, 신

천 강씨(어머니)→순천김씨(딸)〉

　　[재상 치 된 사람도 첩이 없는 사람이 많은데 예순에 맨끝 찰방 된 사람도
호화하여 첩을 얻으니 아무리 내가 간고하여 서러워 이렇게 중병 들어 있어
도 생각하지 않으니 그 애닯고 노여움이야 어디다 견주겠느냐? …… 내 팔자
이렇게 사납게 되어 있으니 어찌할 수 있겠느냐? 차라리 궁하게 하는 것이 벼
슬이나 그만두고 싶어 내 주리어 죽을망정 싫어 살뜰히 절이니 내가 이제 죽
는다고 한다 한들 불쌍하다 하랴?]

　특히, 신천 강씨는 남편인 김훈에 대해 정승의 반열에 올라도 첩을 두지
않는 사람이 많은데 하물며 말단 관직인 찰방의 벼슬에 올랐으면서도 호화
롭게 첩을 두고자 한다며 정면으로 비판하고 있다. 남편이 첩을 둔 것에 대
해 신천 강씨는 벼슬을 한 것 때문이라고 생각하고 있다. 심지어는 "내 팔
자 이렇게 사납게 되어 있으니 어찌할 수 있겠느냐?"에서처럼 모두 자신의
신세팔자와 벼슬의 탓으로 돌리고 있다.

　조선시대는 사회 구조상으로 볼 때 정부인과 첩에 많은 차이를 두었지만
분명히 첩실제도를 인정한 사회였으며 이에 대해 이의를 제기할 경우 칠거
지악(七去之惡) 중의 하나인 투기죄로 다스렸던 상황이었다. 그래서 김훈이
첩을 둔 것은 사회적으로 인정된 일이었다고 할 수 있다. 그렇지만 부인의
입장에서는 그것은 받아들일 수 없는 일이었고, 남편으로서의 역할을 제대
로 못 했기 때문에 비난의 대상이 되었던 것이다.

　김훈이 첩을 얻은 것처럼 사위도 첩을 얻었던 것으로 보인다. 이에 대한
김훈의 마음은 어땠을까?

　　민 셔방 안해는 버리더니 또 엇찌 드려가느니. 나는 이리셔 그 벼늘 건 동

나는 병들고 네 어머니는 시샘을 너무 하여 병드니 **165**

만 둔 드르니 아므란 줄 모르리로다. …… 아기네 둔디노라 죵민 하 둔디니 내 모음 먹는 뜯과 이리 다르니 지극 심심ᄒ예라 ᄒ다가 몯ᄒ여 사름 보내노라 어버이 되여 어렵다 믜오니도 믜디 몯ᄒ니 우숩다 우숩다〈순천김씨묘-061, 1550~1592년, 김훈(아버지)→순천김씨(딸)〉

[민서방은 아내는 버리더니 또 어찌 데려가느냐? 나는 여기서 그 변을 건둥만중 들으니 어떻게 된 것인지 모르겠구나. …… 그렇거니와 아기네 다니느라 종마가 몹시 다니니 내 마음 먹는 뜻과 이렇게 달라 지극히 심란하구나. 부득이하여 사람 보낸다. 어버이 되어 어렵다. 미운 사람도 미워하지 못하니 우습고 우습다.]

민 셔방 안해는 주건는가도 너겨 미양 셜오니 나 몯 가고 하 버뇌 몯 ᄡᅥ러 영그미롤 스므날 예서 내여 보내여 두 짓 ᄌ식 나히고 오라 ᄒ노라 …… 민 셔방 안해란 싀지비 안족 보내디 마오 이둘 너워리나 게 두어둔 겨지비 ᄒᆫ ᄃᆞ리 엇마놀 머그리 ᄌ식 나홀 더디나 간ᄉᆞ히여라〈순천김씨묘-068, 1550~1592년, 김훈(시아버지)→순천김씨 올케(며느리)〉

[민 서방 아내는 죽었는가도 여겨 매양 서러우니 나는 가지 못하고 번뇌 아주 떨치지 못하여 영금이를 스무날 여기서 내어 보내어 두 집의 자식 해산시키고 오려고 한다. …… 민 서방 아내는 시집에 아직 보내지 말고 이달이나 다음달이나 거기 두면 여자가 한 달에 얼마를 먹겠느냐? 자식 낳을 때나 건사하여라.]

첫 번째 편지는 사위인 민 서방[閔麒瑞]이 자신의 막내딸을 버렸는데 다시 데려가려 한다는 내용이다. 아마도 사위인 민기서에게 첩이 있었는데, 이로 인해 자신의 막내딸이 시집에서 쫓겨나게 되었으며 나중에 민기서가 다시 막내딸을 데려가려 했던 것으로 보인다. 당장 쫓아가고 싶지만 마음먹은 것과 달리 상황이 되지 않아 마음이 심란하여 사람을 보내기도 하였고, 어버이로서 민 서방이 밉지만 제대로 미워하지도 못하니 자신이 우스운 모양이다.

그런데 두 번째 편지에서는 민서방의 아내(막내딸)를 시집에 보내지 말고 한두 달 집에 데리고 있으라고 한다. "영금이를 보내어 자식 해산시키고 오려 한다."는 내용으로 보아 이때 막내딸은 출산을 앞두고 있었던 것으로 파악된다.

민 서방이 자신의 딸을 쫓아낸 것에 대해 김훈은 이중적인 모습을 보인다. 자신의 딸을 쫓아낸 것에 대해 어찌된 사실인지 궁금하기도 하고 놀랍기도 하며 다시 데려가려 할 때 보내지 말라고 하는 모습을 보이기도 하지만, 김훈 자신도 역시 첩을 데리고 있었기 때문에 큰 화를 내지 못하고 있는 것이다. 출산을 앞둔 딸에게는 안타까운 상황이지만 남자로서 첩을 둘 수 있다는 사실을 자신의 딸임에도 불구하고 인정하고 있는 것이다.

한 가지 흥미로운 사실은 신천 강씨가 남편이 첩을 들인 사실 때문에 괴로워하면서도 아들의 첩 문제에 대해서는 비교적 관대하다는 점이다.

그 어린 거시 싀지비셔 죵을 두엇더냐 므스 이룰 발완느니 닷 곱 밥븟니니 니블 거시나 내 몸 홀시 쳐블 엇덧거니 호고 본더 히여 주디 말 것 아니가마는 제조차 아려셔 그러히예라 네 오라비 옷 하 몯 어더 니버 쳐블 얻고져 호거든 내 저 어엿버 어더 주어 오시나 두드기 니피고져 호다가도 내 ᄆᆞ미나 다릭랴 너겨 머초워 몯 호게 호다니 며느리사 내 졍 모릭고 구지럼ᄀᆞ티 호거니ᄯᅡ나마는 나는 다 혜아리고 아니타니마는〈순천김씨묘-034, 1550~1592년, 신천 강씨(어머니)→순천김씨(딸)〉

[그 어리석은 것이 시집에서 종을 두었더냐? 무슨 일을 추구하냐? 다섯 곱

밥뿐이니 입을 것이나 내 못하므로 첩을 얻었거니 하고 본래 하여 주지 말 것
아니냐마는 저조차 알아서 그러하구나. 네 오라비가 옷을 하도 못 얻어 입어
첩을 얻고자 하면 내가 저 불쌍하여 얻어 주어 옷이나 두둑히 입히고자 하다
가도 내 마음과 다르겠는가 여겨 멈추어 못하게 하였는데 며느리야 내 정 모
르고 꾸지람처럼 생각하였지만 나는 다 헤아리고 아니하였지마는]

위 편지에서 아들이 며느리에게 옷을 하도 못 얻어 입어서 아들도 첩을
얻고자 한 것으로 보이는데 며느리를 생각해서 그렇게 할 수 없음을 말하
고 있다. 그런데 자신도 첩 문제로 고통을 받았음에 불구하고 아들의 첩 문
제에 대해서는 상당히 너그러운 태도로 접근하고 있음을 볼 수 있다. 당시
의 시대 상황 속에서 여성이 가지고 있었던 첩에 대한 이중적 의식을 충분
히 짐작할 수 있게 한다.(김무식 2007 참조)

요컨대 김훈은 아내 신천 강씨에게 좋은 남편이 되지는 못했다. 10건의
편지 속에서 아내에 대한 마음이 나타나지 않은 것도 그렇거니와 딸들에게
보낸 신천 강씨의 편지 속에서 남편의 다정한 모습은 찾아보기 어렵기 때
문이다. 남편으로서의 역할을 제대로 하지 못하고 첩을 들여 부인 신천 강
씨의 마음을 아프게 하고 심지어는 자살을 생각하는 마음이 들 정도로 부
인을 힘들게 한 남편이었다.

일반적으로 남자가 부인에게 보낸 편지에는 아내를 걱정하는 마음이 들
어 있다. 지금까지 발견된 편지들 가운데 아내에게 보내는 편지는 대부분
아내를 걱정하는 마음에서부터 시작된다. 그런데 김훈의 편지에서는 그러
한 편지를 발견할 수 없다.

김훈은 찰방 관직을 할 때 아내와 같이 살았지만 첩을 얻으면서 따로 떨
어져 살았던 것으로 추정된다. 이러한 사실은 신천 강씨가 딸에게 보낸 편

지에서 추측할 수 있다. 이때 김훈은 신천 강씨에게 많은 편지들을 보냈을 것이다. 그러나 그러한 편지가 지금은 한 건도 남아 있지 않다. 그러한 편지들이 남아 있다면 김훈과 신천 강씨의 관계를 좀 더 파악할 수 있었을 것이다. 편지가 남아 있지 않은 이유가 혹시나 김훈이 보낸 편지를 미운 마음에 신천 강씨가 다 불태워 버린 것은 아닐지.

지극히 기쁘고 기쁘구나

김훈이 첩을 얻어 부인 신천 강씨의 마음을 아프게 하였지만, 아버지로서 딸자식에 대한 마음과 시아버지로서의 며느리에 대한 마음을 보여 주기도 한다.

> 셩원 드려간 사룸 오나눌 됴히 인는 안□ 알고 깃게라. 모믄 무스히 브린다 므서술 나호고 내 너교디 수미 누읜가 ᄒ노라. …… 건티 두 마리 보내노라 머거라.〈순천김씨묘-083, 1550~1592년, 김훈(아버지)→순천김씨(딸)〉
>
> [생원을 데려간 사람이 오거늘 무사히 있는 안부 알고 기쁘구나. 무사히 해산하였느냐? 무엇을 낳았는가? 내가 생각하되 수미의 누이인가 한다. …… 건치 두 마리 보낸다. 먹어라.]

이 편지는 김훈이 찰방으로 근무할 때 딸에게 보낸 편지로 추정된다. 몇 번째 딸인지는 모르겠지만 딸자식이 해산한 것에 대해 기뻐하며, 무엇을 낳았는지 궁금해 하고 있다. 정확히 전달을 받지 못해서 손녀일 것으로 추측한다는 내용도 덧붙이고 있다. 또한 출산한 딸을 위해 건치 두 마리를 보내는 아버지의 마음도 볼 수 있다. 아마도 찰방직을 수행하느라 가 보지 못하는 아버지의 마음은 안타까웠을 것이다.

믈갑 브죡ᄒ예라 홀시 ᄯ 너 머글 건티 둘ᄒ고 반 필 보내다니 ᄎ준다 너 사ᄅᆷ ᄒ예나 보내여라. ᄯ ᄲ 아ᄉᆫ 면화 너희과 민 셔방 집과 슈오ᄀᆡ 지비 얼근술히 동져고리 두어 닙게 ᄲ 아ᄉ니 각각 여ᄃᆲ 냥식 보내요더. 네게ᄂᆫ ᄒᆫ 여ᄃᆲ 냥이 더 가ᄂᆞ니라 수미나 슈나나 치온 아ᄒᆡ 몬져 두어 니피라. 죠죠ᄒᆫ 이린들 니ᄌ랴마ᄂᆞᆫ 길 멀고 현마 ᄉ나히 효근 이놀사 ᄒ랴 병 외예 됴히 이시면 ᄂᆞ년 칠위론 보리로다. 아들 다 나ᄒ니 지극 깃게라 깃게라 어늬 아니 귀ᄒ리만ᄂᆞᆫ 민 셔방지비 더 긔특ᄒ여 ᄒ노라 이만. 민 셔방 지븨 ᄈᆞᆯ 두 말 ᄭ우이고 고양의 소츌로 광희손ᄃᆡ 디히 달라 ᄒ여 네 ᄈᆞ라 그리ᄒ라 민가의 유무ᄒ노라〈순천김씨묘-061, 1550~1592년, 김훈(아버지)→순천김씨(딸)〉

[물들이는 값 부족하다 하므로 또 너 먹을 건치 둘하고 반 필 보냈는데 찾았느냐? 네 사람 하여나 보내라. 또 씨 바른 면화 너희와 민 서방집과 수옥이의 집에 올 가을에 동저고리 두어 입게 씨 없앤 것 각각 여덟 냥씩 보내되 네게는 한 여덟 냥이 더 간다. 수미나 순이나 추운 아이 먼저 두어 입히라. 조조한 일인들 잊으랴마는 길 멀고 설마 사내가 자잘한 일이야 하겠느냐? 병 없이 잘 있으면 내년 칠월에는 볼 것이다. 아들 다 낳으니 지극히 기쁘고 기쁘구나. 어찌 아니 귀하리마는 민서방집이 더 기특하여 한다. 이만. 민서방집에 쌀 두 말 꾸게 하고 고양의 소출로 광희에게 김치 달라 하여 너 써라. 그렇게 하라고 민가에 편지한다.]

이 편지에서는 염색하는 데 드는 비용이 부족하다는 딸에게 돈을 보내고 자식들이 먹도록 말린 꿩고기까지 보내고 있다. 딸아이와 사위의 첩 때문에 쫓겨나 있는 막내딸(민기서의 아내)의 아이들을 위해 동저고리를 해 입히도록 씨 바른 면화를 보내기도 한다. 이 면화로 손녀들의 옷을 해 입히라는 당부도 하고 있다. 또한 쫓겨나 있는 민 서방집(막내딸)이 아들 낳은 것을 기뻐하면서 딸의 쌀 걱정까지 해 주고 있다. 자식에 대한 아버지의 마음, 부정(父情)을 읽을 수 있다.

김훈은 찰방 시절 꽤 바빴지만 그래도 딸자식들에 꽤 신경을 많이 쓴 것으로 보인다.

아바님 하 요란ᄒ고 밧바 유무 몯ᄒ노라 ᄒ시고 두 디긔 은구어 각 스믈콤 ᄒ고 동휘 ᄒ나식 보내시닝이다 휘히 다ᄉᆞ 가닝이다 ᄌᆞ셰 ᄎᆞ려 바ᄃᆞ쇼셔〈순천김씨묘-064, 1550~1592년, 김여물 등(남자 동기)→순천김씨와 그 여동생(여자 동기)〉

[아버님 하도 요란하고 바빠 편지 못한다 하시고 두 댁에 은구어 각각 스물씩 하고 겨울 목화 하나씩 보내십니다. 목화 신발 다섯 갑니다. 자세히 차려 받으소서.]

이 편지는 아들인 김여물이 여자 동기들에게 보낸 편지이다. 편지에서는 아버지가 너무 바빠서 따로 편지는 못하고 은구어 20마리씩 보내고 겨울 신발 하나씩, 목화신발 다섯을 보내신다는 내용이다. 찰방 시절 꽤 바삐 보냈지만, 그래도 아들을 통해서라도 딸자식들을 챙기고 있음을 알 수 있다. 자식에 대한 마음은 다음 편지에서도 나타난다.

명겨니는 저도 어엿브거니와 수여ᄂᆞᆯ 혜니 제 어미 불상히 된가 시베라. 그리 다 하ᄂᆞᆯ히 그리 삼기니 과그리 사ᄅᆞ미 샹ᄒᆞ여 엇찌ᄒᆞ리. 우리도 디내오 잇

나는 병들고 네 어머니는 시샘을 너무 하여 병드니   **171**

거니ᄯ나 나도 올혼 긔오니 사오나오니 셔울 가 다시 너희 볼가 시브디 아니
ᄒᆞ예라. ᄯᅩ 수미는 엇씨 기눌고 ᄆᆞᄋᆞ미 더욱 놀라왜라 심심코 오늘 여그로 가
노라 바차 이만〈순천김씨묘-054, 1550~1592년, 김훈(아버지)→순천김씨(딸)〉

[명견이는 저도 불쌍하거니와 사연을 생각하니 제 어미 불쌍히 된가 싶구
나. 그렇게 다 하늘이 그리 만들었으니 갑자기 사람이 상하여 어찌하냐? 우리
도 지내고 있지마는 나도 옳은 기운이 좋지 않으니 서울 가서 다시 너희 볼까
싶지 않구나. 또 수미는 어찌 기를까? 마음이 더욱 놀랍구나. 심란하고 오늘
역으로 간다. 바빠 이만.]

명겨니 이론 아마타 업세라. 그리 돈돈턴 ᄌᆞ시글 그리 밍ᄀᆞ니 ᄉᆞᄉᆞ 그 ᄌᆞ시
긔 이롤 ᄌᆞ시 긔벼롤 드르니 내 안히 셜오나마나 제 죽고라쟈 식베라. ᄯᆞᆯᄌᆞ식
난는 사ᄅᆞ미 이런 슈요기 어디 이시리 애ᄃᆞ다 속져리랴 이개 만장도 가지며
ᄂᆞ쇠 졔 일로 가려 텨니 몯 가 이 간ᄂᆞ니 ᄂᆞᆫ셩 현마도 뎡금 디라 코 가ᄂᆞ니라.
이개 만장을 아ᄌᆞ바님ᄭᅵ나 의론ᄒᆡ여셔 ᄒᆞ게 맛디게 ᄒᆡ여라 무명 두 필 조차
다가 주고 브티라 ᄒᆞ신다.〈순천김씨묘-068, 1550~1592년, 김훈(시아버지)→순천
김씨 올케(며느리)〉

[명견이의 일은 어떻다 할 바 없구나. 그리 단단하던 자식을 그렇게 만드니
사사로운 그 자식의 일을 자세히 기별을 들으니 내 마음이 서럽던지 스스로
죽고자 싶구나. 딸자식 낳는 사람이 이런 수욕이 어디 있겠느냐? 애닯다고 어
찌할 수 있겠느냐? 이개가 만장도 가지며 ᄂᆞ쇠가 제사 일로 가려 하였는데 못
가 이 사람 갔으니 난생 얼마라도 정금 찧으라 하고 간다. 이개가 만장을 아
주버님께나 의논하여서 하도록 맡기도록 하라. 무명 두 필 검하다가 주고 붙
이라고 하신다.]

명견이에게 아마도 병이 들어 불쌍하게 된 것과 어미가 갑자기 몸이 상하여 불쌍히 된 것을 안타까워하고 수미를 앞으로 어떻게 기를지 걱정하는 내용이다. 아비가 된 마음으로 몸이 상하게 된 이를 걱정하여 찾아가 보고 싶지만 김훈 자신도 몸이 좋지 않아 가 보지 못하고 언제 볼 수나 있을지 한탄하면서 근무지인 역으로 발길을 돌리고 있다. 병을 걱정하면서 근무지로 돌아가는 무거운 발걸음이 느껴진다. 그런데 저 위 편지에서 "그리 튼튼하던 자식을 그렇게 만드니"라는 표현에서 끝내 명견이는 좋아지지 않고 세상을 떠난 듯하다. 그 자식의 일에 대해 아버지로서의 마음은 서럽고 스스로 죽고 싶을 만큼 서러웠던 것이다. 그래서 만장(輓章, 죽은 이를 슬퍼하여 지은 글. 또는 그 글을 비단이나 종이에 적어 기(旗)처럼 만든 것)을 챙기며 정금(?)을 찧으라고까지 한다. 또한 무명 두 필을 붙이라는 당부까지 하고 있다. 명견이가 누구인지는 정확히 밝혀지지 않았지만, "딸자식 낳는 사람이 이런 수욕이 어디 있겠느냐?"라고 한 것에서 딸자식과 관련된 것은 틀림없어 보인다.

요컨대 시집간 딸자식들의 해산을 챙기고 그를 위해 먹을 것을 보내며 병든 자식과 상사를 치르도록 도와주는 김훈의 모습에서 여느 아버지 못지않은 부정과 시아버지로서의 마음을 충분히 느낄 수 있다.

김훈의 두 모습

김훈은 아내와의 관계에서 첩의 문제로 상당한 갈등을 겪었다. 김훈이 딸들에게 보낸 편지에서는 이러한 갈등을 단지 투기나 시샘 정도로 표현하였지만, 신천 강씨가 딸들에게 보낸 편지에서 "너희는 내가 살았다 할 수 있겠지만 이승에는 몸만 있는 것 같구나."라고 표현할 정도로 신천 강씨에게는 대단히 큰 고통이었다. 김훈은 첩 문제에 대해 고통 받는 아내에 대해 어떠한 배려도 보이지 않는다. 신천 강씨가 철이 없다고 구박하기도 한다. 첩 문제가 비록 개인적인 문제로 볼 수도 있지만 당시 조선 사회의 남성이 첩이나 화류문화에 대하여 가지고 있는 태도를 어느 정도 짐작해볼 수 있기도 하다.

　김훈은 아내에게는 좋은 남편이 되지 못하였지만 딸아이의 해산을 걱정하고 쫓겨나 해산하는 막내딸을 위해 먹을 것을 걱정하는 모습을 통해 여느 아버지 못지않은 부정과 세심함을 보여주고 있다. 곧 김훈은 조선시대 첩의 풍습을 따라가 부인을 힘들게 했으면서도 한편으로 자식들에게는 좋은 아버지였던 것이다.

참고문헌

김무식(2007), 「한글편짓글에 반영된 조선조 여성의식과 문화」, 『여성과 사회』, 태평양
　학술문화재단, 1–90.

김무식(2009), 「조선조 여성의 문자생활과 한글편지–한글편짓글에 반영된 조선조 여성
　의식과 문화(1)」, 『인문학논총』 14(2), 경성대인문과학연구소, 1–25.

조항범(1998), 『주해 순천김씨묘출토간찰』, 태학사.

백두현(2015), 『한글 편지에 담긴 사대부가 부부의 삶』, 한국학중앙연구원출판부.

백두현(2011), 『한글 편지로 본 조선 시대 선비의 삶』, 역락.

죽지 못한 아비는 눈물 씻고 끝에 쓴다

<김성일가 언간>을 통해 본 김주국의 아들과 며느리에 대한 애틋한 정

오직 통곡할 뿐이로다

참척(慘慽).

요절(夭折).

"자손이 부모나 조부모보다 먼저 죽는 일"을 참척(慘慽)이라 한다. 부모로서는 그 일이 너무 참혹하다는 뜻으로 글자 그대로 해석하면 "참혹한 슬픔"이다. 젊은 나이에 죽는 일은 요절(夭折)이라고 한다. 자식이 부모보다 먼저 죽는 일도 참척인데 그 자식이 요절했다면 부모의 마음은 이루 헤아릴 수 없을 정도로 찢어지는 마음일 것이다.

이순신은 21세의 아들 이면을 전쟁에서 잃었을 때 "간담이 타고 찢어지는 것만 같고 목숨은 남아 있어도 이는 마음은 죽고 형용만 남아 있을 뿐이다. 오직 통곡할 뿐이로다."라고 하였다. 자식이 죽으면 마음에 묻는다고 한다. 죽은 자식을 땅에 묻고 제삿날 자식을 위해 술을 따르는 아버지의 마음은 표현할 수가 있을까?

여기 아들이 한문으로 아내에게 유언과 같이 남긴 편지를 보면서 아버지의 심정을 함께 적어 며느리에게 번역해 준 편지가 있다. 이 편지는 아들 김광찬(金光燦, 1736~1765)이 병들어 죽음을 앞에 두고 유언과 같은 말을 아내에게 한문으로 남겼는데 아버지 김주국(金柱國, 1710~1771)은 며느리가 그 편지를 읽을 수 있도록 우리말로 번역하고, 아들의 글을 읽고 죽은 아들에 대한 슬픈 심정을 편지 형식으로 적고, 다시 2년 후에 아들의 유언을 정리하여 며느리에게 보내는 당부의 편지를 썼다. 이 편지는 한 장에 쓰여 있지만 아들→아내, 아버지→아들, 시아버지→며느리 총 세 건의 편지나 마찬가지이다. 이들 편지를 통해 아버지의 죽은 아들에 대한 마음과 슬픔에 빠진 며느리에 대한 마음이 어떠했는지 살펴볼 수 있다.

아버지 김주국은 본관은 의성(義城)이며, 학봉 김성일의 7세손이다. 슬하에 3남 6녀를 두었으며 3남은 김광찬(金鱗燦), 김두찬(金斗燦), 김일찬(金馹燦)이다. 함께 교유한 인물로 이상정(李象靖)이 있는데, 그는 김주국의 아들 김광찬과 손자 김종수의 스승이다. 이상정의 『대산집(大山集)』에 따르면 김주국은 어려서부터 호방하고 뜻이 컸으며, 박학하고 글을 잘 지었다고 한다. 또 세속의 흐름이 휩쓸리지 않는 성품을 지녔고 좋은 벗들과 사귀는 것을 좋아하였다. 그러나 벼슬길에 나아가지 않았다.

김주국의 아들 김광찬은 진성 이씨(1734~1787)와 혼인했지만, 30세의 젊은 나이로 요절하였다. 대산(大山) 이상정(李象靖)의 문하에서 수학하여 학자로서의 자질을 인정받았다.

앞에서 언급한 바와 같이 이 편지는 한 장의 종이로 되어 있다.

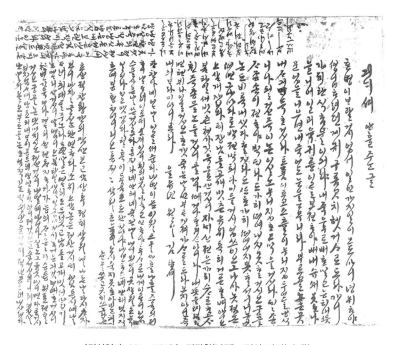

〈김성일가—001, 1765년, 김광찬(남편)→진성 이씨(아내)〉

"긔너셔 안흘 주는 글"(寄內書, 아내에게 주는 글)로 시작하여 "을유년 월일 김 탁서"(을유년 월일 김 託書)로 끝나는 첫 번째 문단은 1765년에 김광찬이 죽기 전 아내에게 쓴 유언과 같은 편지이다. 원래 한문으로 되어 있었는데 김주국이 며느리가 읽을 수 있도록 우리말로 번역한 것이다. "광찬아"로 시작하여 "눈물 쏫고 긋히 쓰노라"로 끝나는 두 번째 편지는 김광찬이 죽던 날인 1765년 3월 6일에 김광찬이 쓴 글을 보고 김주국이 슬픈 감정을 적어 죽은 아들에게 남긴 편지이다. 첫 번째 편지와 두 번째 편지는 같은 날 썼지만 내용상으로는 약 10일 정도의 시차가 있다. 나머지 세 번째 편지는 2년 후인 3월 14일에 김주국이 두 글을 다시 읽고 아들의 유언을 정리하고 자신의 생각을 덧붙여 며느리에게 쓴 편지이다.

한갓 죽은 나만 애타게 부르짖고 집안일을 돌보지 아니하면 나의 바람이 아니로다

긔너셔 안홀 주는 글

 훈 병이 브랄 거시 업서 일만 가지 일이 모도 아니 녕위ᄒᆞ야 셩닙ᄒᆞ려던 계귀 구롬ᄀᆞᆺ치 헷거스로 도라가니 가히 탄식홈물 이긔랴 내 죽으무로써 훈 말고 능히 내 ᄯᅳᆺ을 니어 일 괴 육 귀룡이롤 보젼ᄒᆞ야 뻐 내 슈쇄 못 훈 나문 업을 니으면 내 죽어도 눈을 ᄀᆞ무리라 부로골 논은 곳 내 주긔 믹득훈 거시라 토품이 됴코 소츌이 우리 집 두어 둘 냥식이나 될 거신즉 이 논이 실노 우리 집 훈 모 막을 거시라 딕터 죵ᄌᆞ죵손이 젼ᄒᆞ야 빅더라도 가히 ᄶᅥ여 내지 못홀 거시오 궁골 논도 비록 내 삿다 홀지라도 ᄯᅩ훈 가히 ᄶᅥ여 내지 못홀 거너니 논곳 ᄶᅥ면 그나마 다른 박전박퇴 다 미들 거시 업쓰미오 그나마 놋졈 논 오삼 개 자리와 틴장 납돌고개 밧츤 유뮈 독히 거론홀 배 아니오 봄파일 새 밧츤 쳐가 깃득으로 산 거시니 자너 싱젼은 가히 스스로 ᄒᆞ고 ᄉᆞ훤즉 죵믈노 들 거시니 풀거나 ᄶᅦ거나 홀 거슨 아니라 내 ᄯᅳᆺ을 톄럼ᄒᆞ면 현뷔라 이롤 거시오 훈 갓 죽은 날만 부ᄅᆞ지져 가ᄉᆞ롤 도라보지 아닌즉 내의 ᄇᆞ라미 아니로라 을유 년 월 일 김 탹셔〈김셩일가-001-1, 1765년, 김광찬(남편)→진성 이씨(아내)〉

 [긔내셔(寄內書). 아내에게 주는 글.

 한 병이 바랄 것이 없어 일만 가지 일이 모두 아니 영위하여 성립하려던 계교가 구름같이 헛것으로 돌아가니 가히 탄식함을 이기랴. 내가 죽는 것을 가지고 한하지 말고 능히 내 뜻을 이어 한 덩어리 살붙이 귀룡이를 보전하여서 내가 수쇄하지 못한 남은 업을 이으면 내가 죽어도 눈을 감으리라(감을 수 있으리라). 부로골 논은 곧 내 스스로 매득한 것이다. 토품이 좋고 소출이 우리 집 두어 달 양식이나 될 것인즉, 이 논이 실로 우리 집 한 귀퉁이를 감당할 것이다. 대대로 종자종손이 전하여 백대라도 가히 떼어내지 못할 것이다. 궁골 논도 비록 내가 샀다 할지라도 또한 가히 떼어내지 못할 것이니, 논을 떼어내면 그나마 다른 거친 밭과 땅이 다 말을 것이 없고, 그나마 놋점 논 오삼 개 자리와 태장 납돌고개 밭은 유무를 족히 거론할 바가 아니요, 봄파일 새 밭은 처가 유산으로 산 것이니, 자네 생전은 가히 스스로 하고 죽은 뒤에는 종물로 들어갈 것이니, 팔거나 떼어내거나 할 것은 아니다. 내 뜻을 깊이 이해하면 현부라 이를 것이요, 한갓 죽은 나만 (애타게) 부르짖어 집안일을 돌보지 아니하면, 나의 바람이 아니로다. 을유년, 월 일 김(金). 글로 씀.]

김광찬은 병으로 세상을 떠났다. 이 편지는 세상을 떠나기 약 10일 전에 쓴 글인데 자신이 죽을 것을 예상하고 아내 진성 이씨에게 보내는 마지막 유언 같은 편지를 한문으로 쓴다. 김광찬이 세상을 떠난 날 아내가 이 편지를 발견하고 시아버지 김주국에게 보여 준다. 아버지 김주국이 이 글을 읽고 "필획이 조금도 어지럽지 않다"고 한 것을 보면 김광찬은 죽음을 앞두고 비장한 각오로 쓴 듯하다.

편지에서 김광찬은 병 때문에 바라고 하고 싶었던 일들을 이루지 못하고 계획이 구름과 같이 헛것으로 돌아감을 탄식하고 있다. 스승인 이상정(李象靖)에게 학자로서의 자질을 인정받았을 만큼 열심히 학문을 닦았고 행복한 가정을 지키고 싶었던 마음이 있었을 것인데 그것을 이루지 못하고 병으로 세상을 떠날 것을 예상하고 있으니 그 글을 쓰는 동안 얼마나 허무하고 안타까웠을까. 그래서 "가히 탄식함을 이기랴"라는 표현으로 첫 문장을 끝맺는다.

죽음을 앞둔 사람은 남은 가족들이 슬퍼할 것과 앞으로 어떻게 살 것인가를 걱정하면서도 후사를 부탁한다. 두 번째 문장은 슬퍼하지 말 것을 당부하는 글이다. 김광찬은 자신이 이렇게 죽더라도 한탄하지 말고 귀룡이(아들 김종수의 아명)를 잘 길러 남은 업을 이으면 죽어도 눈을 감으리라 하면서 아내에게 당부하고 아내가 지나치게 슬퍼할 것을 염려한다. 보통 죽음을 앞둔 사람은 자신이 죽는 것에 대해 너무 슬퍼하지 말라고 가족에게 이야기를 하지만 떠나보내는 가족은 절대 그리할 수가 없는 것이다. 김광찬은 "한하지 말고"라고 이야기를 하면서 자신이 죽은 후 아내가 너무 슬픈 나머지 서러움에 빠져 병이 들어 자식과 가산(家産)을 돌보지 못할까 염려하고 있다.

또한 김광찬은 자신의 "살붙이"인 '귀룡이'가 자신의 뜻을 이어 잘될 수 있도록 건사해줄 것을 부탁한다. 남은 아내도 걱정이지만 자식도 걱정일 것이다. 어린 자식을 남겨두고 떠나는 마음도 아팠을 것이고 자신이 못다 이룬 뜻을 자식이 이어 주었으면 하는 마음도 함께 전하고 싶었을 것이다.

다음 문장부터는 가족이 어떻게 먹고 살 것인가, 남겨진 재산은 어떻게 관리할 것인가에 대해 이야기하고 있다. 김광찬이 소유한 전답의 소출에 대한 자세한 내역이 실려 있으며 글에 적힌 전답은 모두 종물(宗物, 종가의 소유물)이니 생전에 사사로이 팔지 못하도록 명시하였다.

김광찬은 아내에게 보내는 편지를 왜 한문으로 썼을까? 한문은 아내가 이해할 수 있는 글도 아닌데 말이다. 전답에 관한 내용 때문에 한문으로 편지를 쓴 것은 아닐까 생각해 볼 수 있다. 유산으로 남기는 전답은 단지 아내에게만 해당하는 내용은 아닐 것이다. 아내가 죽은 후에는 "종물"로 들어갈 것이라 하였으므로 유산에 관한 내용은 집안사람들이 모두 알아야 할 내용이다. 그리고 이 시기 유산과 관련된 내용은 대부분은 한문으로 되어 있어야 인정을 받았기 때문은 아닐까 한다.

김광찬은 마지막 문장에서 아내에게 부탁한다. "내 뜻을 깊이 이해하면 현부라 이를 것이요, 한갓 죽은 나만 (애타게) 부르짖어 집안일을 돌보지 아니하면, 나의 바람이 아니다"라고. 여기에서 내 뜻은 앞에서 언급한 대로 세 가지 정도가 될 것이다. 한탄하지 않는 것, 자식을 잘 보전하여 자신의 뜻을 잇도록 하는 것, 그리고 전답에 관한 것. 김광찬은 마지막까지 아내가 죽은 자신만 찾으며 울고 집안을 돌보지 않을까 걱정한다. 이렇게 마지막까지 아내가 슬퍼할 것을 걱정하는 이유는 김광찬과 진성 이씨는 서로를 진심으로 사랑했기 때문일 것이다. 그런데 김광찬의 걱정은 안타깝게도 후에 사실이 되고 말았다. 실제로 아내 진성 이씨가 슬픔에 빠져 병들고 가산을 돌보지 못하게 되자 시아버지 김주국이 며느리에게 편지를 보내기도 하였다.

마지막의 "을유년 월일 김 탁셔"는 김광찬이 아내 진성 이씨에게 남긴 한문편지를 김주국이 한글로 다시 번역하여 적었다는 뜻이다. 김광찬이 유언을 남긴 날짜는 적지 않았으므로, '어느 날'이라는 뜻으로 그냥 '월일'이라고 적은 것이다.

죽지 못한 아비는 눈물 씻고 끝에 쓴다

광찬아 네 어느 날 이룰 써 준다. 네 병이 윤이월 스물사흘나흘 즈음의 더 흐니 날드려 이로디 문지 이시니 휘의 보실나 흐고 인흐야 후스로 내게 이르니 이거시 스믈사혼날 쓴 거시로다. 통지라 네 안해 네 죽던 날 내여 뵈이니 곳 삼월 초뇩일이라 이고 앗갑다. 필혹이 됴곰도 호란치 아냐 예샹흐뇨 네 안해 엇지 직흐여 봉힝치 아니리오 통지통지 삼월 초뇩일 오시. 죽지 못한 아비는 피눈물 쏫고 굿히 쓰노라.〈김성일가-001-2, 1765년, 김주국(아버지)→김광찬(아들)〉

[광찬아, 네가 어느 날 이것을 (아내에게) 써 주었느냐. 네 병이 윤이월 스

무사나흘 즈음에 더 심해지니 나에게 이르되 문자(한문으로 써 놓은 글)가 있으니 후에 보실까 하고 인하여 후사를 부탁하는 말로 나에게 이르니, 이것이 스무사흗날 쓴 것이로다. 슬프다, 네 아내가 네가 죽던 날에 내보이니 곧 3월 6일이다. 애고, 안타깝다. 필획이 조금도 어지럽지 않으니, 예상했더냐, 네 아내가 어찌 지키어 봉행하지 않겠느냐. 슬프고 슬프다, 3월 6일 오시(午時)에 죽지 못한 아비는 눈물 씻고 끝에 쓴다.]

김광찬은 병이 심해진 1765년 2월 24일에 아버지에게 한문으로 쓴 편지가 있으니 후에 보실 것이라고 하면서 후사를 부탁한다는 말을 전한다. 한문으로 쓴 편지는 김광찬이 세상을 떠난 후에 며느리 진성 이씨에 의해 시아버지 김주국에게 전해진다. 김주국은 아들이 쓴 유언과 같은 편지를 보면서 한문 편지를 쓴 날짜를 계산해 보고 슬퍼한다. 첫 구절에서 요절한 아들의 이름을 부른다. 아버지가 아들의 이름을 부르는 것은 다정함의 표현인데, "광찬아" 하고 부르는 데는 다정함보다는 죽은 아들을 붙잡고 우는 듯한 슬픔이 느껴진다.

김주국에게 아들의 필획이 눈에 들어온다. 김광찬은 더욱더 심해진 병 때문에 계속 누워 있었을 것이다. 이때 죽음을 예감하고 아내를 위해 글을 남기기 위해 힘든 몸을 일으켜 서안 앞에 앉아 글을 썼다. 병으로 인해 힘이 없어 필획이 흐트러질 만도 한데 김광찬의 필획은 흐트러짐이 없다. 편지를 어떠한 마음으로 쓴 것인지 알 수 있기에 아버지는 "애고 안타깝다"고 마음을 표현한 것이다. 그리고 아들의 마지막 글에 답한다. 아내는 반드시 너의 당부를 받들어 지킬 것이라고 이러한 말은 자식의 당부가 담긴 유언 편지를 읽으면서 할 수 있는 최고의 말이리라.

김주국은 마지막으로 자신의 슬픔을 토로한다. 죽음을 예상하며 쓴 글을 읽는 아버지는 울지 않을 수 없었을 것이다. 자식의 죽음으로 인한 슬픔에 죽을 정도가 되어야 하겠지만 "죽지 못한 아비는 눈물을 씻고 끝에 (이 글을) 쓴다"고 하였다. 이 글을 쓰면서 흘리는 눈문은 분명 피눈물이었으리라.

같은 해 슬픔에 빠져 있는 며느리에게 보낸 편지에 따르면 김주국은 편지의 내용을 해석해 주면서 며느리에게 이 내용대로 지키겠느냐고 물었고 며느리는 그리하겠다고 답을 했다. 그런데 앞에서 말한 바와 같이 그 답은 실제로 지켜지지 않았다.

설움을 참고 번역하여 며느리가 보도록 한다

초상 적 창황 간의 잠간 보고 삼상 후 정희 삼월 열나흔날 다시 추자 보니 아자아자 글시는 완연ᄒ다 소위 오삼 논은 제 산 거시디 제 임동 시예 날드려 최대롤 주노라 ᄒ던 말은 며느리도 드럿고 납돌고개 밧 서 마지기는 며느리 산 거시니 알 배 아니오 봄파일 새 밧 일곱 마지기는 거능긔 것 이매ᄒ 거시니 처변 깃득이라 며느리 싱젼 추지ᄒ다가 눙의 ᄌᄌ손손이 승듕위로 전ᄒ 거시오 궁골 논 닷 마지기는 제 산 거시니 내 알 배 아니나 실노 그 논곳 아니면 다론 거시 의지 업스매 당초의 내 ᄆ이 공드려 당만ᄒ엿더니 제 것 쓰고 준 거시러니 제 ᄯ지 말난 말이 올코 부로골 논 ᄒ 섬직기는 빅쉰 냥 준 거시디 적년 공드려 내 사려다가 못 삿더니 제 사매 긔특ᄒ야 가슈내 도지 마은 냥 찬견의 쇽신 돈 셔흔 냥 김싱개 밧군 도 셔흔 냥 실즉 빅 냥은 내 보탠 쟉시어니와 이 논 당만ᄒ 후로는 냥식은 의법 나오니 제 빅디라도 종물노 두리라 ᄒ미 올ᄒ니라 내 됴모의 씌여질 줄 모ᄅ매 다시 추자 보고 셔ᄅ물 춤고 번넉ᄒ야 며느리 보과져 ᄒ노라 정희 삼월 열나흔날 미스부는 두 번 쓰노라

〈김성일가-001-3, 1767년, 김주국(시아버지)→진성 이씨(며느리)〉

　(초상 적 창졸간에 잠깐 보고 삼상 후 정해 3월 열나흗날 다시 찾아서 보니, 아아, 글씨는 뚜렷하다. 소위 오삼 논은 제가 산 것이되, 제 임종 시에 나에게 (셋째인) 최대(김정찬)에게 준다고 하던 말은 며느리도 들었고, 납돌고개 밭서 마지기는 며느리가 산 것이니 알 바가 아니요, 봄파일(춘파일) 새 밭 일곱 마지기는 거능기 것을 팔아서 산 것이니 처가 쪽 우산이라 며느리가 생전에 차지하다가 귀륭이의 자자손손이 승증위로 전할 것이요, 궁골 논 닷 마지기는 제가 산 것이니 내가 알 바 아니나 실로 그 논만 아니면 다른 것이 기댈 곳 없으매 당초에 내가 매우 공들여 장만하였더니, 제 것 쓰고 준 것이었으니 제가 떼어내지 말란 말이 옳고, 부로골 논 한 섬지기는 백쉰 냥 준 것이되 여러 해 공들여 내가 사려다가 못 샀는데, 제가 샀으니 기특하여 가수내 도지 마흔 냥, 찬견의 속신 돈 서른 냥, 김생개 바꾼 돈 서른 냥, 실제로 100냥은 내가 보탠 것이거니와 이 논 장만한 후로는 양식은 마땅한 만큼 나오니 제가 백대라고 종물로 두어야 한다고 함이 옳다. 내가 하루아침에 죽을지도 모르므로, 다시 찾아서 보고 설움을 참고 번역하여 며느리가 보도록 한다. 정해(1767년) 3월 열나흗날, 아직 죽지 못한 아비는 두 번 쓴다.)

　이 편지는 김주국이 1767년 3월 14일에 위의 편지를 다시 보고 자신의 생각을 정리하여 며느리 진성 이씨에게 남긴 것으로 아들 김광찬이 아내 진성 이씨에게 쓴 편지 중 전답에 관한 내용에 대해 아버지의 입장에서 전답에 대한 권리를 자세히 정리하였다. 편지의 말미에 "내가 하루아침에 죽을지도 모르므로, 다시 찾아서 보고 설움을 참고 번역하여 며느리가 보도록 한다."라고 기술한 것으로 보아 두 번째 편지도 한문으로 써 보관하고 있었음을 알 수 있다.

이 편지를 번역한 날은 3월 14일이며 이 날은 아들의 대상(大祥, 사람이 죽은 지 두 돌 만에 지내는 제사)이 끝난 직후이다. 대상이 끝난 후 아들의 편지를 다시 찾아서 보니, 아버지는 아들이 세상을 떠난 날 편지를 보고 느낀 마음을 다시 느낀다. 김주국은 아들의 편지를 보고 "필획이 조금도 어지럽지 않음"을 보고 아들이 죽음을 예상했던 것을 슬퍼했었다. 이번에도 "글시는 완연하다" 곧 획이 흐트러짐이 없는 것을 보고 그때 느끼었던 감정을 다시 느끼는 것이다. 또한 아들의 편지와 아들에게 보내는 편지를 설움을 참고 번역하면서 마지막에 "미스부는 두 번 쓰노라(아직 죽지 못한 아비는 두 번 쓰노라)"라고 하여 대상 후 다시 느끼는 아버지의 슬픔을 짐작할 수 있다.

그런데 왜 이 편지를 대상 후 다시 보고 며느리를 위해 번역해 주었을까? 이 한 장의 편지와 1765년에 며느리에게 보낸 편지 한 건만이 남아 있는 상태에서 짐작을 하기는 어렵지만, 대략 두 가지 정도로 추측할 수 있다.

첫째는 재산에 대한 문제이다. 이 편지의 주된 내용은 전답에 대한 권리를 정리한 것이다. 김광찬이 편지에서 밝힌 것보다 훨씬 자세하게 되어 있다. 김광찬이 산 오삼 논은 김주국의 셋째 아들 김정찬(여기에서 '최대'라고 한 인물)에게 주기로 한 것, 며느리가 산 납돌고개 밭에 대해 관여하지 않겠다는 것 등 재산의 소유를 명확히 하기 위함도 있고 소출이 좋은 전답을 나중에 종물로 두어야 함을 명확히 하기 위한 목적도 있을 것이다.

둘째는 여전히 슬픔에서 헤어나지 못하고 가산을 돌보지 못하는 며느리를 위로하고 아들의 며느리에 대한 당부가 무엇이었는지를 상기시키기 위함일 수 있다. 이 편지를 쓰기 2년 전에 김주국이 1765년에 며느리에게 보낸 편지에서 슬픔에 헤어나지 못하고 자식과 가산을 제대로 돌보지 못하는 며느리를 격려하고 위로하고 있기 때문이다.

말로 다 이르지 못하여 이리 적는다

김광찬이 죽자 아내는 슬픔에서 헤어나지 못했다. 이종덕 외(2019:44)에 따르면 남편이 겨우 30세의 나이로 세상을 떠나자 아내 진성 이씨는 절식하고 자진하려 하였다고 한다. 슬픔과 서러움에 빠져 병이 들어 자식과 가산을 돌보지 못하는 며느리, 그런 모습을 더 이상 지켜볼 수 없었던 시아버지는 아들의 유언을 상기시키면서 며느리를 위로한다.

다음 편지는 1765년 6월 13일에 쓰여진 것이다. 김광찬이 1765년 3월 6일에 죽었으니 다음 편지는 그해 6월에 며느리를 위로하기 위해 쓴 것이다. 앞에서 살펴본 세 번째 편지를 쓰기 전에 쓰여진 것이다. 곧, 다음 편지를 쓴 2년 후에 앞의 세 번째 편지를 써서 재산 문제를 확실히 하고 며느리를 위로한 것이다.

슬픔과 서러움에 빠진 며느리를 어떻게 타이르고 위로할 수 있을까?

당즈부 긔셔

슈요댱단이 붉셔 날 제 졍혼 쉬 이시니 인녁으로 못 ᄒ고 스셩이 경듕이 현현ᄒ니 일편되이 싱각홀 배 아니라 혼갓 그음업슨 긱골 셔름만 머금고 쇽졀업슨 심스만 샹ᄒ와 내 몸의 벅벅이 ᄒ염 즉혼 직분을 싱각지 아니ᄒ고 몸을 샹ᄒ오고 병이 골슈의 드러 즈러 명을 못춤이 ᄀ쟝 어얼고 텬식혼 닐이니 네 가댱이 임죵 시 졍녕히 뉴언이 범연치 아니ᄒ거늘 네 쏘 그리ᄒ려노라고 ᄒ야시니 엇지 그리 후일을 아니 싱각ᄒᄂ다 쳥샹이 실노 사라 부졀업슨 이도 잇거니와 그려도 사라나 빅지예 집을 몰골ᄒ야 후스롤 니어 터 업슨 집을 의지ᄒ면 부지업시 명을 굿쳐 일됴 셜움만 잇ᄂ니에셔는 여러 층 낫거든 ᄒ물며 어린 즈녀들이 안젼의 버러 아뷔 죤몰을 몰라도 어미롤 의지ᄒ야 셩취

홀 도리 잇고 집 형셰 ᄀ구이업ᄉ나 그려도 그리 셜게 길너 내든 아닐 거시오 천금 ᄀ짓튼 귀룡이 잘 길너 ᄀ근치면 집이 도로 복고 홍긔ᄒ기롤 긔약홀 거시니 네 소임이 엇지 듕치 아니리오 너곳 지팅ᄒ면 집이 듀인 잇고 져것들이 내 집 아히로 됴토록 크려니와 너 ᄒ 몸이 업고 싱각ᄒ야 보아라 무듀공당에 빅만싴 허여진디 위혈 업슨 셔넛 언 빙아리 ᄀ짓튼 게 위혈 업시 셔의 셔름만 픔고 셩당을 훈둘 훈업슨 통원이 엇더만 ᄒ며 제 일싱 집 이르혀려 ᄒ던 뜻지 더욱 애둘고 헛되미 이만 애둘고 불샹훈 닐 잇나냐 아직 우리 두 늘근이 이시니 집이 듀인 잇는 돗ᄒ거니와 우리 언마 살며 사다 셰샹 닐 열 희 밧 더 알냐 집 형셰 더 닐기는 어려워도 너곳 이시면 더 패튼 아닐 거시니 저 업슨 후는 네 ᄒ 몸이 큰 집 존망 흥태 유듀 무듀 모도 당ᄒ여시니 부디 널니 싱각ᄒ야 제 뜻을 이루게 ᄒ여라 아모리 살녀노라 ᄒ여도 병이 깁흔 후는 이지 못ᄒᄂ니 ᄒ번 앗자근 후는 만싴 다 헷거시라 말노 다 이르지 못ᄒ야 이리 젹노라 압히 어두어 이만 굿친다 을유 눕월 열사흗날 싀부는 혈읍셔 ᄒ노라〈김셩일가 -066, 1765년, 김주국(시아버지)→진셩 이씨(며느리)〉

[맏며느리에게 부침. 수요장단(수명의 길고 짧음)이 벌써 날 제 정한 운수가 있으니, 인력으로 못 하고 죽고 사는 것이 경중이 나타나니 한쪽으로 치우치게 생각할 바가 아니다. 한갓 그지없는 각골 설움만 머금고 속절없는 심사만 상하게 하여 내 몸에 마땅히 함직한 직분을 생각지 아니하고 몸을 상하게 하고 병이 골수에 들어 미리 목숨을 마침이 가장 어리석고 답답한 일이니, 네 가장이 임종 시에 분명히 유언이 예사롭지 아니하거늘 네가 또 그리하겠노라고 하였으니 어찌 그리 후일을 생각하지 않느냐? 청상이 실로 살아서 부질없는 이도 있거니와 그래도 살아나 그저 집을 골몰하여 후사를 이어 터 없는 집을 의지하면 부질없이 목숨을 그쳐 일조 설움만 있는 것보다는 여러 층 낫거든 하물며 어린 자녀들이 눈앞에 늘어서 있어 아비의 생사를 몰라도 어미를

의지하여 성취할 도리가 있고, 집 형세가 가없으나 그래도 그리 서럽게 길러 내지는 않을 것이고, 천금 같은 귀룡이 잘 길러 가르치면 집에 도로 복고홍기하기를 기약할 것이니, 네 소임이 어찌 중하지 아니하리오 너만 지탱하면 집에 주인이 있고 저것들이 내 집 아이로 좋도록 크려니와, 네 한 몸이 (죽어) 없어지고 (만다면) 생각해 보아라. 주인 없는 빈집에 온갖 일이 흐트러졌는데 의지가지없는 서넛 언 병아리 같은 게 의지가지없이 쓸쓸히 설움만 품고 성장을 한들 한없는 통원이 얼마나 하며, 네 남편이 평생 집 일으키려 하던 뜻이 더욱 애달프고 헛됨이 이처럼 애달프고 불쌍한 일이 있느냐 아직 우리 두 늙은이 있으니 집에 주인이 있는 듯하거니와 우리가 얼마나 살며, 산다고 하여 세상 일 열 해 밖에 더 알겠느냐. 집 형세 더 일어나기는 어려워도 너만 있으면 더 망하지는 않을 것이니 네 남편이 죽은 후는 네 한 몸이 큰 집 존망과 잘되고 못됨, 주인이 있고 없음이 모두 달려 있으니 부디 널리 생각하여 네 남편의 뜻을 이루도록 하여라. 아무리 살겠노라 하여도 병이 깊은 후는 이루지 못하니, 한번 잃어버린 후는 만사가 다 헛것이라. 말로 다 이르지 못하여 이리 적는다. 앞이 어두워 이만 그친다. 을유(1765년) 6월 13일에 시아비는 피 흘리고 울며 쓴다.)]

이 편지는 며느리를 위로하고 격려하기도 하면서 한편으로는 타이르는 내용이다. 내용에 따르면 진성 이씨는 남편이 죽은 후 뼈가 깎이는 듯한 설움에 잠겨 심사를 상하고 그로 인해 몸까지 상한 상태에 이르렀다. 그리고 집안도 돌보지 않고 아이들까지 방치해 놓은 상태였다. 시아버지는 며느리가 남편의 부재와 슬픔으로 인하여 득병까지 한 상황이 무척이나 걱정되었다.

이에 시아버지인 김주국은 편지를 써서 며느리에게 이야기한다. 그렇게 슬퍼하여 몸까지 상하여 죽음에 이르는 것이 가장 어리석고 답답한 일이며

〈김성일가-066, 1765년, 김주국(시아버지)→진성 이씨(며느리)〉

어찌 대를 이을 자식을 생각하지 않느냐고 나무란다. 그러면서도 그래도 집 안에 열중하고 후사를 잘 길러 의지하면 죽거나 설움에 파묻혀 있는 것보다는 훨씬 낫다고 위로도 한다. 그리고 아이 또한 어머니가 있고 성취할 도리가 있으며 귀룡이를 잘 가르치면 집안이 다시 일어서지 않겠느냐며 며느리의 소임도 강조한다. 마지막으로 남편이 집을 일으키려고 했던 그 뜻을 이어받아 아이들을 잘 키워 남편의 뜻을 이루도록 하라고 당부한다. 때로는 며느리의 소임을 강조하기도 하고 그나마 나은 상황으로 위로하기도 하고 남편의 당부를 이야기하며 다시 한 번 각성하기를 강조하기도 한다. 어미까지 병들어 죽는다면 의지할 데 없는 외아들 귀룡이와 세 딸을 "서넛 언 병아리 같은 게"로 비유한 표현에서 그의 애석한 마음을 엿볼 수 있다.

며느리의 시아버지에 대한 당부는 다음과 같다. 첫째는 슬픔에 잠겨 직분을 생각하지 않고 몸을 상하게 하는 일은 어리석은 일이며, 아들의 유언대로 한다고 약속하였으니 후일을 생각하라는 것, 둘째는 자식을 잘 길러내는 것이 너의 소임이며 자식에게 의지할 곳이 되어 주라는 것, 셋째는 네 남편이 집안을 일으키려고 했던 뜻을 이루도록 하라는 것이다.

며느리가 슬픔에 잠겨 병까지 얻은 상황을 바라보며 시아버지는 평소에 위로와 격려, 질책, 당부 등을 하였겠지만 그래도 나아지지 않은 며느리에게 "말로 다 이르지 못하여 이리 적는다."라고 편지를 쓰게 된 동기를 마지막으로 이야기한다. 시아버지 김주국은 아들이 며느리에게 남겼던 편지 속의 유언에서 "내가 죽는 것을 가지고 한탄하지 말라.", "귀룡이를 잘 보전하여 내가 이루지 못한 업을 잇게 하라."는 것을 다시 상기시켰을 것이다. 결국은 시아버지의 편지는 아들의 편지에 나타난 말들을 되풀이하여 남편의 유언을 지키도록 독려하고 있는 것이다. 자신도 앞으로 얼마 남았는지 모르는 상황에서 며느리에게 이런 말을 하는 시아버지의 마음은 찢어지는 듯했을 것이다. 그래서 마지막에 "시아비는 피 흘리고 울며 쓴다"로 끝을 맺는다. 이런 말을 하는 시아버지의 통한의 심정과 더불어 지엄하고도 간절한 마음이 절절히 느껴진다.

죽은 아들이 남긴 편지를 받아보고 그 편지에 답을 하는 아버지. 죽은 아들의 편지와 자신이 아들에게 쓴 편지를 다시 며느리에게 번역하여 보여주는 시아버지. 이 한 장의 편지에는 남편의 아내에 대한 마음, 아버지의 아들에 대한 마음, 시아버지의 며느리에 대한 마음이 모두 나타나 있다. 그리고 맏아들을 잃은 슬픔을 이겨낼 새도 없이, 남편을 잃은 슬픔이 깊어 세상을 등지려 하고 병까지 얻은 며느리에게 피눈물을 흘리며 쓴 시아버지의 편지에는 통한의 심정, 며느리를 걱정하는 마음과 당부가 잘 드러나 있다.

참고문헌

김정숙(2017), 『편지로 꽃피운 사랑과 예술, 조선의 한글 편지』, 도서출판 다운샘.

이종덕 · 이승희 · 이병기 · 김한별(2019), 『역주 의성김씨 학봉 종가 언간』, 한국학중앙연구원 출판부.

갑갑한 염려와 가지가지 근심이 마음속에 쌓여

『선찰(先札)』 소재 언간과 간찰을 통해 본
송규렴의 자식과 손자에 대한 걱정

예나 지금이나 아버지의 마음은 매 한가지

자식에 대한 걱정은 국가와 시대를 초월하는 인간 본연의 특성이다. 아이를 가졌을 때는 '건강하게만 태어나다오' 하다가도 아이가 태어나면 태어나만 준 것에도 감사하면서도 그때부터 왜 이렇게 자주 우는지, 왜 밤마다 잠을 안 자는지 걱정이 하나둘 늘어나기 시작한다. 첫돌이 다가올 때쯤에는 남들보다 빨리 못 걷는 것 같아서, 빨리 말을 못하는 것 같아서 걱정, 어린이집이나 유치원을 보내고 나서는 울지나 않는지, 밥은 잘 먹는지, 아이들과 잘 어울리는지, 다치지나 않았는지 걱정을 수도 없이 하게 된다. 초등학교, 중학교, 고등학교 다닐 때는 공부에 대한 걱정부터 시작하여 미래에 대한 걱정을 하게 되고, 대학 때는 취업 걱정, 취업을 해서는 결혼 걱정, 심지어는 자신의 못된 점을 닮을까 걱정 등등 부모는 자식에 대한 걱정을 놓지 못한다.

예나 지금이나 자식이 걱정하고 자식이 잘되기를 바라는 아버지의 마음은 매한가지인 듯하다. 아버지 입장에서 어느 시대이건 자식은 항상 불안하고 미완성의 존재로 인식되기 때문인가? 자식이 공부를 하지 않으면 않아서 걱정, 과거에 급제하여 집안을 명예를 드높이면 기쁘고 감사해 하지만, 자식이 관직에 나아가게 되면 또 그때부터 또 다른 걱정이 시작된다.

조선시대 송규렴(宋奎濂)도 자식과 손자에게 보낸 편지에서 그들에 대한 걱정을 늘어놓았다. 언간과 간찰에 나타난 아들과 손자에 대한 송규렴의 걱정을 읽어 보자.

『선찰(先札)』 소재 언간과 간찰, 송규렴

제월당(霽月堂) 송규렴(宋奎濂, 1630~1709)의 후손가에 『선찰(先札)』이라는 편지첩이 전한다. 『선찰』은 모두 아홉 첩(帖)으로 되어 있는데, 후손이 선조의 필적을 전하기 위하여 송규렴을 중심으로 당시 집안사람들 사이에 주고받은 간찰(簡札)과 언간(諺簡)을 모아 작첩(作帖)한 것이다. 『선찰』 권1~8은 주로 간찰로 작첩되었고, 권9는 언간으로만 작첩되어 있다. 『선찰』 전체에 총 124건의 언간이 실려 있다.

『선찰』에 수록된 언간의 발신자는 송규렴과 그의 아내인 안동 김씨(安東金氏, 1632~1701)이다. 이들 편지의 수신자는 대부분 아들 송상기(宋相琦, 1657~1723)와 며느리 칠원 윤씨(漆原尹氏, 1659~1716)이며, 그 밖에 딸, 손자, 손녀, 조카 등 집안사람들에게 보낸 편지가 약간 있다.

여기에서 관심을 가지는 세 사람은 아버지 송규렴과 아들 송상기, 그리고 손자 송필환이다.

송규렴(宋奎濂, 1630~1709)은 충청남도 회덕(懷德)에서 태어났다. 본관은 은진

(恩津)이며 자는 도원(道源), 호는 제월당(霽月堂)이다. 우암 송시열(宋時烈, 1607~1689)과 동춘당 송준길(宋浚吉, 1606~1672)을 잇는 큰 유학자로 송시열과는 12촌이고, 송준길과는 4종숙 9촌간으로 이들과 더불어 '회덕(懷德)의 삼송(三宋)'이라 불린다.(정승경 2019:2 참조) 송규렴은 혼란의 시기인 17세기 중후반을 살았던 관인유자(官人儒者)로 대내적으로는 병자호란과 북벌운동(北伐運動), 산림정국(山林政局), 붕당(朋黨), 기사환국(己巳換局) 등의 정치적 환국(換局)이 있었으며, 대외적으로는 문명의 상징으로 존중하던 명나라가 망하고 오랑캐라고 불리던 청나라가 그 자리를 대신하는 대변화의 긴장된 환경에서 일생을 보냈다.(정만호 2018:239-264 참조)

송규렴의 장자인 옥오재(玉吾齋) 송상기(宋相琦, 1657~1723)는 17세기 후반에서 숙종대와 경종 원년까지의 수십 년간 중앙 정계에서 활약하여 중요 요직을 거치며 정국의 한 가운데 있던 인물이다. 1684년 정시 문과에 병과로 급제하여 승문원에 등용되고, 홍문관저작, 교리, 사간, 충주목사를 거쳐 승지, 예조·이조의 참의, 충청도 관찰사, 대제학, 대사헌, 예조판서, 이조판서, 예조판서, 판돈령부사 등을 지냈다.

송필환(宋必煥, 1681~1749)에 대해서는 특별한 기록이 없다. 『계사증광사마방목(癸巳增廣司馬榜目)』에 1713년(숙종 39) 계사(癸巳) 증광시(增廣試)에서 진사시에 3등(三等) 56위로 입격하였다는 기록이 있으며, 『영조실록』에 1731년 "정선 군수(旌善郡守) 송필환(宋必煥)"이라는 기록이 보인다.

기별 못 들으니 염려 그지없다

아들이 어리든 장성하였든 먼 길을 떠나는 부모의 아들에 대한 걱정은 잠시도 놓을 수 없는 것인가 보다.

담손 모의 편지롤 수일 전의 어더 보니 니 셔방집이 병이 드러 여러 날재
라 ᄒ여시니 놀랍고 넘녜 ᄀ이업ᄉ니 인제는 엇더호 쟉고 고을 하인이 오디
네 편지는 아니 맛다 와시니 그런 과심호 일이 업다 샤인의 긔별도 평양 이후
는 일졀 듯디 못ᄒ니 월강호 긔별이 와시며 제 내게 호 편지도 왓느냐 뎐셜
ᄉ 구죵이나 셔원 놈이나 ᄒ여 젼인ᄒ여 보내여 긔별 듯게 ᄒ여라 ᄯ 고을셔
하인 가매 이리 뎍거니와 답쟝 맛다 오기 쉽디 못ᄒ니 뎐ᄒ는 놈을 셰워 두고
답쟝을 ᄒ여 맛디고 니 셔방의게 가는 편지도 즉시 뎐ᄒ고 답쟝 맛다 홈의 보
내여라 예는 대되 무ᄉᄒ다 뎐셜ᄉ 됴뵈 일졀 아니 오니 네게다가 두어셔 못
오느냐 샤인소 긔별도 일티 말고 일일히 모도와 년ᄒ여 보내여라 밧바 이만
덕노라 ᄉ월 회일 구〈선찰 9-012, 1697년, 송규렴(시아버지)→칠원윤씨(며느리)〉

[담손 어미의 편지를 며칠 전에 받아 보니 이 서방의 아내가 병이 들어 (앓
은 것이) 여러 날째라고 하였으니 놀랍고 염려가 그지없으니 이제는 어떠한 것
이냐? 고을 하인이 왔는데 네 편지는 맡아 오지 않았으니 그런 괘씸한 일이 없
다. 사인(舍人, 아들 송상기)의 기별도 평양(에 간) 이후로는 전혀 듣지 못했으
니 강을 건넜다는 소식이 왔으며 사인이 한 편지도 왔느냐? 전설사(典設司)의
말을 끄는 하인이나 서원(書員) 놈을 소식을 맡겨 특별히 보내어 (내가 사인의)
의 기별을 듣게 하여라. 또 고을에서 하인이 가서 (너에게) 이렇게 적지만, (고
을 하인이) 답장을 맡아 오기 쉽지 않으니 (편지를) 전하는 놈 세워 두고 답장
을 하여 (그놈에게) 맡기고 이 서방에게 가는 편지도 즉시 전하고 답장을 맡겨
함께 보내거라. 여기는 모두 무사하다. 전설사 소식지가 일절 오지 않으니 (그
소식지를) 너에게 두어서(네가 가지고 있어서) 못 오느냐? 사인쇼(舍人所)의 소
식도 잃지 말고 하나하나 모아서 계속 보내거라. 사월 그믐 시아버지.]

이 편지는 아들인 송상기를 '사인(舍人)'이라 지칭하고 있는 것으로 보아, 송상기가 사인 벼슬을 하고 있을 때에 보낸 것이다. 『숙종실록』에 따르면 1697년 3월 12일 송상기를 서장관(書狀官)으로 삼았다는 기록과 3월 21일 사인(舍人)으로 삼았다는 기록이 있다. 이어 3월 29일에는 진주 겸 주청정사(陳奏兼奏請正使) 최석정(崔錫鼎), 부사 최규서(崔奎瑞)와 함께 서장관(書狀官) 송상기가 청나라로 떠나는 것을 임금이 인견(引見, 임금이 의식을 갖추고 관리를 만나보던 일)하였다는 기록도 있다. 따라서 송상기는 청나라로 가던 당시 서장관과 사인의 벼슬을 겸하고 있었던 것이다. 이 편지에서 평양을 갔다는 것이나 월강(越江)을 하였다는 내용으로 보아 송상기가 청나라로 가던 때에 쓴 것임을 알 수 있다.

조선시대에는 정기적으로 사절단이 중국을 방문했다. 〈압록강을 건너 중국으로 가던 연행길〉[1]에 따르면 청나라로 가던 길은 수도인 연경(燕京)으로 간다는 의미에서 연행(燕行)이라고 했다. 정기적인 연행길에는 대단한 학식을 겸비한 30여 명의 공식 사절단과 함께 짐꾼과 말몰이꾼에 이르기까지 수백 명의 수행원이 뒤따랐다. 연경에 한 번 다녀오는 기간은 6달 이상이나 걸리는 것이 보통이었다. 일반적인 연행단은 하지나 동지를 전후하여 한양에서 출발하여 2개월 정도 걸쳐 북경에 도착했다. 북경에 도착해서는 여러 행사에 참석하고 40~60일 정도 머무른 후에 다시 40~50일에 걸쳐 한양으로 돌아왔다. 이동 거리는 약 3,100리로 매우 먼 길을 오가는 대장정이었던 셈이다. 같은 글에 따르면 이들의 이동 경로는 한양에서 출발하여 평양과 의주를 지났다. 압록강을 건너 중국에 들어서면 봉황성 → 요양 → 심양 → 백기보 → 광녕 → 영원위 → 산해관 → 풍윤현 → 계주 → 통주를 지나 북

---

1   선조들의 발자취, 성과 옛 도로 〈압록강을 건너 중국으로 가던 연행길〉(https://ncms.nculture.org/castle-road/story/2033)

경에 도착했다.

임금이 연행단을 인견한 날이 3월 29일이므로 송상기가 속해 있는 연행단은 하지나 동지에 출발하는 일반적인 연행단과는 성격이 조금 다른 연행단임은 짐작할 수 있다. 그리고 임금이 인견한 다음날이나 그 며칠 후 출발하였다고 보면 한 달 정도 지난 이 편지의 발신일인 4월 그믐에는 이미 압록강을 건너 봉황성이나 요양에 도착해 있을 시점이다.

송상기가 평양에 도착한 후에 부인 칠원 윤씨에게 편지를 보내 잘 도착했다는 소식과 함께 앞으로의 여정을 알려 주었을 것이다. 그리고 부인은 평양에서 보낸 편지를 시아버지에게 전달했을 것이다. 그런데, 사신으로 가는 아들 걱정이 이만저만이 아닌가 보다. 아들이 평양을 지난 이후에 아들이 쓴 편지가 도착했는지, 전설사 하인이나 서원놈에게 소식을 맡겨 '특별히' 보내서 그 소식을 자신이 듣게 하라고 당부하고 있다.

송상기는 평양을 떠나 의주에 도착해서 압록강을 건너기 전에 집에 또 편지를 하였던 모양이다. 단오일에 송규렴이 손녀에게 보낸 편지에서 그 사실을 확인할 수 있다.

나과 집안은 다 무亽ᄒ다 네 아비도 의쥐셔 ᄒ 편지ᄅᆞᆯ 어더 보니 무亽히 가노라 ᄒ여시니 다힝ᄒ여 ᄒ노라 아마도 수이 소복ᄒ여 나거라 뎐셜亽 하인이 와셔 도라가매 이리 뎍노라 □튝 단오일 조부 이 편지 답장 딘시 못 ᄒᄂᆫ 줄을 혼티 말고 안심ᄒ여 됴부ᄒ여라〈선찰 9-013, 1697년, 송규렴(할아버지)→ 은진송씨(손녀)〉

[나와 집안은 다 무사하다. 네 아비가 의주에서 한 편지를 얻어 보니 무사히 간다고 하였으니 다행스럽다. 아무쪼록 빨리 몸을 회복하여 일어나거라. 전설사(典設司) 하인이 와서 돌아가므로 이렇게 적는다. □축 단오일 할아버지.]

송규렴은 아들 송상기가 의주에서 집으로 한 편지를 얻어 보고 의주까지 무사히 간 것에 대해 상당히 다행스럽다고 표현한다. 3월 29일 즈음에 떠났고 이 편지를 한 시점이 단오일이니 한 달 하고도 일주일 정도가 흘렀다. 송상기가 보낸 편지가 전인을 통하여 의주에서 서울로 오는 시간, 또 며느리가 시아버지에게 편지를 보낸 시간까지 고려하면 아마도 송상기는 심양을 지났을 시점이다.

5월 21일에 송규렴이 손녀에게 쓴 편지를 보면 송상기는 봉황성(鳳凰城)에 도착하여 가족에게 편지를 하였던 모양이다.

> 네 아비는 봉황셩ᄭᅵ지 무슨히 간 긔별 듯고 그 후는 다시 못 드르니 넘녀 기업다 …… 오월 이십일일 조부〈선찰 9-016, 1697년, 송규렴(할아버지)→은진송씨(손녀)〉
>
> [네 아비는 봉황성까지 무사히 갔다는 소식을 듣고 그 후에는 (네 아비의 소식을) 다시 못 들으니 염려가 그지없다.]

아들이 봉황성까지 무사히 간 소식을 들어서 기쁘기는 하지만 그 이후의 소식을 들을 수 없어서 아버지인 송규렴은 "염려가 그지없다"며 무척 걱정을 하고 있다. 도대체 무엇 때문에 걱정을 하는 것일까? 중국까지 다녀오는 여정이 위험하기도 하고 중국에서 풍토병에 걸려 목숨을 잃는 경우도 많았기 때문이었을까? 겨울철에 출발한 동지사(冬至使)도 아니었으니 추위로 인한 고된 여정이 걱정되지는 않았을 터이다. 막 시작되는 더위 때문이었을까? 그 걱정의 전모는 3월 29일 송규렴이 송상기에게 보낸 한문 간찰에 나타난다.

校理 寄書

…… 昨見邸報, 拜表日期, 退定於卄九, 稍以爲喜. 未知卽今治行幾許? 凡百關
念, 不可勝言. 奏文出於誰手, 而命意何居? 吾意則彼人所執一字, 乃其肯綮, 舍此爲
辭, 則無以成說話, 必以此爲宗旨, 卞明其非庶, 而以向年陞位爲證, 以當位子育爲佐,
事機道理, 俱爲允當. 未知廷議亦果如此否. 試爲稟講於大臣及上价, 毋或泛過至可
至可. 且必詳知前使臣在彼時爭卞應對說話之如何, 然後可無違誤之端, 此尤不可放
過也. 其竆啓今已出場, 而使臣方住何所耶? 若自灣上, 直向配所, 則恐不得細問 凡
百, 可慮可慮. 餘在前書. 姑此不一. 三月卄九日, 父.〈선찰-1-34, 1697년 송규렴(아
버지)→송상기(아들)〉

교리(校理)에게 보내는 서찰

…… 저보(邸報)를 보니 배표(拜表)하는 날짜가 29일로 늦추어졌다고 하니
조금 기쁘구나. 지금 행장 꾸리는 것은 어느 정도 되었느냐? 여러 가지로 염
려되는 것을 말로 할 수 없구나. 주문(奏文)은 누구의 손에서 나왔으며 생각은
무엇을 거점으로 했느냐? 내 생각에는 저 사람이 잡고 있는 한 글자가 가장
긴요한 핵심이기 때문에 그것을 빼놓고 글을 쓴다는 것은 말이 되지 않으니
만약 이것으로써 종지를 삼아 그가 서자(庶子)가 아님을 분별하여 밝히되 지
난해 세자위에 오른 것으로 증빙을 삼고 마땅히 세자위에 오를 아들로 양육
되었다는 것을 보조 증거로 삼는다면 일이 되어가는 중요한 기틀이며 도리이
고 모두 마땅하게 될 것이다. 그러나 조정의 의논은 과연 어떠할지 알지 못하
겠다. 대신들과 고위 담당자들에게 품정(稟定, 웃어른이나 상사에게 여쭈어
의논해서 결정함)하여 혹시라도 범범하게 하거나 지나치게 해서는 안 된다.
그리고 반드시 먼저의 사신(使臣)이 그곳에 있을 때의 쟁변과 응대와 이야기
하는 것이 어떠했는지를 상세히 안 다음에야 잘못하는 단서가 없을 것이니
이 염려를 방과해서는 안 된다. 그를 귀양 보내라는 장계가 이미 장(場)에 나

왔으니 사신이 지금 어느 곳에 머무는 것이냐? 만약 의주 부근에서 바로 유배

지로 향한다면 여러 가지를 자세하게 물어볼 수 없을 것이니 염려된다. 나머지

는 앞의 서찰에 썼다. 이만 줄인다. 3월 29일에 아버지가.(정승경 2019:165-166)

저보(邸報, 경저(京邸)에서 지방의 각 고을로 보내던 연락 보고 문서)를 보니 출발

날짜가 29일로 늦춰졌다는 것이며, 주문의 작성은 누가 하며, 주문을 작성

할 때 "그가 서자(庶子)가 아님을 분별하여 밝히되 지난해 세자위에 오른 것

으로 증빙을 삼고 마땅히 세자위에 오를 아들로 양육되었다는 것을 보조

증거로 삼는다"면 모두 마땅하게 될 것이라는 이야기를 하고 있다. 그리고

"반드시 먼저의 사신(使臣)이 그곳에 있을 때의 쟁변과 응대와 이야기하는

것이 어떠했는지를 상세히 안 다음에야 잘못하는 단서가 없을 것이니 이

염려를 방과해서는 안 된다."고 당부한다. 세세히 당부를 하는 것을 보면

청나라로 가는 임무가 보통 중대한 것이 아닌가 보다. 실제로 이들은 모두

세자 이윤(李昀)의 책봉 주청과 관련된다.

이선홍(2016)에 따르면,[2] 이윤(李昀, 경종)은 숙종의 서장자이며 어머니는 희

빈 장씨(禧嬪張氏)이다. 인경왕후(仁敬王后), 인현왕후(仁顯王后)가 왕자를 낳지

못하자 숙종은 희빈 장씨가 낳은 이윤을 원자로 책봉하고자 하였다. 이 문

제로 1689년 당시 조선 조정 내에서는 서인과 남인의 당쟁이 끊이지 않았

다. 당시 숙종의 계비인 인현왕후를 지지했던 송시열 등 서인들은 이미 희

빈 장씨가 폐인(廢人)이 되었고, 인현왕후의 나이가 어리기에 일찍 원자를

책립하는 것은 시기상조라는 이유로 반대하였다. 그러나 결국 조선 남인이

지지한 희빈 세력이 승리하여 송시열 등 서인들은 유배되거나 사사(賜死)되

---

2   이윤, 기사환국, 갑술환국, 청나라에 세자 책봉을 청하는 일과 관련된 내용은 이선홍
    (2016)과 https://kknews.cc/history/jgboeq.html를 참고하였다.

고 인현왕후는 폐위되었다. 그리고 희빈 장씨가 왕비로 책봉되고 이윤은 세자로 책봉되었으며, 남인이 조정의 실권을 장악하는 기사환국(己事換局)이 일어났다.

그러나 남인의 집권은 그리 오래가지 않았다. 1694년에 갑술환국(甲術換局)이 일어나면서 서인이 다시 권력을 잡게 되었고, 인현왕후가 다시 복위하고 희빈 장씨가 다시 후궁으로 내려오면서 남인이 몰락하게 되었다. 조선 조정 내에서 당쟁이 끊이지 않았지만 세자 이윤의 지위는 이때까지 흔들리지 않았다. 그러나 생모인 희빈이 후궁으로 격하되자 청나라에 세자 책봉을 청하기 위해 이윤은 명분상 인현왕후의 아들이 되었다.

숙종은 1696년 11월 청나라에 왕세자 책봉을 주청하기 위해 주청사 겸 동지사정사(奏請使兼冬至正使) 서문중(徐文重), 부사(副使) 이동욱(李東郁), 서장관(書狀官) 김홍정(金弘楨) 등을 북경에 보냈다. 주문(奏文)에 "전과 후의 정비는 모두 대를 잇지 못해 일은 중대하나 오랫동안 맡기지 못했습니다. 그 사이에 첩인 장씨가 아들을 낳아 정비 민씨가 아들로서 취하였으니, 지금은 이미 성인입니다(前後正妃俱無嗣續, 事之重大, 久未有托. 間者副室張氏生子, 正妃閔氏取以爲子, 今已成人)"라고 하면서 "왕세자로 봉하시기를 청합니다.(請封儲貳)"라고 하였다. 그런데 청나라의 예부(禮部)와 내각(內閣)은 "왕과 비가 50세에 적자(嫡子)가 없으면 비로소 서장자(庶長子)를 왕세자로 세운다"는 『회전(會典)』의 규정에 어긋난다는 이유로 거부하였고 강희제(康熙帝)도 이를 따랐다. 서문중(徐文重) 등 조선의 대신들은 이 결과를 알고 아연실색할 수밖에 없었다. 그 이유는 세자 책봉 주청이라는 국가의 중대 임무를 완수하지 못했기 때문이며 이로 인해 귀국해서는 처벌을 면할 수 없었기 때문이다. 조선의 사신들은 뇌물을 주는 수법으로 재의를 요청했지만 이마저 받아들여지지 않았다. 조선에서 할 수 있는 유일한 것은 다시 사신을 청나라로 보내는 것이었다.

그리하여 이듬해 1697년 3월 12일 숙종은 왕세자 책봉이라는 목적을 달성하기 위해 정사(正使)로 최석정(崔錫鼎), 부사(副使)로 최규서(崔奎瑞), 서장관(書狀官)으로 송상기(宋相琦)를 임명하고 왕세자 책봉 주청사(王世子冊封奏請使)를 꾸렸다. 그리고 임무를 완수하지 못한 서문중 등은 다음과 같은 이유로 삭탈관작하였다.

> 주청사(奏請使)의 장계(狀啓)와 예부 자문(禮部咨文)의 등본(謄本)을 보건대, 주장하던 일을 주청하여 인준을 받지 못했으니, 실로 너무나 생각이 미치지 못한 바로 놀라움을 깨닫지 못하겠다. 피인(彼人, 청나라 사람)이 인용한 『회전(會典)』에 왕(王)과 비(妃)의 나이 50세가 되고서도 적자(嫡子)가 없으면 비로소 서장자(庶長子)를 세워 왕세자(王世子)를 삼는다고 하는 등의 말은 너무나 이치에 맞지 않고 근거도 없으므로, 사신이 된 자가 당연히 머리가 부서지도록 죽을힘을 다해 다투어야 할 것인데, 그렇게 하지 않고 몇 차례 다투며 고집하다가 그대로 돌아왔으니, 지금 만약 다시 사신을 보내어 허락하지 않는다면 또 장차 이와 같이 되돌아올 것인가? 군부(君父)를 욕되게 한 것이 심하다. 정사(正使) 서문중(徐文重), 부사(副使) 이동욱(李東郁), 서장관(書狀官) 김홍정(金弘楨)은 모두 삭탈관작(削奪官爵)하여 문외 출송(門外黜送)하도록 하고, 주청사로 대신(大臣)을 의망(擬望)하여 들여보내고 다음 달에 표문(表文)에 배례(拜禮)하는 자료로 삼도록 하라.〈『숙종실록』, 숙종 23년(1697) 3월 11일 기사〉

『숙종실록』에 따르면 청나라가 『회전(會典)』을 들어 거부한 것은 "너무나 이치에 맞지 않고 근거도 없다."고 말하면서도 서문중 등이 죽을힘을 다해 다투지 못하고 주청을 받지 못한 것은 군부(君父)를 욕되게 한 것으로 보고 이들을 삭탈관작(削奪官爵)하고 문외출송(門外黜送)시켰다. 삭탈관작은 죄를 지은 자의 벼슬과 품계를 빼앗고 벼슬아치의 명부에서 그 이름을 지우던 일을 말하고, 문외출송은 성 안으로 들어오지 못하게 도성 밖으로 쫓아내던 일을 뜻한다.

『숙종실록』에 "주청사로 대신(大臣)을 의망(擬望, 세 사람의 후보자를 임금에게 추천하는 일)하여 들여보내고"라고 한 바와 같이 주청사의 서장관으로 송상기가 들어가게 되어 막중한 임무를 수행하게 되었다. 이전 주청사가 한 번 실패했기 때문에 그 부담감에 송상기 자신은 물론 아버지인 송규렴의 걱정은 클 수밖에 없었다. 그래서 송규렴은 앞의 간찰에서 주문(奏文)은 누가 어떻게 작성하고 있는지 궁금해 하며 한 글자 한 글자가 핵심이기에 증빙으로 삼을 내용을 일러주고 주문 작성에 있어서도 그 표현을 "범범하게 하거나 지나치게 해서는 안 된다"고 경계하였다. 또한 1차 주청사가 청나라와의 쟁변, 응대 등이 어떠했는지 상세히 알아야 똑같은 잘못을 범하지 않을 것이라는 조언도 한다. 송규렴이 아들 송상기에게 간찰을 보냈을 당시 1차 주청사는 의주 부근에 있었던 것 같은데, 이들이 삭탈관작을 당하고 문외출송되었기 때문에 바로 유배지로 향한다면 송상기 일행이 그들을 만나 청나라 연경에서 있었던 일을 자세히 물어볼 수 없을 것 같기에 또 걱정이 앞서고 있다.

송규렴은 아들이 청나라로 떠나기 전에 편지에 아들이 일을 잘 처리하고 무사히 오기를 바라는 마음을 시로 급히 써서 보낸다.

寄兒行

走草寄兒

公義君臣重, 私情父子輕. 懷哉勿陟岵, 去矣愼行程. 事豈憂難辦, 天應助至誠. 懸

知返命日, 一笑喜相迎. 我病縱云痼, 猶非朝夕免. 汝慈雖已老, 不甚筋力衰. 最是爾身弱, 何堪行役疲? 千金保護戒, 造次莫忘斯. 丁丑閏春, 父. 〈선찰 1-40, 1697년, 송규렴(아버지)→송상기(아들)〉

길 떠나는 아들에게

내 아들에게 바삐 쓴다.

공적인 의로 군신(君臣)이 중요하고,

사적인 정으로 부자(父子)는 가볍지.

고향 부모 너무 그리워 말고,

가는 길 부디 조심하여라.

일이 설마 어찌할 수 없을 만큼 힘들기야 하랴,

하늘은 지극한 마음에 반드시 도우실 것이다.

내 분명 아는 것은, 네가 돌아와 반명(返命)하는 날

환하게 웃으며 서로 만나는 것.

내 병은 고질이라 조석으로 나을 수 있는 것이 아니고 네 어머니가 비록 이미 늙었다고 해도 기력이 아주 쇠 한건 아니다. 가장 염려되는 것은 너의 몸이 약해서 행역(行役)의 고단함을 어떻게 감당하는가 하는 것이다. 천금같이 보호하고 경계하는 것을 한 순간이라도 잊지 말아야 한다. 정축년(丁丑年) 윤달 봄에 아버지가.(정승경 2019:188-189)

송규렴은 부자(父子)라는 사적인 정리(情理)보다는 공적인 군신(君臣)의 관계가 더 중요하기 때문에 부모는 그리워하지 말고 가는 길 조심히 가기를 바라고 있다. 또한 그 중요한 일을 반드시 하늘이 도울 것이며 서로가 환하게 웃고 서로 만날 것임을 시에서 이야기하고 있다. 아들이 중대사를 잘 수행할 것이라는 믿음을 읽어낼 수 있다. 그렇기에 걱정인 것은 행역의 고단

함을 감당하기 어려울 아들의 약한 건강이다. 건강을 천금같이 보호하고 경계할 것을 당부하고 있다.

이러한 아버지의 걱정을 등에 업고 송상기 일행은 청나라에 도착하였다. 청나라에 도착한 2차 주청사는 온갖 노력을 했지만 일이 마음먹은 대로 진행되지만은 않았던 것 같다. 청나라는 1697년 2차 주청사를 대함에 있어서도 동일한 견해를 유지한 것으로 보인다. 당시 정사(正使)였던 최석정(崔錫鼎)의 시에서 그 상황을 짐작해 볼 수 있다.

> 拭玉誠徒切　　옥을 닦는 정성 간절할 뿐
>
> 捐金計亦迂　　금을 바치는 계획은 사정에 어둡구나
>
> 微辭瀝危懇　　은미한 말로 간절한 정성을 쏟아내니
>
> 駁議踵前誣　　논박하는 의론이 이전의 잘못을 반복하네(김묘정 2017:185)

이 시의 1~2구에서 임금의 명을 받고 사신의 임무를 다하는 정성은 간절함에도 불구하고 정작 청나라에 주청하는 방식이 잘못되었음을 언급하였다.(김묘정 2017:186) 『숙종실록』의 주청사(奏請使)로 갔다가 되돌아오는 서문중(徐文重)·이동욱(李東郁) 등이 앞서 돌아간 역관을 통해 보낸 장계(狀啓)에 따르면, 당시 세자 책봉에 대한 주청을 받지 못하자 청나라에 6천 금(金)을 주기로 하였다는 기록이 있는데 아마도 2차 주청사들도 이와 같은 방식을 사용한 것으로 보인다. 송규렴이 간찰에서 똑같은 잘못을 범하지 않으려면 이전에 청나라와의 쟁변, 응대 등이 어떠했는지 상세히 알아야 한다고 걱정했는데, 안타깝게도 이전의 잘못이 반복되어 버린 것이다.

또한 위 시의 3~4구에서는 최석정을 비롯해 사신들이 세자 책봉을 위해 정성을 기울였지만 1차 주청사에게 제시했던 반대 이유를 반복하는 것으로 보인다.(김묘정 2017:186) 김묘정(2017:186)에서도 언급한 바와 같이 청나라 예부에서 1696년 1차 주청에서 『회전』을 잘못 인용했다는 것으로 계를 올리지 못하게 했는데, 이전과 같이 글의 제목을 논박했다는 내용을 통해 왕세자 책봉 주청이 쉽지 않았음을 짐작할 수 있다. 청나라의 반대 이유는 『회전』에 근거한 것이었고, 숙종은 이를 "너무나 이치에 맞지 않고 근거도 없다."고 하였으므로 조선 주청사의 입장은 난감하기 짝이 없었을 것이다.

제2차 주청이 받아들여지는 과정은 분명하지 않으나 주청사들의 온갖 노력 끝에 청나라로부터 세자 책봉의 허락을 받아 내었다. 송상기가 쓴 시를 통해 당시의 마음을 확인할 수 있다.

> 蠻貊行雖愧　　오랑캐 땅 다니기 부끄럽지만
>
> 豚魚信可孚　　우둔한 사람도 믿게 할 수 있구나
>
> 穀朝仍好語　　길일 아침에 기쁜 소식 들으니
>
> 輿卒亦歡呼　　가마꾼들도 환호하네(김묘정 2017:186)

이 시의 전반부에서는 청나라를 오랑캐 땅이라고 하여 현재 상황에 비추어 청나라가 부정적으로 인식될 수밖에 없지만 그러한 곳에서도 간절함이 통할 수 있음을 표현하고 있다. 후반부에서는 드디어 세자 책봉이 허락되었다는 소식을 듣고 자신뿐 아니라 동행했던 가마꾼조차 환호했음을 표현하고 있다.

이러한 기쁜 사실을 선래(先來, 외국에 갔던 사신이 돌아올 때, 그보다 앞서 돌아오던 역관)를 통해 조정에 전했겠지만, 가족들에게는 전하지 못하였을 것이다. 송상기 등 주청사 일행은 온 길을 되돌아 북경 → 통주 → 계주 → 풍윤현 → 산해관 → 영원위 → 광녕 → 백기보 → 심양 → 요양 → 봉황성을 거쳐

압록강을 건너 조선에 당도할 것인데, 송상기는 오는 길 청나라 어디쯤에선가 가족에게 편지를 하였다. 어머니 안동 김씨는 그 편지를 얻어 보고 기쁨과 또 한편으로 걱정이 담긴 편지를 보낸다.

듀야 아득히 싱각ᄒ고 굽굽ᄒᆫ 념녀과 가지가지 근심이 속의 ᄲᅡ혀 하ᄂᆞᆯ만 ᄇᆞ라고 오ᄂᆞᆫ 쇼식이나 듯기ᄅᆞᆯ 날마다 ᄇᆞ라나 긔약이 업스니 날은 ᄀᆞ을히 되여시니 더욱 ᄆᆞᄋᆞᆷ이 굿브고 심ᄉᆡ ᄀᆞ이업서 ᄒᆞ다가 셜릐 오리라 ᄒᆞᆫ 말을 드ᄅᆞ니 날마다 기드리고 ᄇᆞ라도 긔쳑이 업스니 연고ᄅᆞᆯ 모ᄅᆞ고 더욱 굽굽ᄒᆞ더니 열엿쇈날 져녁 사ᄅᆞᆷ이 와셔 네 유무ᄅᆞᆯ 보니 하 반갑고 긔특ᄒᆞ니 도로혀 눈믈이 나며 하 다ᄒᆡᆼᄒᆞ고 깃브니 ᄆᆞᄋᆞᆷ이 아ᄆᆞ라타 업스며 그리 돌포 가셔 몸이 대단히 굿긴 일이 업세라 ᄒᆞ여시니 깃브고 텬덕이 ᄀᆞ이업스나 아므리 샹ᄒᆞᆫ 일이 이신들 긔별을 ᄒᆞ랴 ᄒᆞ며 든든도 ᄒᆞ기 측냥이 업서 디안 일이어니와 이젼 급뎨 역질 적도곤 더은 듯ᄒᆞ여 ᄒᆞ노라 아득히 싱각고 심ᄉᆡ 둘 더 업던 일을 싱각ᄒᆞ니 이제야 아므 일 이신들 어이 근심이 이시리 시버 ᄒᆞ노라 우리ᄂᆞᆫ 녀름내 연고 업시 므스히 디내니 ᄒᆞᆫ 일이나 삼겨 그러ᄒᆞᆫ가 ᄒᆞ며 아ᄒᆡ들도 다 됴히 디내여시니 다ᄒᆡᆼᄒᆞ여 ᄒᆞ노라 네 도라와 집 긔별을 드ᄅᆞ며 ᄆᆞᄋᆞᆷ이 스마스마ᄒᆞ여 ᄒᆞᄂᆞᆫ 일이 더욱 닛디 못ᄒᆞ여 ᄒᆞ노라 ᄒᆞ마 월강을 ᄒᆞ여실 거시니 집의 드러오나 다ᄅᆞ디 아니ᄒᆞᆫ 듯 든든ᄒᆞ기 ᄀᆞ이업고 더욱 밧븐 ᄆᆞᄋᆞᆷ이 ᄀᆞ이업서 ᄒᆞ노라 ᄉᆞ연이 그지업스나 보기 어즈러워 그치며 아마도 길희 몸조심ᄒᆞ여 드러오믈 ᄇᆞ라노라 팔월 십칠일 모〈선찰 9-044, 1697년, 안동김씨(어머니)→송상기(아들)〉

[밤낮으로 아득히 (너를) 생각하고 갑갑한 염려와 가지가지 근심이 (마음) 속에 쌓여 하늘만 바라보고 (네가) 오는 소식이나 듣기를 날마다 바라지만 기약이 없고 날은 가을이 되었으니 더욱 마음이 애가 끊어지는 듯하고 (안타까

운) 심사가 그지없다가 추석에 오겠다고 한 말을 들으니 날마다 (네가 오기를) 기다리고 바라도 (네가 오는) 기척이 없으니 (네가 오지 않는) 이유를 모르고 더욱 갑갑했는데 열엿샛날 저녁에 사람이 와서 너의 편지를 보니 매우 반갑고 기특하니 도리어 눈물이 나며 매우 다행스럽고 기쁘니 마음이 어떻다고 할 수가 없으며 그쪽(청나라)으로 여러 달 가서 몸이 심하게 고생스러운 일은 없다고 하였으니 기쁘고, 하늘의 덕이 그지없지만 아무리 (몸이) 상한 일이 있었다고 할지라도 (네가) 기별을 하겠는가 하며, (네가) 든든하기가 헤아릴 수가 없어, [디안] 일이지만, 이전에 급제하고 역질(疫疾)이 있었을 때보다 더한 듯하다. (너를) 아득히 생각하고 심사가 둘 데가 없던 일을 생각하니 이제야 어떤 일이 있은들 어찌 근심이 있겠는가 싶다. 우리는 여름 내내 별 탈 없이 무사히 지내니 어떤 일이라도 생겨 그러한가(무슨 일이 생기겠는가) 하며 아이들도 다 잘 지내고 있으니 다행스럽다. 네가 돌아와 집 소식을 들으며 마음이 소사소마 하는 일을 더욱 잊지 못하겠다. 이미 강을 건넜을 것이니 집에 들어온 것과 다르지 않은 듯 든든하기 그지없고 더욱 바쁜 마음이 그지없다. 사연이 끝이 없으나 (편지를) 보기가 어지러워 (이만) 그치며 아무쪼록 길에 몸 조심하여 들어오기를 바란다. 8월 17일 어미.]

송규렴이나 어머니 안동 김씨는 세자 책봉 주청이라는 막대한 임무를 띠고 청나라로 간 아들이 임무를 잘 수행할 것인가, 제대로 수행하지 못하고 1차 주청사처럼 삭탈관작, 문외출송당하는 것은 아닌지, 임무는 제대로 수행했더라도 오는 길에 무슨 일이라도 당하는 것은 아닌지 걱정이 끊이지 않았을 것이다.

이 편지에서는 어머니인 안동김씨가 아들을 걱정하는 마음이 절절히 표현되어 있다. 추석쯤에 도착하겠다고 했는데 추석이 지나도 오지를 않으니 얼마나 갑갑했겠는가? 다행히 청나라에서 오는 길에 한 편지가 어머니께 전달되어 어머니는 마음이 놓였을 것이다. 임무를 잘 수행하고 돌아오고 있다는 소식에 반갑고 기쁜 마음에 어머니 안동 김씨는 눈물까지 흘렸다.

편지에서 송상기는 청나라에 가서 몸이 고생스러운 일은 없었다고 하면서 부모님을 안심시켰지만 어머니는 "상한 일이 있었다고 할지라도 (네가) 기별을 하겠는가" 하면서 그러한 아들의 마음을 파악하고 있다. 앞에서 언급한 한시 두 편을 통해 송상기를 비롯한 주청사가 얼마나 고생을 했을지 파악할 수 있다. 그렇게 훌륭히 임무를 수행한 기쁨과 든든함을 "이전에 급제하고 역질(疫疾)이 있었을 때보다 더한 듯하다"라고 표현하고 있다.

그런데 이렇게 기쁜 가운데서도 아들이 집에 오면 집 소식에 "마음이 소사소마할 일"을 생각하니 또 걱정이 생기는 모양이다. 부모의 자식에 대한 크고 작은 걱정은 끊일 날이 없음을 볼 수 있다. 이런 걱정은 어머니만 한 것은 아니었을 것이다. 송규렴 역시 마찬가지가 아니었을까?

끝내 문채 없는 사람이 되지 마라

요즘 할아버지의 재력, 엄마의 정보력, 아빠의 무관심이 아이의 능력을 만든다는 말이 있다. 부모의 학력, 재력, 정보력이 자식의 대학 입시 성패를 좌우하고 아버지의 무관심이 관심보다 더 낫다고 대놓고 하는 말이니 그냥 웃어넘기기엔 뭔가 씁쓸함이 남는다. 그런데 아버지의 무관심이 모두 자식의 성공에 기여하는 것은 아닌 듯하다.

영국 국립아동발달연구소는 1958년생 17,000여 명을 대상으로 33년간 추적 조사를 했고, 옥스퍼드 대학교는 이 연구를 바탕으로 자녀 양육에 관한 특별한 결과를 얻었다. 아버지가 아이의 발달과 교육에 적극적일 때, 아이는 학업 성취도, 사회성, 결혼 생활에 긍정적인 영향을 끼쳤다고 한다. 로스 파크(Ross Parke) 교수는 이러한 결과들을 '아빠 효과(father effect)'라고 명명했다. 자녀들에게 아버지가 미치는 영향력은 어머니 못지않게 큼을 보여 준다.

조선시대에는 아버지가 자식 교육에 적극적으로 나섰다. 특히 양반 가정일수록 집안의 아버지를 비롯하여 할아버지까지 자식 교육에 헌신적이었다. 부모들은 자식이 글공부를 해야지만 인간으로서의 도리를 다 할 수 있다고 생각했기 때문이기도 하지만, 집안의 명예를 드높이고 양반이라는 신분을 계속 유지하기 위해서는 자식을 과거에 급제시켜야 하는 이유도 있었다. 그렇기 때문에 어렸을 때부터 자식에게 글공부를 시키고 글공부를 게을리하지 않도록 꾸준히 다그쳐야 했다.

이황을 비롯하여 조선의 아버지들이 자식에게 보낸 편지에서도 글공부의 중요성을 강조하고 학업에 정진할 것을 꾸준히 강조하고 있음을 확인할 수 있다.

> 마땅히 적의함에 따라 순리로 처리해서 평소 품은 뜻과 일정한 학업을 폐해서는 안 될 것이다. 만약 세속의 잡무에 휘둘려 학업을 향한 뜻을 폐하는 자는 마침내 향리의 진부한 사람이 될 뿐이니 경계하지 않을 수 있겠느냐〈이황이 아들 준이에게 보낸 편지〉(정민·박동욱 2008:28-29)

이 편지는 이황(李滉)이 아들 준(寯)에게 1547년에 보낸 것이다. 아들 준이 1523년에 태어났으니 24살 무렵이다. 장성한 아들이 글공부를 폐할 것이 걱정이 되었던지 학업을 폐해서는 안 될 것이며 세속의 잡무에 휘둘려 공부를 그만두면 향리의 진부한 사람이 될 뿐이라고 다그치고 있다. 이황이 아들에게 516통 정도를 보냈는데 그 중에서 아들이 관직에 나아가기 전까지 보낸 편지에는 아들의 건강과 공부에 관해 묻고 훈계하고 다그치는 내용들이 무척 많다. 높은 관직에 올라도 아들의 글공부에 대한 걱정은 놓을 수가 없는 모양이다.[3]

한편 시재(詩才)가 뛰어나 최경창(崔慶昌)·이달(李達)과 함께 '삼당'이라 불렸고, 이산해(李山海)·최입(崔岦) 등과 함께 '팔문장'의 칭호를 들었던 선조 때의 시인 백광훈(白光勳, 1537~1582)도 자식의 건강과 글공부 걱정에 잠시도 시름을 놓지 못했다.

> 너희는 바야흐로 배움에 힘쓸 때인데, 병 때문에 얽매여 이와 같으니 또한 무엇을 이루겠느냐. 심란하고 바빠서 다 적지 못한다.〈백광훈이 형남과 진남에게 보낸 답장〉(정민·박동욱 2008:71-72)

> 너희는 이번 여름에 부지런히 공부할 형편이 못 되었으니, 시험에 나간들 보람이 없을까 걱정이다. 하물며 형남이는 계속 병고 속에 있어 특히 힘써 공부할 수 없었을 게다. …… 과거를 폐하는 것은 또한 중요한 문제이니 시험장에 나간들 무슨 상관이 있겠느냐. …… 홍남이의 글 중에 간간이 기특한 말이 있더구나. 이 아이가 능히 배운다면 내가 다시 무엇을 근심하겠느냐. 기뻐 뛰며 좋아할게다. 너희는 곁을 떠나지 말고 권면하고 가르쳐서 독서의 즐거움을 알게 하도록 해서 마침내 성취가 있게 한다면 다행이겠다.〈백광훈白光勳이 형남과 진남에게 보낸 답장〉(정민·박동욱 2008:69-70)

---

3 이준은 소과(小科)에 합격한 진사와 생원의 이름을 적은 명부인 『사마방목(司馬榜目)』에 이름을 끝내 올리지 못하고, 이황이 55세 되던 1555년에 음직(蔭職)으로 제용감(濟用監)의 봉사(奉事)로 나아갔다. 이때부터는 외지에 부임한 아들에 대한 걱정의 편지를 쓴다.

너희가 『소학(小學)』을 읽어 진실로 담긴 뜻을 정밀하게 이해한다면, 비록 몸이 마칠 때까지 읽어도 좋을 것이다. 하물며 이 책을 읽으면서 또한 다른 책을 빠뜨려서는 결코 안 된다. 네 마음대로 해서 만약 의리의 소재를 깨닫지 못한 채 읽는 횟수만 취한다면 입으로 외워도 마음에는 있지 않을 테니 또한 무슨 유익함이 있겠느냐. 바라기는 정밀하게 깊은 의미를 궁구하여 그 안에서 헤엄치듯 하여 자득하여야 할 것이다. 다 말하지 않는다.〈백광훈이 형남과 진남에게 보낸 답장〉(정민 · 박동욱 2008:73-74)

어진 스승을 얻는 것은 즐거운 일이나 만약 배움에 성의가 없이 그럭저럭 날을 보낸다면, 부모 곁에서 자식의 직분을 다하며 일과를 정해 독서하는 것이 더 나을 것이다. …… 양응정(梁應鼎)이 이제 막 『사략』과 『통감』의 토를 고쳤다. 양천유(梁天維)에게 부탁해 두 책을 가져오게 했으니 옮겨 써서 돌아가 홍남이를 가르친다면 아주 좋겠구나. 봄이 오기 전에는 절대로 망령되이 딴 생각을 먹지 말고, 마음을 쏟아 해림(海林)에서 책만 읽는 것이 좋겠다. 진남이는 반드시 시 20수와 부 10수를 지은 뒤에 올라오도록 해라. 만약 하지 못했거든 양식과 비용을 축내가며 멀리 올 필요가 없다.〈백광훈이 형남과 진남에게 보낸 답장〉(정민 · 박동욱 2008:75-76)

위 편지들은 백광훈이 45~46세인 1581~1582년 사이에 보낸 것이다. 이때 자식들은 17세 전후의 나이인데, 자식들의 건강과 글공부가 꽤나 걱정이 되었던 모양이다.

첫 번째 편지에서는 병 때문에 과거 공부에 제대로 몰두하지 못하고 있는 아들들을 걱정하고 있다. 같은 편지에서 아들의 건강과 글공부 걱정 때문인지 "이리저리 뒤척이다가 머리털이 온통 세어 버렸구나. 이렇게 날을 흘려보내니 인생이 얼마나 되겠느냐."라며 한탄하기도 한다.

두 번째 편지에서는 집안 일 때문에 제대로 공부하지 못하여 과거를 폐할 것인가를 걱정하고 있다. 다행히 동생 홍남의 글에서 공부의 싹을 보았는지 기뻐하며 홍남을 권면하고 가르쳐서 독서의 즐거움을 알게 하도록 해주기를 당부하고 있다.

세 번째 편지에서는 공부하는 방법에 대해 조언해 주고 있다. 『소학(小學)』을 그저 입으로 외우고 횟수만 채우는 것은 아무런 유익함이 없으니, 정밀하게 깊은 의미를 궁구하여 그 안에서 헤엄치듯 하여 자득하여야 할 것임을 강조하고 있다. 그러면서 막내 동생을 가르치라는 당부와 함께 진남에게는 시 20수와 부 10수를 지은 뒤에 올라올 것이며 숙제를 하지 않았거든 양식과 비용을 축내 가며 올라올 필요도 없다고 매몰차게 이야기하고 있다.

진남이 15세에 사학(四學)의 과시(課試)에서 시·부(詩賦)로 뛰어나 이이(李珥)의 사랑을 받은 바 있고 진사시에 입격한 것을 보면 이러한 아버지의 관심과 노력이 헛되지는 않았나 보다.[4]

아들은 아니지만 송규렴의 손자에 대한 이러한 걱정이 간찰(簡札)과 언간에 고스란히 반영되어 있다. 아들 송상기는 29세에 문과에 급제하여 관직의 길을 나섰는데, 손자인 송필환(宋必煥)은 어렸을 때부터 글공부에 관심이 많지 않았나 보다. 이러한 손자의 모습을 보고 송규렴의 걱정은 이만저만이 아니었다. 송규렴이 손자 송필환에게 보낸 간찰에 이러한 마음이 절절히 표현되어 있다.

---

4   아들인 형남, 홍남은 사마방목에 이름을 올리지 못하였고, 진남(振南)은 27세인 1590년 (선조 23) 증광시(增廣試)에 진사로 입격하였다.

오직 부지런히 부지런히 독서하고 태만하지 말기를 바란다.〈선찰 7-1, 1695
년, 송규렴(할아버지)→송필환(손자)〉

이 편지는 송규렴이 아명이 덕손(德孫)인 12세의 송필환에게 보낸 것이다.
충주목사직에 있는 아버지를 따라 지방에 있는 손자에게 보낸 편지로 독서
를 부지런히 하고 태만하지 않기를 바란다는 당부를 하고 있다. 어린 손자
에게 "오직 부지런히 부지런히"라며 '부지런히'를 반복한 글에서 덕손이가
글공부에 전념하기 바라는 간절한 마음을 발견할 수 있다. 송필환이 소년
시절에는 글공부에 대한 자세가 어떠했는지 알 수는 없지만 성년이 되었을
때 보낸 것으로 추정되는 간찰을 보면 그렇게 글공부에 충실하지는 않았던
듯하다.

　　너의 동생일은 오래 지날수록 더욱 불쌍하고 가여우니 스스로 견딜 수 없
　　다. 어찌하겠느냐, 어찌하겠어. 너는 무슨 글을 읽으며 무슨 책을 공부하느냐?
　　다음 번 편지에 알려 주면 좋겠다.〈선찰 7-2, 1707~1708년, 송규렴(할아버지)→
　　송필환(손자)〉

위 간찰은 송필환의 동생 송필영(宋必榮)이 죽은 지 얼마 되지 않은 시점
에 보낸 것으로 추정되는데, 이때의 송필환의 나이는 24~25세 정도인 것으
로 보인다. 다른 편지에서 송필환이 동생의 기일에 궤연(几筵, 죽은 사람의 영
궤(靈几)와 그에 딸린 모든 것을 차려 놓는 곳)에 가서 운다고 하는 내용을 보면
동생의 죽음은 송필환에게 큰 충격이었던 듯하다. 그런 충격이 큰 손자에게
"가엽지만 어찌하겠냐"라며 위로하면서도 바로 매정하게 요즘 무슨 글을
읽으며 무슨 책으로 공부하는지 묻고 있다. 그리고 다음 편지에서 알려 달

라고 한다. 송필환의 입장에서 보면 슬픔에 잠겨 있는 자신에게 바로 글공부를 이야기하는 할아버지가 야속하겠지만, 할아버지의 입장에서는 죽은 손자야 어찌할 수 없지만 살아있는 손자는 글공부에 매진하여 번듯한 사람으로 성장하기를 바라는 마음이 컸을 것이다.

그런 할아버지의 마음을 이해했는지 송필환은 20대 중반까지 글공부를 지속한 것으로 보인다. 송규렴이 며느리인 칠원 윤씨에게 보낸 언간에서 송필환의 과거(科擧)를 언급하고 있기 때문이다.

> 니 셔방 덕손이 다 이번 과거룰 보느냐 긔별ᄒ여라〈선찰 9-008, 1708년, 송규렴(시아버지)→칠원윤씨(며느리)〉
>
> [이 서방과 덕손이가 다 이번 과거를 보느냐? 기별하여라.]

이 편지는 1708년에 쓰여진 것이니 송필환의 나이 25세이다. 덕손이(송필환의 아명)가 이번 과거를 보느냐고 묻고 있는 것으로 보아 나름 글공부는 하였지만 실력을 인정받을 만한 수준은 아니었던 듯하다. 과거에 응시하여 기대할 만한 수준이었다면 할아버지도 이미 알고 있었을 것이고 또한 입격을 기대하고 있었을 것이다.

1708년 송필환이 만약 과거에 응시하였다면 이때 치러진 과거는 식년시(式年試)였고, 진사시나 생원시에 응시하였을 것이다. 그런데 1708년에 치러진 생원·진사시 입격자 이름에 송필환의 이름은 없었다.

유교 사회에서 양반 지식인으로서 신분을 유지하고 관직에 나아가는 데 꼭 필요했던 과거에서 낙방은 극심한 좌절감을 맛보게 한다. 송필환도 그랬을까? 아마도 과거에 낙방했던 듯하고 좌절감에 글공부를 소홀히 한 듯하다. 송필환이 글공부를 놓고 있다는 소식이 할아버지께 들리는 모양이다. 이에 대한 걱정이 깊다. 그러한 걱정을 송필환에게 보내는 간찰에 늘어놓았다.

요사이 연하여 무탈하나 글 배우기를 모두 그치지는 않았느냐? 모름지기 부질없이 놀며 세월 보내어 끝내 문채(文彩) 없는 사람이 되지 마라. 매우 바라고 바란다.〈선찰 7-3, 1707~1708년, 송규렴(할아버지)→송필환(손자)〉

필환아! 너의 어머니가 보낸 편지를 읽어 보니 네가 책은 읽지 않고 노는 것만 익히는 것이 날마다 더 심해진다고 하더구나. 네가 장차 어떤 인물이 되려고 이같이 하느냐? 너의 나이가 이미 많으니 지금을 놓쳐서 (공부)하지 않으면 반드시 글을 하지 않는 무식한 일개 용렬한 물건이 될 뿐이니 (이것이) 지극히 절박절박하다. 전날에 지은 고시를 써서 보내라고 말하였는데, 끝내 보내지 않았으니 이것은 어째서이냐? 가까운 시일 내에 지은 것을 뒤편으로 보내는 것이 좋겠다.〈선찰 7-5, 1707~1708년, 송규렴(할아버지)→송필환(손자)〉

편지를 보니 안심이 된다. 그러나 학업을 전폐하였다고 하니 근심스럽기 짝이 없다. 모름지기 학문을 잇고 독서를 부지런히 하여 절대로 유랑하며 놀고먹지 않는 것이 지극히 옳고 지극히 옳다.〈선찰 7-4, 1707~1708년, 송규렴(할아버지)→송필환(손자)〉

간기가 없어 세 편지가 언제 쓰여졌는지는 정확히 알 수 없지만 앞의 간찰이 송필환이 20대 중반 정도에 쓰여진 것이니, 내용상 이 간찰도 앞의 간찰 이후 머지않은 시기에 쓰여진 것으로 판단된다.

첫 번째 편지에서는 글 배우기를 그치지 않았느냐고 묻는 것을 보니, 송필환이 계속 글공부를 등한시하고 있었던 것 같다. 송규렴은 송필환이 글공부를 게을리 하면서 부질없이 놀며 세월을 보내어 문채 없는 사람이 되는 것을 경계하기를 바라고 있다. '매우 바라고 바란다'(至佳至佳)로 표현한 데서 할아버지로서의 절실함이 느껴진다.

할아버지의 이러한 간절한 바람에도 송필환은 한때 노는 데만 열중한 듯하다. 어머니는 그러한 자식을 보고 답답한 심정에 시아버지에게 자식의 상황을 알렸을 것이다. 두 번째 편지에서 책은 읽지 않고 노는 것만 날로 심해지니 어떤 인물이 될 것인지 할아버지의 걱정이 더욱 심하다. 글공부를 하지 않으면 날로 퇴보하여 마침내는 무식하고 쓸모없는 사람이 되고 말까 하는 절박함을 토로하고 있다. 그러면서 지난번에 써서 보내라고 한 고시까지 다음 번 인편에 보내라고 말하고 있다. 노는 손자를 보고 절박해 하지만 그래도 아직까지 손자의 글공부를 포기하지 않는 모습이다.

세 번째 편지에서는 송필환이 학업을 전폐했다는 소식을 듣고 근심스럽기 짝이 없다고 말하며 손자의 앞날을 걱정하고 있다. 그래도 학문을 잇고 독서를 부지런히 하는 것이 지극히 옳다며 성인이 된 손자를 다시 한 번 달래고 있다.

할아버지의 정성이 통했을까? 훗날 진사시에 입격한 것을 보면 정신을 차리고 공부에 임하였던 것 같다. 그런데 할아버지 송규렴은 진사시에 입격한 것을 보지 못했다. 송필환이 진사시에 입격한 것은 1713년인데 송규렴은 1709년에 운명을 달리했기 때문이다. 안타깝게도 송필환이 그 이후 문과에 합격하였다는 소식은 없다. 다만, 『영조실록』 영조 7년(1731) 6월 9일자 "안협 현감(安峽縣監) 신의집(申義集), 정선 군수(旌善郡守) 송필환(宋必煥), 평창 군수(平昌郡守) 최창억(崔昌億), 낭천 현감(狼川縣監) 이도재(李道載)는 치민(治民)의 실적이 없으니 파직해야 합니다."라는 기사에 나오는 것으로 보아 음직(蔭職)으로 정선 군수를 역임하였던 모양이다.

아버지들의 빼놓을 수 없는 일상사, 걱정

송규렴이 보낸 언간은 주로 며느리와 딸에게 보낸 것들이기에 자식에 대한 걱정, 손자에 대한 걱정은 제한적으로 보인다. 그런데 송규렴이 아들 송상기, 송상유에게 보낸 간찰을 보면 여기에서도 글공부에 대한 이야기, 자식들의 건강 문제, 관직 생활에 대한 걱정, 집안일 걱정, 유행하던 질병에 대한 걱정 등이 많이 나온다. 이미 장성한 자식이 높은 벼슬에 올라가 큰 문제없이 일을 잘 처리하는데도 부모로서 자식에 대한 걱정은 잠시도 놓을 수 없었던 모양이다. 어디 자식뿐이겠는가, 손자도 마찬가지이다. 자식, 손자에 대한 걱정은 예나 지금이나 남성들의 빼놓을 수 없는 일상사다.

참고문헌

규장각한국학연구원 엮음(2009), 『조선 양반의 일생』, 글항아리.

김묘정(2017), 「1697년 三使 연행시의 교류성 연구－崔錫鼎·宋相琦·崔奎瑞의 작품을 중심으로」, 『한민족어문학』 제78집, 한민족어문학회, 181-212.

김태준 외(2005), 『연행의 사회사』, 경기문화재단.

문희순(2011), 「한글편지에 반영된 옛 대전의 생활문화 1－송준길, 송규렴가 편지를 중심으로」, 『어문연구』 70, 어문연구학회, 129-157.

이래호(2004), 「宋奎濂家 典籍 『先札』 所載 諺簡에 대하여」, 『語文研究』 제32권, 한국어문교육연구회, 113-136.

이선홍(2016), 「조선 후기 李昀(景宗)의 세자 책봉 奏請 문제에 관한 일고찰」, 『한중관계연구』 2-2, 원광대학교 한중관계연구원, 89-101.

정만호(2018), 「시문에 나타난 송규렴의 사유 고찰」, 『우리문학연구』 59, 우리문학회, 239-264.

정민·박동욱(2008), 『아버지의 편지』, 김영사.

정승경(2019), 霽月堂 宋奎濂의 『先札』 第一卷 譯注, 고려대학교 대학원 석사학위논문.

한국학중앙연구원 편(2009), 『은진송씨 송규렴 가문 한글 간찰』, 태학사.

한국학중앙연구원 편(2009), 『은진송씨 송준길 가문 한글 간찰』, 태학사.

「압록강을 건너 중국으로 가던 연행길」(https://ncms.nculture.org/castle-road/story/2033)

「朝鮮幾次三番請求大淸國冊封世子, 不惜賄賂官員, 究竟爲何?」(https://kknews.cc/history/jgboeq.html)

어머니를 기쁘게 하기 위하여 과거에 급제하다

<진성이씨 이동표가 언간>을 통해 본 이동표(李東標)의 효심

편지에 드러나는 삶의 모습

언간은 발신자가 자신의 근황을 직접 쓴 글이기 때문에 개인사나 가족사는 물론 내면의 심리까지도 드러난다. 주로 가족 간의 안부, 건강에 대한 염려, 서로에 대한 그리움 등등 한국인의 '정(情)'이 여실히 드러난다. 그러므로 언간에 나타난 사연을 통해 가족 간의 유대 관계나 인간적인 면모를 조명해 봄으로써 한 인간의 내면적인 모습을 재구성해 볼 수 있을 것이다.

이 글에서는 〈진성이씨 이동표가 언간〉에서 조선 숙종 대 문신이자 학자인 난은 이동표(懶隱 李東標, 1644~1700)가 어머니인 순천 김씨에게 보낸 편지를 통하여 이동표의 효심을 살펴보고자 한다.

〈진성이씨 이동표가 언간〉에서 이동표가 어머니에게 보낸 편지는 모두 17건인데 이동표가 과거 시험을 치를 때, 관직 생활을 할 때 보낸 편지이다.[1] 편지에는 과거 시험을 치른 과정, 시험 후에 일어난 파방 사건, 관직 생활 등을 전하며 어머니를 걱정하는 이동표의 마음이 세세하게 드러나 있다.

이 글에서는 과거 시험을 치르는 과정에서 일어난 파방 관련 사건과 행적에 집중하면서[2] 편지에 어머니에 대한 효심이 어떻게 드러나는지에 집중하고자 한다.

소퇴계(小退溪)라 일컬어지다

이동표의 본관은 진보(眞寶)·진성(眞城)이다. 자는 군측(君則)·자강(子剛)이고 호는 난은(懶隱)이다. 이동표는 경상북도 예천군 금릉리(金陵里)에서 부친인 이운익(李雲翼)과 모친 순천 김씨(順天金氏) 사이에서 태어났다. 『난은선생문집(懶隱先生文集)』에 따르면, 모친은 이동표를 임신한 뒤 신인(神人)에게서 진주 한 항아리를 받는 신비한 태몽을 꾸었다고 한다.[3] 그래서인지 연보[4]에 따르면 6세 무렵에 이미 문리를 통하고 15세(1658)에는 유교 경전과 역사서를 통달하였을 정도로 총명하였으며, 17세에는 동학과 함께 향교에서 『심경(心經)』을 강하고, 26세(1669)에는 하당(荷塘) 권두인(權斗寅)이 내방하여 함께 『심경(心經)』을 강론하였는데, 권두인이 감탄할 정도로 학문에 조예가 깊었다. 30세(1673)에는 당시 안동과 예안의 명사였던 유세명(柳世鳴), 김명기(金命基),

---

1 　이동표가 어머니에게 보낸 편지 가운데, 과거 시험을 보는 기간에 쓴 편지는 7건이며, 관직 생활을 할 때 쓴 편지는 7건이다. 3건은 과거 시험을 보기 이전에 쓴 것으로 추정된다.

2 　과거 시험을 치르는 과정, 파방, 행적 등에 관한 많은 내용은 전경목(2011)을 주로 참고하였다.

3 　태몽에 대해서는 박정숙(2012), 이원걸(2013) 등에서 언급하고 있다.

4 　『懶隱先生文集』 권7. 이후, 이동표의 연보와 관련하여서 특별히 인용 출처를 밝히지 않은 내용은 정경목(2011), 이원걸(2013)에 나온 내용을 『懶隱先生文集』 권7에서 확인한 것이다.

권두인(權斗寅) 등 36명과 함께 학계(學契)를 조직하여 학문과 도의를 연마하였다.

이동표는 예를 알고 있었다. 11세(1653) 때에는 조모상을 당하였는데, 부친을 따라 예법에 의거해 상사(喪事)를 조집(助執)하여 주위 사람들을 놀라게 하였다. 또한 말과 행동에서 한 번도 규율에서 벗어나는 일이 없었다.

이동표는 1677년(34세) 중광회시에 장원을 하였으나 파방되었다. 그 후 고향에서 과거 공부를 단념하고 성리학 공부에 몰두하였다. 그러다가 어머니의 권고로 1683년(40세) 중광문과에 응시하여 을과로 급제하였다. 1687년(44세) 창락도 찰방에 임명되어 타지에서 관직 생활을 하면서도 어려운 살림과 집안의 대소사를 꼼꼼하게 챙겼다. 1677년 과거시험부터 관직 생활을 할 때까지 어머니와 부인, 딸에게 여러 차례 보낸 편지들에 이때의 상황이 잘 나타나 있다.

이동표는 1689년(46세) 기사환국(己巳換局) 때 인현왕후의 폐위를 반대하여 양양현감으로 좌천당하였으나, 왕명으로 한림을 뽑을 때 영의정 권대운이 경학과 사장이 영남에서 제일인 인재라고 천거하여 헌납되었고, 그 후 수찬이 되었다. 그 후 성균관전적을 거쳐 홍문관부수찬에 제수되었고 사간원헌납, 이조좌랑, 홍문관교리 등 요직에 두루 임명되었으나 그때마다 사직을 반복하여 유림들은 그를 소퇴계(小退溪)라 일컬었다.[5]

어머니에 대한 이동표의 효행은 각별했는데, 손님이 없으면 항상 어머니 곁에 있으면서 필요한 심부름을 부인이나 비첩들이 대신하게 하지 않았으며, 어머니의 수저를 챙기고 옷과 이부자리를 살피는 일은 자신이 친히 했다. 측간에 갈 때도 부축하여 몸이 다치지 않게 했고, 고금의 좋은 말과 선

---

5 이동표에 대해서는『난은선생문집(懶隱先生文集)』권7, 박정숙(2012), 이원걸(2013),『한국민족문화대백과사전』,『조선왕조실록』,『승정원일기』등을 참조하였다.

행, 일가의 고사, 주변의 좋은 일 등을 들려주었다. 어머니가 즐거워하도록 간혹 어린아이 놀이를 하기도 했다. 또한 일찍 홀로된 어머니 봉양을 최우선으로 삼아 벼슬도 가능한 고향 근처에서 할 수 있도록 애를 썼다.(박정숙 2012 참조)[6]

이동표는 1698년(55세) 12월에 모친상을 당한 후 지나친 슬픔으로 건강을 해쳐 삼년상을 다 치르지도 못하고, 결국 어머니의 묘소 앞 여막에서 1700년(57세) 7월에 세상을 떴다.

이천소(李千梳)가 되다

이동표는 21세(1664)에 부친의 병세가 위독해지자 손가락을 끊어 흘러내린 피를 약에 타서 올릴 정도로 효심이 깊었다. 그러나 아버지의 유언에도 불구하고 과거 급제에는 전혀 관심이 없었다. 21세 이후에 과거 시험을 한 번도 치르지 않았다. 그러나 32세(1675, 숙종 원년) 8월에 증광생원시(增廣生員試)와 문과 초시에 모두 합격하였는데, 이는 당시 아우 이세표(李世標)가 과거시험 공부를 하다가 병으로 죽고 여동생마저 요절하여 이에 상심한 어머니를 위로해 드리기 위하여 과거에 응시한 것이었다. 곧 이동표의 과거 응시는 자신의 입신양명(立身揚名)을 위한 것이 아니라 동생의 뜻을 이루고 어머니를 기쁘게 하기 위한 것이었다.

이동표는 문과 초시 후 동당시(東堂試)에 응시하였는데, 시관(試官)이 그의 이름을 잘 알고 있었기에 미리 말하기를 이번 시험의 장원은 딴 사람에게

---

6 박정숙(2012)에서 인용한 이 내용은 『난은선생문집』 「제현기문록」 이동표의 동생인 이문표에게 들은 말을 기록한 강재숙(姜再淑)의 기사에서 뽑은 것이다.

돌아가지 않을 것이다 하였다. 이동표는 그 말을 듣고 웃더니 응시할 날에는 새벽에 일어나서 머리를 빗는데 천 번을 빗느라 시간이 늦어져서 시험장에 들어가지 못하였다. 사람들이 조롱하여 웃으며 이천소(李千梳)라 별명을 붙였다. 아마도 이동표는 출처대의(出處大義)를 더 중요하게 생각하였던 모양이다. 가볍게 출사해 더러는 그 지키는 바를 잃거나, 더러는 몸이 화망(禍網)에 걸리는 것을 경계하여 시험장에 들어가지 못한 것이다. 어렸을 때부터 말과 행동에서 규율에 벗어난 적이 없는 이동표의 행동다운 면모가 있다.

다시 과거를 치르다

출처대의(出處大義)도 중요하지만 아버지의 유언도 제대로 지키지 못하고 어머니를 기쁘게도 해 주지 못한 점이 마음에 걸렸는지 이동표는 그로부터 1년이 지난 1676년(숙종 2) 10월에 대광증시로 문과가 다시 설행(設行)되자 이에 응하였다. 그때 그의 나이는 34세였다. 경상도에서 치러진 초시에 합격한 후 35세 되던 해인 1677년(숙종 3) 복시(覆試)를 치렀다. 복시를 치르기 위하여 상경한 후에 어머니께 몇 통의 편지를 보냈는데, 이 편지에 어머니를 위하는 그의 마음이 드러나 있다.

오록 아즈바님은 괴산 원의게 내 편지ᄒᆞ고 의송 둔둔이 뎌겨 보내여시니 응당이 초즈실 듯ᄒᆞ옵더니마는 엇디ᄒᆞ신디 그도 그 후 긔별은 모롤소이다 가스리 진스는 년ᄒᆞ여 등복 맛나고 ᄂᆞ려가려 ᄒᆞ던 초의 시익 시 인마를 어더 흠끠 ᄂᆞ려가오니 즉시 가 뵈옵고 옛 긔별 가 즈셰 ᄒᆞ라 ᄒᆞᄂᆞ이다 험셕이는 여ᄃᆞ

래날 챵방ᄒ고 아흐랜날 대궐의 가 샤은슉비를 ᄒ고 그리로셔 댱가를 가오니
제 동년들이 아는 사롬은 다 언약ᄒ고 셩원 댱원 댱원은 뭇손의 ᄾ촌 쳐남이
오매 댱원이 모든 동년들 거ᄅ리고 위요를 가려 ᄒ오니 므든의 챵부들과 온
갓 풍뉴들 ᄒ고 위요ᄒ여 가리라 ᄒ오니 그 영화롭기 인간의 ᄀ장 드믄 일이
오니 더욱 긔특ᄒ오며 모든 지샹들이나 아ᄌ바님 친ᄒ신 관원은 다 둘 보고
뭇ᄌ오니 우연티 아니ᄒ오이다 긔별 ᄌ셰 알고쟈 ᄒ실 거시오매 대강 긔별ᄒ
옵ᄂ이다 뭇아ᄌ바님 벼슬ᄒ시고 진시올만졍 년ᄒ여 ᄒ오니 그런 다ᄒᆡᆼᄒ온
일이 업ᄉ오니 ᄒᆡᆼ혀 텬ᄒᆡᆼ으로 이번 급뎨옷 ᄒ오면 극진홀가 시브오ᄃ 엇디
되올디 ᄒ나 못 ᄒ나 다 하롤히오니 브질업시 기드리디 마옵쇼셔 지리ᄒ와
그치옵ᄂ이다 뎡ᄉ 이월 열엿쉔날 ᄌ식 동표 술이〈이동표가-28, 1677년, 이동
표(아들)→순천김씨(어머니)〉

[오록 아주버님은 괴산(槐山)의 원(員)에게 내 편지하고 의송(議送)을 단단히
적어 보내었으니 응당히 찾을 듯하더니마는 어떻게 한지 그도 그 후 기별은
모르겠습니다. 가스리 진사(進士)는 연이어 중복(重服)을 만나고 내려가려 하
던 차에 색시 인마(人馬)를 얻어 함께 내려가니 즉시 가 뵙고 옛 기별을 가서
자세히 하라 하겠습니다. 험석이는 여드렛날 창방(唱榜)하고 아흐렛날 대궐(大
闕)에 가 사은숙배(謝恩肅拜)를 하고 그리로서 장가를 가니 제 동년(同年)들이
아는 사람은 다 언약(言約)하고 생원(生員) 장원(壯元), 장원은 맏손자의 사촌
처남이매 장원이 모든 동년들 거느리고 위요(圍繞)를 가려 하니 모든 창부(倡
夫)들과 온갖 풍류(風流)들 하고 위요하여 가리라 하니 그 영화롭기가 인간 세
상의 가장 드믄 일이니 더욱 기특하며 모든 재상들이나 아주버님 친한 관원
은 다들 보고 물으시니 '(생원 장원이) 우연한 것이 아닙니다.' 기별 자세히 아
시고자 할 것이매 대강 기별합니다. 맏아주버님이 벼슬하시고 (험석이가) 진
사일망정 이어서 하니 그런 다행한 일이 없으니 행여 천행(天幸)으로 이번 급

제까지 하면 극진할까 싶되 어찌 되올지, (급제를) 하나 못 하나 다 하늘의 뜻이오니 부질없이 기다리지 마십시오. 지리하여 그치겠습니다. 정사년(丁巳年) 2월 16일 자식 이동표 상사리]

과거 시험을 치르기 위해 서울로 올라간 아들에게서 오랜 기간 소식이 없다면 어머니는 얼마나 마음 답답해하실 것인가? 이동표 역시 내려가는 괴산 원에게 어머니께 보내는 편지를 보냈는데 편지를 받았는지 어머니는 잘 계시는지 소식이 없어 답답해하고 있었다. 다행히 '가스리'라는 마을의 진사(아마도 구담 진사를 이르는 듯하다)가 중복(重複)을 맞아 내려가는 하인에게 부탁해 어머니께 험석이가 진사시에 합격하였다는 좋은 소식의 편지를 전한다. 험석이는 삼촌인 이명익(李溟翼)의 아들 이학표(李學標)로 추정된다. 편지에 따르면 진사시 복시 합격자를 창방(唱榜)을 통하여 알린 것은 1677년 2월 8일이다. 당시 생원진사사의 합격자들은 사은숙배 후 장원을 앞세워 서울 시내를 행진하였다. 며칠 후 결혼을 하게 될 험석이가 생원진사시에 합격하여 서울 시내를 떠들썩하게 행진하는 모습을 전하면 어머니가 기뻐하실 것으로 생각하여 이 사실을 편지에서 자세히 묘사하고 있다. 또한 삼촌 이명익이 벼슬을 하고 또 그 아들 험석이가 진사시에 급제를 하게 되어 그런 다행스러운 일이 없다는 마음을 전한다. 조상 때부터 급제를 해 왔기 때문에 자신의 대에서 급제가 나오게 된 것을 다행스럽다고 생각한 것이다. 한편으로는 자신의 과거 급제를 고대하실 어머니가 걱정되었을 것이다.

이동표가 과거를 보게 된 것은 어머니를 기쁘게 해 드리기 위한 것이었다. 만약 자신이 과거에 급제하지 못한다면 어머니의 실망이 대단할 것이며 병까지 얻을지도 모를 일이다. 자신의 과거 급제를 지극히 바라고 있을 어머니가 걱정되어 자신이 천행으로 이번 과거에 급제까지 하면 얼마나 좋겠는가마는 급제를 하고 못하고는 하늘의 뜻이라면서 부질없이 기다리지 말라고 당부하고 있다. 기대가 크면 실망도 크고 기대하지 않으면 실망도 그만큼 작아지기 때문이다.

이동표는 복시[覆試＝회시(會試)]의 종장을 치르기 전날 과거 소식을 손꼽아 기다릴 어머니께 또 편지를 보냈다.

구담 진ᄉᆞ ᄂᆞ려가올 적 술이 알외얏ᄉᆞᆸ더니 보ᄋᆞᆸ시니잇가 요ᄉᆞ 열흘이나 긔별 듯ᄌᆞᆸ디 못ᄒᆞ와 답답ᄒᆞ오며 년ᄒᆞ여 긔운이나 무ᄉᆞᄒᆞᆸ시며 ᄒᆡ산도 무ᄉᆞ히나 ᄒᆞ오니잇가 지금 아낫ᄉᆞ올 주리 아니오더 듯디 못ᄒᆞ와 민망 넘녀ᄒᆞ오며 아희들이나 다 셩ᄒᆞ오니잇가 두원이는 신도 그리 ᄇᆞ란다 ᄒᆞᆸᄂᆞᆫ 거슬 못 ᄒᆞ여 보내ᄋᆞᆸ고 아므것도 어더 보내ᄋᆞᆸ디 못ᄒᆞ오니 블샹ᄒᆞ오이다 ᄌᆞ식은 년ᄒᆞ여 무ᄉᆞᄒᆞ오며 어제 과거 드러 무ᄉᆞ히 글 지어 바티고 낫ᄉᆞ오니 ᄂᆡ일 ᄯᅩ 드올소이다 과거ᄒᆞ기야 하늘만 밋ᄉᆞᆸ디 어이 기드리오링잇가 브듸 ᄆᆞᆷ 태연히 ᄒᆞ시고 죠곰도 기들리디 마ᄋᆞᆸ쇼셔 험셕이는 당가드오듸 그날 비로 ᄒᆞ여 호ᄉᆞᆯ 극진히 못 ᄒᆞ오니이다 뉴 진ᄉᆞ 올 적 편지 보왓ᄂᆞ이다 아므려나 긔운 년ᄒᆞ여 조심조심ᄒᆞᆸ시고 ᄒᆡ산이나 조심ᄒᆞᆸ을 ᄇᆞ라ᄋᆞᆸᄂᆞ이다 마춤 버들밧 권희열시 관쥬인 가ᄋᆞᆸ거놀 하 밧브와 잠간 알외ᄋᆞᆸᄂᆞ이다 뎡ᄉᆞ 이월 스므이튼날 ᄌᆞ식 동표 술이 녀쳔 원은 아직 못 보와시니 관하인도 인편의 편지 못 ᄒᆞᆸᄂᆞ이다.〈이동표가-17, 1677년, 이동표(아들)→순천김씨(어머니)〉

[구담 진사 내려갈 때 사뢰어 아뢰었더니 보셨습니까? 요사이 열흘이나 기별을 듣지 못하여 답답하며 연하여 기운이나 무사하시며, 해산도 무사히 하였습니까? 지금 아니할 줄이 아니되 듣지 못하여 민망하고 염려되며 아이들이나 다 성합니까? 두원이는 신도 그리 보낸다 하는 것을 못하여 보내고 아무것도 얻어 보내지 못하오니 불쌍합니다. 자식은 연하여 무사하며 어제 과거 들

어 무사히 글 지어 바치고 나왔사오니 내일 또 들어갑니다. 과거 하기야 하늘만 믿지 어이 기다리겠습니까? 부디 마음 태연히 하시고 조금도 기다리지 마십시오. 험석이는 장가들되 그날 비 때문에 혼사를 극진히 못하였습니다. 유진사 올 적 편지 보았습니다. 아무튼 기운 연하여 조심하시고 해산이나 조심하기를 바랍니다. 마침 [버들밧]의 권희열 시 관주인이 가거늘 너무 바빠 잠깐 아룁니다.

정사년 스무 이튿날

자식 동표 올림

여천 원은 아직 못 보았으니 관하인도 인편에 편지 못합니다.]

이 편지는 2월 22일에 보낸 것이므로, 지난 편지에서 2월 8일 험석이의 급제 소식을 전한 후, 거의 14일 만에 쓴 것이다. 먼저 구담 진사 내려갈 때 아뢴 편지는 보셨냐고 묻는 것으로 보아, 지난번에 보냈던 편지에 답장도 받지 못한 상태에서 그간의 사정을 어머니께 알리기 위하여 편지를 쓴 것으로 보인다. 서울로 올라올 때 아내의 해산 날짜가 다가왔을 것인데 그 사이 해산을 하지 않았는지 묻는 것도 빠뜨리지 않고 있다.

『한국민족문화대백과사전』에 따르면 식년 문과에는 초시·복시·전시의 3단계 시험이 있었다. 이 중 초시·복시는 초장·중장·종장으로 나누어 고시(考試, 과거의 성적을 살펴서 등수를 매김)하고, 초장·중장·종장의 종합 점수에 의하여 33인을 합격시켰다. 일반적으로 전시에서는 석차만 결정하였기 때문에 복시에 합격하는 것은 급제를 의미하였다. 전경목(2011)에 따르면 원래 문과 복시의 경우 초장에서는 강경(講經)을, 그리고 중장과 종장에서는 제술(製述)을 시험하도록 되어 있었는데,[7] 이때의 복시에서는 초장과 종장만 치렀으며 초장도 강경이 아닌 제술로 바꾸어 시험을 쳤다고 한다.

위 편지에 따르면 어제 과거에 들어 무사히 글을 지어 바치고 나왔으며 내일 또 시험을 치러 들어간다고 하였다. 어제는 21일이고 내일은 23일이다. 그러므로 이 편지에서 어제 친 시험은 초장을 말하며, 내일 볼 시험은 종장을 말하는 것이다.

그 사이에 험석이가 비가 오는 날 혼인식이 있어 제대로 혼사를 치르지 못하였다는 것과 무사히 글을 마치고 나왔다는 사연을 전하고 있다. 또한 "과거에 급제하는 일은 하늘만 믿지 어이 기다리겠습니까? 부디 마음 태연히 하시고 조금도 기다리지 마십시오"라면서 어머니에게 큰 기대하지 말 것을 또다시 당부하고 있다. 멀리에서 합격 소식을 기다리는 사람의 마음이 직접 시험장에 들어가 시험을 치는 사람의 마음만 하겠는가마는, 이동표는 자신의 떨리고 긴장되는 마음보다는 과거 급제 소식을 손꼽아 기다리는 어머니를 더 생각하고 있다.

과거, 파방(罷榜)이 되다

이동표가 앞의 편지에서 초장의 시험에서 무사히 글을 지어 바치고 나왔다고 한 것으로 보아 시험을 잘 치른 것으로 보인다. 내심 급제를 기대하고 있었을지 모른다. 그러나 복시의 종장을 치르는 과정에서 부정행위가 발견되는 문제가 발생하였다.

---

7   강경(講經)은 사서삼경(四書三經) 등 정해진 책의 구두와 해석 능력을 평가하는 시험이며, 제술(製述)은 經書와 史書에 대한 이해를 바탕으로 사서의(四書疑)·오경의(五經義)·시(詩)·부(賦)·운문(韻文)과 표(表)·논(論)·책(策) 등 여러 형식의 문장을 짓는 시험이다(정승경 2019:40).

이날은 곧 문과(文科) 회시(會試)의 종장(終場) 날인데, 유생(儒生)들이 허다히 수종(隨從)들을 데리고 들어와 더러 차서(借書)하거나 차술(借述)할 꾀를 부리는 자가 있었다. 거자(擧子)들이 일제히 고발함에 따라 시관(試官)이 거자들로 하여금 각자의 시권(試券)을 가지고 동쪽 마당으로 옮겨 가 서도록 하니, 그 중에서 시권이 없는 사람이 12인이었다. 연유를 물어보니, 여필진(呂必振)·윤상은(尹相殷)·임재(林梓)·윤빙삼(尹聘三)·최해원(崔海遠)·최욱(崔煜) 등 6인은 모두 초시(初試)를 보지 않은 사람으로, 최해원은 나주 목사(羅州牧使) 윤이익(尹以益)의 수종이고 윤상은은 유신(柳莘)의 수종이며, 임재와 최욱은 '수종이 아니고 관광(觀光)하기 위해 입장(入場)했다.'고 했었다. 이정창(李廷昌)·이장백(李長白)·이형(李蘅)·이한영(李漢泳)·이두상(李斗相)·양만상(楊萬祥) 등 6인은 모두 초시를 본 사람들로 이정창은 윤상은에게 시권을 할급(割給)하고, 이장백도 다른 사람에게 시권을 할급하고, 이형과 이한영은 시권을 다른 사람이 정납(呈納)하게 하였는데 끝내 할급받은 사람을 바른 대로 고하지 않았고, 이두상과 양만상은 원래 시권이 없었다. 이래서 형조(刑曹)와 의금부로 하여금 가두고 죄를 다스리도록 했다.〈『숙종실록』, 숙종 3년(1677) 2월 23일자〉

지금까지의 과거에서 부정행위가 없었던 것은 아니었지만, 이번의 부정행위는 그 규모가 작지 않은 것이었다. 임금이 대신들에게 과거의 부정행위를 어떻게 할 것인지, 즉 과거를 파할 것인지에 대하여 물었으나 대신들의 의견은 달랐다. 영의정 허적(許積)은 초시, 즉 생원(生員)·진사(進士)시는 그대로 두고 회시(會試, =복시)만 파장(罷場)하고, 다시 날을 정하여 회시를 보게 하는 것이 옳다고 하였다. 그러나 좌의정 권대운(權大運)은 회시만 파장하는 것은 미봉책이기 때문에 초시까지 파방(罷榜, 과거에 합격한 사람의 발표를 취소

하던 일)을 하는 것이 옳다고 하였다. 임금은 허적의 말대로 회시만 파방을 하는 것으로 하였는데, 이후 허목(許穆)이 차자(箚子, 일정한 격식을 갖추지 않고 사실만을 간략히 적어 올리던 상소문)를 올리고, 대사간 조위명(趙威明), 장령 이석관(李碩寬)이 상소하고, 사간원에서 또 논계(論啓, 신하가 임금의 잘못을 따져 아룀)까지 하여 초시도 아울러 파방하고 다시 초시와 회시를 보게 하기를 청하였으나, 임금이 모두 들어주지 않았다.[8]

이동표는 조정에서 지지부진하게 이루어지는 파장(罷場) 또는 파방(罷榜) 논의에 대한 소문을 편지에 적어 어머니께 보냈다.

알성은 초여ᄃ랜날이읍고 우리 보올 과거는 열흔날이오ᄃ 됴뎡 의논이 성진방재 다 파방을 홀 거시라 ᄒ리 잇스와 시방도 듯토오니 그러케 되오면 혐셕의 진ᄉ 블샹ᄒ오며 우리 초시도 다 파ᄒ고 새로 싀골셔 뵈이올 거시니 민망ᄒ오려니와 의논들이 그는 ᄀ장 듕난ᄒ니 동당 회시만 다시 뵈일 거시라 ᄒ고 그리 뎡ᄒ엿ᄉ오니 열흔날이 다들라야 결단을 아올소이다 힝혀 열흔날 보와 그 과거 ᄒ오면 스므이튼날이 뎐시읍고 ᄉ월 초이튼날이 챵방이오니 ᄂ려가읍기 졈졈 므러 가오니 아마님 기ᄃ리시기로 ᄒ여 민망민망ᄒ오ᄃ ᄉ셰 그러ᄒ오니 엇디ᄒ오링잇가 죠곰도 기ᄃ리 마르시고 긔운을 조심ᄒ웁심 ᄇ랍ᄂ이다 아들은 나핫ᄉ오니 힝혀 과거 ᄒ오면 그런 경ᄉ 업ᄉ올가 ᄒ웁ᄂ이다 마는 하늘히 ᄒ시는 일이오니 아므려나 되올 거시오니 기ᄃ디 마르쇼셔 집은 니엿습ᄂ디 방들의 도벽이나 다 됴히 ᄒ엿ᄂ니이다 혐셕이는 알셩 보고 공쥐로 가려 ᄒ고 아직 잇습ᄂ이다 보롬날로 아ᄌ바님 영의 도라오시매 저는 몬져 열흘ᄭ 노려가올 거시오니 나는 과거ᄒ와도 ᄉ월 초열흘 젼의 혼자 공쥐

---

8   『숙종실록』, 숙종 3년(1677) 2월 23일자 기사 참조

로 느려가옵고 못 ᄒ오면 삼월 보롬 후의 공쥐 인마옷 오오면 즉시 느려가 집

으로 수이 가올소이다 뎡스 이월 그믐날 ᄌ식 동표 술이〈이동표가—18, 1677년,

이동표(아들)→순천김씨(어머니)〉

　[알성시는 8일이고 우리가 볼 과거는 10일인데, 조정의 의논이 생원시와

진사시까지 다 파방을 할 것이라 하는 사람도 있어 지금도 다툽니다. 그렇게

되면 험석이의 진사(시험)은 불쌍하며 우리도 초시를 다 파방하고 새로 시골

에서 보게 할 것이니 (그렇게 되면) 민망하겠거니와, (조정의) 의논들이 그것

(파방하는 일)은 중요하고도 어려운 일이니, 동당의 회시만 다시 보게 할 것이

라고 하고 그렇게 정하였으니, 10일이 다다라야 결단을 알 것입니다. 행여 10

일이 되어 보아, 그 과거(회시에 급제)를 하면 22일이 전시(殿試)이고, 4월 2일

이 창방(唱榜)이니 (집에) 내려가는 것이 점점 늦춰지니 어머님 기다리시기로

하여 (늦게 가게 되니) 민망하고 민망합니다. 일의 형세가 그러하니 어찌하겠

습니까? 조금도 기다리지 마시고 기운을 조심하시기 바랍니다. 아들을 낳았으

니, (제가) 행여 과거를 급제하면 그런 경사가 없을 없을까 합니다만 하늘이

하시는 일이니 어떻게든 될 것이니 기다리지 마십시오 집은 (지붕을) 이었는

지, 방들은 도벽이나 다 잘 하였습니까? 험석이는 알성시를 보고 공주로 가려

하고 아직 있습니다. 보름날로 작은아버지께서 감영으로 돌아오시므로 험석

이는 먼저 3월 10일께 내려갈 것입니다. 나는 과거 해도 4월 10일 전에 혼자

공주로 내려가고, 과거 못 하면 3을 15일 후에 공주에서 인마가 오면 즉시

내려가 집으로 빨리 갈 것입니다.

　1677년 2월 그믐날. 자식 동표 아룀.]

　소요뫼 아ᄌ바님 편지 거월 열이튼날 나온 편지 보옵고 년ᄒ여 긔운 평안

ᄒ옵시고 희산도 무ᄉ ᄒ옵고 아들 나핫다 ᄒ오니 깃습기 ᄀ이업ᄉ와 ᄒ오며

그 후의 긔별 모르와 훗비 아느다 ㅎ옵더니 즉 ㅎ리오며 아희도 중실타 ㅎ오
니 더욱 깃브오니 년ㅎ여 셩ㅎ오니잇가 즉시 가 보올 거시면 아니 ㅎ오링잇
가마는 과거 믈리와 이리 무ㅎ 아래 노니 답답ㅎ와 엇그제 공쥬로 편지ㅎ엿
습더니 못 밋처 갓습느니잇가 요스이는 긔운이나 엇더ㅎ옵시니잇가 둘포 되
오니 스모 フ업스오며 주식은 년ㅎ여 무스ㅎ오디 과거롤 두 날 다 무스히 보
온 후의 션븨들히 눕 더블고 드니 잇다 ㅎ고 방을 아니 내고 그 과거롤 파댱
을 ㅎ고 다시 회시롤 뵈이게 ㅎ여 처엄의 초열흔날로 뎡ㅎ엿더니 쏘 열엿쇈
날로 믈럿스오니 그날이나 일뎡 보올디 아래 머믈기 민망민망ㅎ오며 처엄은
초시재 파ㅎ고 감시 회시도 다 파ㅎ여야 올타 □고 의논이 이셔 샹소도 ㅎ옵
더니 감시 회□는 아니 파홀가 시브오듸 우리 보올 동□은 아므리 되올 줄도
아직 모르옵거니와 □엿쇈날이 다둣ㅈ오면 아니 보랴 시브오듸 그날 보와도
방은 스므이틀사흔날 스이 나올 거시오니 도라가기 졈졈 머러 민망민망ㅎ오
며 거번의 헛거슬 어마님 디방ㅎ옵시기 엇디 디나옵시니잇가 더욱 민망ㅎ여
아므려나 즉시 긔별ㅎ옵고져 ㅎ온들 네쳔 원도 어듸 갓는디 모르옵고 인마
업시 잇스오니 가 보도 못ㅎ옵고 다른 듸로 편지 못 ㅎ여 공쥬로 ㅎ여 보내엿
더니 게도 슌힝 나 겨□고 즉시 뎐ㅎ기 쉽스오링잇가 마춤 숏밤 권 싱원이
우리개 니 좌슈 사회러니 죵을 우리개로 보내옵거늘 이 술이 알외옵느이다
아모려나 긔운 년ㅎ여 조심조심ㅎ옵□고 아희들이나 무스ㅎ오면 스월의야
아□ 도라가오링잇가 하 밧브와 이만 알외옵□이다 오늘 한식 졔스나 엇디
ㅎ여 디나시며 샹묘ㅎ옵느니잇가 험셕이는 아직 슌힝 도라오신 후의 열흘끠
로 공쥬 가려 ㅎ느이다 뎡스 삼월 초나흔날 주식 동표 술이〈이동표가-20, 1677
년, 이동표(아들)→순천김씨(어머니)〉

[[소요뫼]] 작은아버지의 편지인 지난달 12일에 한 편지를 보고, (어머니께
서) 계속하여 기운이 평안하시고, (부인이) 해산도 무사히 하고 아들을 낳았다

하니 기쁘기 그지없습니다. 그 후의 기별 모르고, 산후통으로 배를 앓는다 하였는데 곧 낫고 아이도 충실하다고 하니 더욱 기쁩니다. (아이는) 계속하여 성합니까? 즉시 가 보면 아니 좋겠습니까마는 과거가 연기되어 그 후로 이리 무한히 놀게 되니 답답하여 엊그제 공주로 편지하였는데 아직 도착하지 않았습니까? 요사이는 기운이나 어떠하십니까? 달포가 되니 사모하는 마음이 그지없습니다. 자식은 계속 무사합니다. 과거를 두 날(이틀 동안) 다 무사히 본 후에 선비들이 남을 데리고 든 사람이 있다고 하여 (합격자) 방을 내지 않고 그 과거를 파장(罷場)하고 다시 회시(會試)를 보게 하여 처음에는 (회시 보는 날을) 8일로 정하였다가 또 16일로 연기했는데 그날이나 반드시 볼지(시험이 치러질지), (이 후로) 머물기가 민망하고 민망합니다. 처음은 초시를 파방하고, 감시(생진사시)의 회시도 다 파방해야 옳다고 하는 의논이 있어 상소도 하였는데, 감시의 회시는 파하지 않을까 싶은데, 우리가 볼 동당은 어떻게 될 줄 아직 모르겠지만 □(열)엿샛날이 다다르면 보지 않겠는가 싶습니다. 그날 (과거를) 보아도 방은 22~3일 사이에 나올 것이니 (어머님께) 돌아가기 점점 멀어져 민망하고 민망합니다. 지난번에 헛것을 (보내고) 어머님께서 방 붙기를 기다리셨을 것인데 어떻게 지내십니까? 더욱 민망하여 어떻게든 즉시 기별하고자 하였지만, 예천 원님도 어디 갔는지 모르고, 인마도 없이 있으니 가 뵙지도 못하고, 다른 데 편지도 못 하여 공주로 편지 써서 보냈더니 그쪽도 순행을 나가 계시고 하여, (어머님께) 즉시 전하기가 쉽겠습니까? 마침 숫밤[松夜] 지역 권 생원이 우리 중 아무개 이 좌수의 사위인데, 종을 우리 아무개(이 좌수)에게로 보내서 이 말씀(편지)를 아룁니다. 아무쪼록 기운 계속하여 조심조심하시고, 아이들이나 무사하면 사월에야 돌아가지 않겠습니까? 무척 바빠 이만 아룁니다. 오늘 한식 제사는 어떻게 지내셨으며, 성묘는 하셨습니까? 험석이는 잠깐 순행 갔다가 돌아온 후에 10일 쯤 공주로 가려고 합니다. 1677년

3월 4일. 자식 동표 아룀.]

두 편지는 2월 말일과 3월 4일에 보낸 편지이므로 4일간의 차이를 두고 기술한 것이다. 앞의 편지를 먼저 보냈지만, 뒤의 편지가 일찍 도착할 것으로 예상하여 뒤의 편지에서 회시(=복시)에서의 선비들의 부정행위로 인한 파장과 관련된 이야기를 자세히 전하고 있다.

두 편지에서 전하는 조정의 논의와 관련된 소문은 앞의『숙종실록』의 내용과 거의 같다. 편지에서 초시까지 모두 파방을 해야 한다고 다투기도 하지만, 파방하는 것은 중요하고도 어려운 일이니 (임금이 영의정 허적의 말을 들어) 회시만 파장하는 것으로 정하였다고 하고, 그것도 실제로 시험일인 10일이 되어 봐야 알 수 있다고 하였다. 나중에 보낸 두 번째 편지에서는 시험일을 8일로 정하였다가 또 16일로 연기했는데 그날이나 시험이 치러질지, 이 후로 머물기가 민망하고 민망하다고 전하고 있다.

이동표에게 파장(罷場) 소식은 날벼락과도 같았을 것이다. 예정대로라면 종장의 시험만 치르고 창방(唱榜)만 기다리면 되는 일이었는데, 다른 응시생이 종장 시험에서의 부정행위를 하여 회시를 파장해야 된다는 이야기, 생원시와 진사시까지 모두 파장을 해야 된다는 이야기까지 듣게 된 것이다. 만약 파방이나 파장이 된다면 그동안의 수고는 물거품이 될 위기에 처하게 된 것이다. 과거 전체가 파방이 된다면 이동표나 진사시에 합격한 험석이는 시골에서 초시부터 다시 시험을 봐야 하기 때문에 민망하고 민망하다는 안타까운 마음을 표현하고 있다.

과거시험의 상황이 이러하니 이동표 자신으로서는 어찌할 도리가 없을 것이지만, 이 모든 걱정은 어머니에게로 향하고 있다. 지난 번 편지에서 내심 기대를 하고 어머니께는 부디 마음 태연히 하시고 조금도 기다리지 말라고 하였지만, 어머니는 방이 붙기를 기다리셨을 것이다. 이번 편지에서도 다시 조금도 기다리지 마시고 기운을 조심하시기 바란다면서 어머니를 걱정하고 있다.

이러한 상황에서 아들 회겸(晦兼)이 태어났고 아이도 충실하다는 소식을 들은 것은 이동표에게 하나의 기쁨이었을 것이다. 그런데, 첫 번째 편지에서는 현재 과거 상황 때문에 아들이 태어난 기쁨을 제대로 표현하지 못하고 아들을 낳았으니 행여 과거에 급제하면 그런 경사가 없을 것이라는 표현 정도만 하다가 두 번째 편지에서 "기쁘기 그지없습니다."라고 그 기쁨을 적극적으로 표현하고 있다. 태어난 아들과 산후통을 앓다가 낫게 된 아내가 걱정되어 즉시 가 보고 싶은 마음이지만, 연기된 과거 때문에 무한히 놀고 있으면서 가 보지 못하는 답답한 마음 또한 표현되어 있다.

이러한 복잡한 상황에서도 집안 걱정 또한 내려놓지 않는다. 집의 지붕은 이었는지, 방들의 도벽은 잘 하였는지, 한식 제사는 어떻게 지냈으며 성묘는 잘 하였는지를 걱정하고 있다. 이들은 이동표가 집에 있었으면 직접 관장할 일들이었겠지만 아내마저 해산으로 집안을 돌보게 되지 못한 상황에서 집안일을 관장하는 것은 어머니의 몫이었을 것이기 때문이다.

집에 가지도 못하고 기다리는 회시는 끝내 시행되지 못하였다. 유생(儒生) 이장(李墏) 등의 상소와 권대운(權大運), 허목 등의 요청으로 임금이 초시도 파하도록 명하고 가을 무렵에 다시 초시와 회시를 실시하기로 하였다.[9] 그러나 〈연보〉에 따르면 이동표는 이때 치러진 초시와 회시에 모두 응하지 않았다.

---

9 『숙종실록』, 숙종 3년(1677) 2월 23일자 기사 참조

과거에서 급제를 하다

안타깝고도 아쉬운 마음을 가지고 집으로 돌아왔을 이동표는 이후 치러진 두 번의 과거에 응시하지 않았다. 이동표가 두 번의 과거시험에 응시하지 않은 이유를 전경목(2011)에서는 그 당시 과거시험을 시행하는 과정에 여러 가지 폐단이 있었기 때문으로 추정하고 있다. 곧 1675년(숙종 원년) 이후 과거 합격자가 모두 남인이었는데, 남인인 이동표도 남인이라는 이유로 과거에 합격하였다는 혐의를 피하기 위해서인 것으로 추정하였다.

이동표는 1683년(숙종 9년)에 다시 과거시험을 치렀는데 전경목(2011)에서도 언급한 바와 같이 과거에 재도전을 하게 된 까닭은 어머니의 권고 때문이었다.[10] 이동표는 이때 실시된 향시에서 2등을 했으며 회시에서는 장원을 하였다. 그가 장원으로 급제한 사실을 알고 기뻐하실 어머니에게 즉각 편지를 보냈다.

즉긱 방 나 급뎨 장원을 ᄒᆞ엿ᄉᆞ오니 텬힝이오며 시방 고뎌ᄒᆞ옵실 거시오니 이놈을 급급히 가라 ᄒᆞ오ᄃᆡ 살흘 후의야 가올가 그ᄉᆞ이롤 어이 기드리실고 ᄒᆞᄂᆞ이다 긔운이나 년ᄒᆞ여 평안ᄒᆞ옵시며 대되 무ᄉᆞᄒᆞ오니잇가 ᄌᆞ식은 년ᄒᆞ여 평안ᄒᆞ오니 넘녀 마ᄅᆞ쇼셔 우ᄒᆞ로셔 역질 시작ᄒᆞ여 겨옵셔 열흘이옵시니 나라 근심이 ᄀᆞ이업ᄉᆞ오ᄃᆡ 극히 슌ᄒᆞ옵시니 극ᄒᆞᆫ 경시오ᄃᆡ 좌ᄎᆞ 뎐시ᄂᆞᆫ 초ᄒᆞ론 날로 결단ᄒᆞ여 못 될 ᄃᆞᆺᄒᆞ오ᄃᆡ 아직 아디 못ᄒᆞ오니 사나흘 기드려 뎐시 쉽디 못홀 양오면 급급히 ᄂᆞ려가오려니와 아모려나 긔운이나 조심조심ᄒᆞ옵시고 이 긔별 가오면 어마님 ᄆᆞ음을 위로ᄒᆞ실 거시니 다힝ᄒᆞ오며 …… 계ᄒᆡ 시월 스

---

10 『懶隱先生文集』 권7에 이러한 사실이 나타난다.

므엿쇈날 즈식 동표 술이〈이동표가-19, 1683년, 이동표(아들)→순천김씨(어머니)〉

[즉각 발표가 나 장원 급제(及第)를 했으니 천행(天幸)이며 지금 (어머니께서 소식을) 고대하실 것이니 이놈을 급급히 가라 하되 사흘 후에야 (그곳에) 도착할까 (하니) 그 사이를 어찌 기다리실꼬 (걱정)합니다. 기운이나 계속하여 평안하시며 모두들 무사합니까? 자식은 계속하여 평안하니 염려 마십시오 임금님께서 역질(=천연두)을 앓고 계시는데 열흘이 지났으니 나라 근심이 그지없는데, 극히 순하시다고 하니 지극한 경사입니다만, [좌측] 전시(殿試)는 초하룻날로 결정되었지만, 못 될 듯하되(전시가 시행되지 못할 듯한데) 아직 알지 못하니 사나흘 기다려 전시가 쉽지 못할 양이면 급급히 내려가려니와 (어머니께서) 아무쪼록 기운이나 조심 조심하시고 이(장원한) 기별 가면 어머님 마음을 위로할 것이니 다행이며 …… 계해(癸亥, 1683년) 10월 26일 자식 동표]

한 번의 회시 포기, 한 번의 파방, 두 번의 시험 포기 후 어머니의 권유로 치른 1683(숙종 9년) 증광시 회시에서 이동표는 드디어 장원으로 급제하였다. 처음 치른 과거 이후 8년 동안 세 번의 도전만에 급제한 것이다. 8년 동안 급제를 기다린 어머니는 이 소식을 얼마나 기다렸을까? 이동표는 장원 급제 발표가 나자 당연히 소식을 고대하실 어머니께 알리기 위해 하인을 보냈다. 그런데 아무리 빨리 가라 하여도 어머니가 계시는 예천까지는 사흘이나 걸린다고 하니, 어머니께서 그 사이를 어떻게 기다릴 것인지 걱정을 하고 있다. 8년이나 기다려 왔으니 그에 비하면 3일은 짧은 시간이겠지만, 한 시라도 빨리 알려드려 그동안 기다리신 어머니를 위로하고 싶은 마음이 급했던 것이다. 이 편지를 보낸 날은 10월 26일이니 29일에는 어머니도 급제 사실을 알게 될 것이다.

이동표에게는 좋은 일은 쉽게 결정이 되지 않나 보다. 앞에서 언급한 바와 같이 과거시험의 최종 성적은 전시에서 결정된다. 전시는 복시에서 선발된 사람에게 임금이 친히 치르게 하던 과거로서, 33명의 합격자를 재시험하여 등급을 결정하였는데, 특별한 사유가 없는 한 떨어뜨리는 법은 없었다. 전시는 임금이 친히 치르기에 임금의 역할이 중요했다. 그런데, 전시를 주관해야 할 임금이 열흘 전부터 역질(천연두)을 앓게 된 것이다. 불행 중 다행으로 임금의 역질에 차도가 있었는지 전시가 우선 11월 1일로 결정이 된 모양이다. 그러나 이도 정확한 것이 아니었는지 전시가 쉽게 결정되지 못할 것 같으면 고향으로 내려가려고 했던 모양이다. 마음은 고향에 있을 이동표. 안타깝게도 11월 1일로 결정되었던 전시는 또 미루어지게 되었다. 시험이 치러지지 못한 다음 날 소식을 기다릴 어머니를 생각하여 여천 사령이 돌아가는 편에 편지를 보냈다.

그늘날 녀쳔 스령 도라가는 듸 술이 알외얏습다니 보옵시며 치위예 긔운 엇다ᄒᆞ옵시니잇가 방을 덥게 ᄒᆞ고 조심조심ᄒᆞ옵심 못내 ᄇᆞ라오며 예셔는 편지 ᄌᆞ로 보내오듸 게셔 오는 긔별을 듯ᄌᆞ올 길 업스와 두리 나마 가오니 스모ᄀᆞ업스오며 ᄌᆞ식은 년ᄒᆞ여 년목골 이셔 평안ᄒᆞ오니 내 집이나 다ᄅᆞ디 아니ᄒᆞ오니 념녀 마ᄅᆞ쇼셔 가슴도 아니 알ᄂᆞ이다 웃 병환은 거의 차복ᄒᆞ옵셔 면샹은 더데 쩌러지옵신다 ᄒᆞ오니 고금의 업슨 경스오며 뎐시도 열흘긔 되올가 시브오니 챵방 디나오면 즉시 급히 가오려니와 아직 날은 뎡치 못ᄒᆞ올소이다 미스 엇디ᄒᆞ옵ᄂᆞᆫ고 도로혀 걱경ᄒᆞ시는 일 민망ᄒᆞ오며 아모 일일디라도 가는 대로 ᄒᆞ옵디 과게 ᄒᆞ링잇가 념녀 마ᄅᆞ쇼셔 각관은 빌 듸도 업스오려니와 아모 듸 스가집이올디라도 구챤ᄒᆞᆫ 일 말고 바로나 보내여 슈네게나 밧고 가는 대로 아니ᄒᆞ링잇가 고즛들 아히도 깃거ᄒᆞᄂᆞᆫ 일 보□ 듯ᄒᆞ오며 제 나오라 ᄒᆞ여 드리고 평안히 디나쇼셔 오ᄂᆞᆫ 둥치막을 아러 긔별ᄒᆞ엿거니와 쉽디 아니면 엇디ᄒᆞᄂᆞᆫ고 관ᄃᆡ와 관ᄃᆡ 바침은 관쥬인이 비들 내여 ᄒᆞ오니 동옷 못 ᄒᆞ오나 겹옷시나 듕치막이나 이시면 ᄒᆞ올소이다 티하ᄒᆞᄂᆞᆫ 손이 보실 손이어든 보옵쇼셔 사ᄅᆞᆷ을 열흘 젼의 튱쥬 오게 보내면 튱쥬셔 열흔날 오는 사ᄅᆞᆷ 이시니 ᄒᆞᆫ가지로 올소이다 녀천 하인 가ᄂᆞᆫ ᄃᆡ 밧브와 이만 알외옵ᄂᆞ이다 계ᄒᆡ 지월 초삼일 ᄌᆞ식 동표 술이〈이동표가-25, 1683년, 이동표(아들)→순천김씨(어머니)〉

[그믐날 여천 사령(使令)이 돌아가는 데 상사리 아뢰었는데 보셨으며, 추위에 기운(氣運)은 어떠하십니까? 방(房)을 덥게 하고 조심(操心) 조심하심을 못내 바라오며 여기서는 편지 자주 보내되 그곳에서 오는 기별을 들을 길 없어 달이 넘어 가니 사모(思慕)함이 끝이 없습니다. 자식(子息)은 계속하여 연목골에 있어 평안하고 내 집이나 다르지 아니하니 염려 마십시오 가슴도 앓지 않습니다. 임금님의 병환은 거의 차복하시어 얼굴은 딱지가 떨어지신다 하니 고금(古今)에 없는 경사(慶事)이며, 전시(殿試)도 열흘께 될까 싶으니 창방(唱榜)이 지나면 즉시 급(急)히 가려니와 아직 날은 정하지 못하겠습니다. 매사(每事) (제가) 어찌하는지 도리어 (어머니께서) 걱정하시는 일 민망(憫惘)하며 아무 일 일지라도 되는대로 하지 과(過)하게 하겠습니까? 염려(念慮) 마십시오 각관(角冠)은 빌릴 데도 없으려니와 아무데 사갓집일지라도 구차한 일을 말고 바로나 보내어 [수녜게나] 받고 되는대로 아니하겠습니까? 고모들 아이도 기뻐하는 일을 보는 듯하며 제(모두) 나오라 하여 데리고 평안히 지내십시오 옷은 중치막을 이전에 기별하였거니와 쉽지 않으면 어찌할꼬. 관대(冠帶)와 관대 받침은 관주인(館主人)이 빚을 내어 하니, 동옷은 못 하나 겹옷이나 중치막이나 있으면 할 것입니다. 치하(致賀)하는 손이 보실 (만한) 손이거든 보십시오 사람을 열흘 전에 충주(忠州)에 오도록 보내면 충주에서 열흘날 오는 사람 있으니 함께 올 것입니다. 여천 하인 가는 데 바빠, 이만 아뢰옵니다. 1683년 11월 3일 자식(子息) 동표(東標) (상)사리]

편지에서 11월 초 추위에 방을 덥게 하여 건강 해치지 않도록 조심조심할 것을 당부한다. 내려가는 인편이 있어 어머니께 편지는 자주 보내나 예천에서 서울 오는 인편이 없어 집안 소식을 한 달 가까이 듣지 못하여 어머니의 안후(安候)와 아내, 그해 태어난 둘째 소식이 궁금했을 터, 그래서 '사모함이 끝이 없다'고 하였다.

전시가 또 연기되면 집으로 돌아갈 계획이었던 이동표는 또 집으로 돌아가지 못하였다. 임금의 역질이 거의 나아 얼굴에 딱지가 앉았기 때문이다. 임금의 회복세에 전시도 10일 정도로 치러질 것을 예상하고 그 이후에 창방을 하면 바로 내려가려고 하는데, 또 어떻게 될지 몰라 내려갈 날을 정하지 못하고 있었다.

편지에서 무엇보다도 아들이 어찌되는 것인지의 걱정, 급제한 것이나 마찬가지니 각관(角冠), 관대 마련할 걱정을 하고 겨울이 가까워 오면서 미처 마련하지 못한 동옷을 만들고 계실 어머니에게 염려 마실 것을 당부하고 있다. 아울러 이동표가 과거에 급제한 사실을 알고 치하하는 손님들이 올 것이니, 볼 만한 손님들이면 보라고 하였다. 급제를 치하하는 손님을 맞이하는 것도 어머니에게는 또 다른 기쁨이었을 것이다.

그 후 예천의 구담 아저씨가 보낸 편지를 통해 집안 사정을 알게 되었는데, 또 며칠 지나 어머니의 친필 편지를 받고 다시 어머니께 건강을 당부하는 편지를 보낸다.

구담 아즈바님 편지 초이튿날 나온 편지 보온 후 어마님 병환 엇더ᄒ신고 모ᄅᆞ와 일야 답답ᄒ여 디나옵다니 풍님이 오와놀 친필 ᄒ셔 밧ᄌᆞ와 보옵고 못내 깃ᄉᆞ오며 반갑ᄉᆞ기 ᄀᆞ이ᄀᆞ이업ᄉᆞ와 ᄒᆞ오며 가슴알히 왕복ᄒ여 수이 ᄒ리디 아니ᄒ시ᄂᆞᆫ가 시브오니 날은 극한이옵고 요ᄉᆞ이 엇다ᄒᆞ옵신고 넘녀 ᄀᆞ

이업스와 ㅎㄴ이다 방이나 차 시작ㅎ신디 치위예 실셥이나 ㅎ여 그러ㅎ신디
스므 날 쟝근 왕복ㅎ시거든 아므리 대단티 아니ㅎ라 ㅎ여 겨시온들 긔운이
올ㅎ여 겨시링잇가 힝혀 날 용녀홀가 ㅎ여 바론대로 긔별티 아니ㅎ여 겨옵신
가 더욱 민망ㅎ오이다 요ᄉ이나 채 ㅎ려 겨옵시며 진지나 져그나 잡ᄉ오시ᄂ
니잇가 죵 두 놈을 날마다 남글 지여 방을 ᄀ장ᄀ장 덥게 ㅎ고 아므 일도 넘
녀 마르시고 평안히 몸만 조심ㅎ여 됴리ㅎ쇼셔 다른 일이야 졀로 아니 되오
며 내 ᄂ려가 ㅎ다 므어시 그대도록 어렵ᄉ오링잇가 감ᄉ 아ᄌ바님 편지예도
술 음식이나 약간 쟝만ㅎ면 관계ㅎ랴 ㅎ여 겨시니 그러 아니ㅎ링잇가 아므리
알ㅎ실 적이라도 모르는 샹인의 약 싱심도 ᄡ디 마르쇼셔 년곡골 니 졍낭의
아이 담쳔의 긔특ㅎ다 듯고 독고마리 ᄢ ᄒ 줌을 먹고 즉시 주그니 잡약이란
거시 그런 므셥고 놀라온 일 업ᄉ오니 새삼 ᄀ르 즉시 블의나 드리쳐 업시ㅎ
쇼셔 쳔만 즉시 업시ㅎ쇼셔 한심ㅎ오이다 ᄌ식은 년목골 샹ᄉ로 ㅎ여 초아ㅎ
랜날 관규인의 집의 왓ᄉ오며 가슴도 긔미 업고 음식 잘 먹ᄉ옵고 방도 ᄀ장 덥
고 편히 잇ᄉ오니 치위를 모르오며 술히 나아ᄂ가 시브오니 죠곰 넘녀도 마
르시고 어마님 긔운 조심ㅎ옵쇼셔 ᄇ룸 조심ㅎ옵쇼셔 웃 병환은 쾌차ㅎ여 겨
시옵고 뎐시 스므ㅎ론날 챵방 스므닷쇈날 뎡ㅎ엿ᄉ오니 그 + 계히 지월 보롬
날 ᄌ식 동표 술이〈이동표가-27, 1683년, 이동표(아들)→순천김씨(어머니)〉

  [구담 아자바님 편지 초이튿날 나온 편지 본 후 어머님 병환 어떠하신고
몰라 밤낮으로 답답하여 지내더니 풍닙이 오거늘 친필(親筆) 하서(下書) 받아
보고 못내 기뻐하며 반갑기 한이 없어 하며 가슴앓이 왕복(往復)하여 쉬이 낫
지 아니 하시는가 싶으니 날은 극한(極寒)이고 요사이 어떠하신고 염려(念慮)
한이 없어 합니다. 방이나 차 시작하신 지 추위에 몸조리를 잘하지 못하여 그
러하신지 스무날 거의 왕복하시거든 아무리 대단치 아니 한다 하여 계신들
기운이 옳게 계십니까? 행여 내가 용여(容與)할까 하여 바른대로 기별하지 아

니 하여 계신가 더욱 민망합니다. 요사이나 채 나아 계시며 진지나 적게나마 잡수십니까? 종 두 놈을 날마다 나무를 지어 방을 가장 덥게 하고 아무 일도 염려 마시고 평안히 몸만 조심하여 조리하소서. 다른 일이야 절로 아니 되며 내가 내려가 한들 무엇이 그토록 어렵겠습니까? 감사(監司) 아자바님 편지에 도 술 음식이나 약간 장만하면 관계하랴 하여 계시니 그렇지 아니합니까? 아무리 앓으실 적이라도 모르는 상인(常人)의 약(藥) 생심(生心)도 쓰지 마소서. 연곡골 이 정랑(正郎)의 아이 담천(痰喘)에 기특하다 듣고 도꼬마리씨 한 줌을 먹고 즉시 죽으니 잡약이란 것이 그렇게 무섭고 놀라운 일 없으니 새삼 가루를 즉시 불에나 들여 없게 하소서. 천만 즉시 없게 하소서. 한심합니다. 자식은 연목골 상사(喪事)로 하여 초아흐렛날 관주인의 집에 왔으며 가슴도 기미 없고 음식도 잘 먹고 방도 가장 덥고 편히 있으니 추위를 모르며 살이 나았는가 싶으니 조금 염려도 마시고 어머님 기운 조심하소서. 바람 조심하소서.

웃병환은 쾌차(快差)하여 계시고 전시(殿試) 스므하룻날 창방(唱榜) 스무닷새날 정하였으니 그 …… 1683년 동짓달 보름날 자식 동표 사리.]

이동표가 회시를 치르기 위하여 서울에 온 후 한 달 동안 소식을 모르다가 구담 아저씨의 편지를 받은 지 얼마 후에 다시 어머니의 친필 편지를 받았다. 아마도 서울에 온 후 어머니의 친필 편지는 처음 받은 것으로 보인다. 기쁘고 반갑기 한이 없다는 표현을 통해 이동표의 마음을 짐작할 수 있다.

그러나 편지를 받았다는 것이 기쁠 뿐이지 실상은 걱정이 더 앞선 듯하다. 어머니의 가슴앓이 때문이다. 염려를 한이 없이 한다고 표현하고 있다. 이 가슴앓이가 폐질환을 뜻하는지, 위산 역류로 인한 명치 부위가 화끈하고 쓰린 증상인지, 아니면 단순히 기침이 심하신 것인지는 알 수 없지만, 이동표가 걱정할까봐 제대로 알리지 않아 더욱 안타깝다는 내용을 전하고 있다.

아들로서 어머니의 병을 제대로 파악하지 못하고 조처를 못한 것에 대한 안타까움의 표현일 것이다. 그래서 어머니께 종을 시켜 나무를 지어 방을 덥게 하고 아무 걱정 말고 편안히 몸만 조리하시고, 아프더라도 모르는 장사치가 파는 약재는 안 된다면서 실제로 하숙집 정랑의 아이가 담천(痰喘)에 좋다는 도꼬마리 씨 한줌을 먹고 즉시 죽었다며 절대 잡약을 쓰지 않도록 거듭 부탁하고 있다. 또한 아들이 추위에 고생할까 걱정하는 어머니께 자신은 가슴이 아픈 기미도 없고 음식도 잘 먹고, 아주 더운 방에서 추위를 모르며 편하게 있으니 조금도 염려 마시라 당부하는 것을 잊지 않는다.

이 편지에서는 전시가 21일, 창방이 25일로 정해졌다는 소식을 전한다. 위 편지와 내용이 이어진 편지에는 창방 이후의 계획과 장원은 기대하지 않는다는 내용이 적혀 있다. 다음 편지는 앞의 편지에 이어지는 내용이다.

날포 되오면 스므여드랜날 길 나와 사흘의 튱듀 가와 게셔 영분ᄒ게 긔별 ᄒ엿ᄉ오니 ᄒᄅ 디나읍고 ᄯᅩ 사흘이면 집의 드러가올 거시니 이돌이 져근디 져그면 셧둘 초나흘 닷쇈날 스이 집의 가올소이다. 힝혀 쳔만 요힝으로 ᄯᅩ 장원곳 ᄒ오면 즉시 뎐젹 브티올 거시니. 그러옷 ᄒ오면 샤은슉비롤 아조 ᄒ읍고 말믜 뎡ᄒ고야 느려가리라 ᄒ오니. 두어 날이나 더 믄ᄋ오려니와 사롬이 ᄯᅩ 그리 ᄇ라올잇가. 이 장원은 글로도 아니ᄒ여 도토리 만ᄒ오니 내게 오오며 비록 ᄯᅩ ᄒ온들 도로혀 두리온 일이옵. 긔 므어시 욕심이 잇ᄉ오링잇가. 힝혀 도라가올 날 ᄒᆫ 골스로 마치 긔별ᄒ엿다가 어마님 못 기드려 ᄒ실가 ᄒ여 이 말솜 알외읍니다. 이번 장원만 ᄒ여도 샹하의 쟈쟈ᄒ여 니ᄅ읍고. 비록 이 시졀 사롬이올더라도 모다 거룩이 니ᄅᆫ다 ᄒ오니 내 므슴 사롬이라 이러 ᄒ온고 깃브디 아니ᄒ여 너모 놉흔 과거도 블안ᄒ여 ᄒ니다. ……〈이동표가−27−2, 1683년, 이동표(아들)→순천김씨(어머니)〉

[여러날(날포) 되면(=헤아리면) 스물여드렛날 길에 나와 사흘 (후) 충주에 가고 거기서 영분하게 기별하였으니 하루 지나고 또 사흘이면 집에 들어갈 것이니 이달이 작은지, 작으면 섣달 초나흘(과) 닷샛날 사이에 집에 갈 것입니다. 행여 천만(千萬) 요행(僥倖)으로 또 장원을 하면 즉시 전적 붙일 것이니 그렇게까지 하면 사은숙배(謝恩肅拜)를 아주 하고 말미 정하고 내려가려고 하니 두어 날이나 더 늦추려니와 사람이 또 그리 바라오리까? 이 장원은 그다지도 아니하여 도토리만 하니 내게 오며, 비록 또 한들 도리어 두려운 일입니다. 그 무엇이 욕심이 있겠습니까? 행여 돌아갈 날을 한 곳으로 마치 기별하였다가 어머님 못 기다려 할까 하여 이 말씀 아룁니다. 이번 장원만 하여도 상하의 자자하게 이르고 비록 이 시절 사람이 올지라도 모두 거룩히 이른다 하니 내 무슨 사람이라 이러한지요. 기쁘지 아니하여 너무 높은 과거(科擧)도 불안(不安)해 합니다. ……]

이동표는 아직 전시를 치르지 않았지만 급제한 것이나 마찬가지이기 때문에 21일에 있을 전시 이후의 계획들을 어머니께 알리고 있다. 우선 조상의 무덤이 있는 충주에 가서 영분(榮墳)[11]을 하고 12월 4일이나 5일에 집에 들어갈 계획이다. 행여 전시에서 장원을 하게 되면 또 일정이 늦춰지게 될 것이라는 이야기도 한다. 전경목(2011)에 따르면, 장원으로 합격한 신급제자(新及第者)는 곧바로 6품직(品職)에 제수되는 것이 당시의 관례였는데 그가 예상하기로 자신이 만일 장원이 되면 성균관 전적으로 임명될 가능성이 높았으며, 그러한 경우 국왕을 다시 알현하여 전적으로 임명해 준 것에 대해 사은숙배하고 성균관에 들러 선임자들에게 인사를 한 후 휴가를 얻어서 고향

---

11 영분은 과거에 급제하거나 새로 벼슬한 사람이 그 향리의 조상 묘를 찾아가 풍악을 연주하며 그 영예를 받들어 고하던 일이다.〈표준국어대사전〉

으로 내려가야 했기 때문이다.

그런데 이동표는 또 장원 하는 일은 두려운 일이며 장원에 욕심이 없다고 말하고 있다. 실제 이동표의 마음이기도 하겠지만, 이는 회시에서 장원을 한 후 또 장원을 할 것을 기대하는 어머니와 가족들이 장원에 대한 기대를 가지지 않도록 배려하는 마음도 있을 것이다.

그러나 전시에서 이동표의 성적은 그다지 좋지 못하였다. 전경목(2011)에서는 『국조문과방목』에 따르면, 그의 성적은 병과(丙科) 1등이며 이를 전체 석차로 환산하면 급제자 35명 중 11등이었는데, 이는 전시에서는 가문의 배경과 당파 등을 고려하여 석차를 정했기 때문에 이와 같은 결과를 낳은 것으로 짐작된다고 하였다. 그래도 이동표는 자신이 저 앞의 편지에서 표현한 '영화롭기가 인간 세상에서 가장 드문 일'이라는 급제를 하였다. 급제한 기쁜 소식을 어머니께 편지로 전했을 텐데 이 편지는 남아 있지 않아 그때 이동표의 마음이 어떠했는지 알 수는 없다.

이동표는 영분을 마치고 집에 도착하였을 것이다. 이동표의 걱정(?)대로 장원은 못하였지만, 금의환향을 하는 것이기에 과거에 급제한 사람이 집에 돌아와서 베풀던 잔치인 도문잔치[到門宴]를 베풀어야 했다. 집으로 가는 도중에 이동표는 어머니께 편지를 보내 도문잔치에 초대할 가족을 일일이 챙기고 있다.

네안의도 도문 날 미리 긔별ᄒᆞ여 겨시니□가 아ᄌᆞ바님네 브터 나오쇼셔 ᄒᆞ고 원당이 부인 아ᄌᆞ마님도 아ᄌᆞ바님겨셔 가시게 ᄒᆞ라 ᄒᆞ고 셔울셔 긔별ᄒᆞ야 겨시더 늣거야 긔별ᄒᆞ여 겨시니 일명 도문 미처는 오시 줄 긔필 몯 ᄒᆞᆸ거니와 대되 오옵쇼셔 ᄒᆞ고 사ᄅᆞᆷ 보내ᄋᆞᆸ쇼셔 ᄉᆞ촌들이나 다 와 일개 못ᄌᆞ오면 죡ᄒᆞ링잇가 둘래 아ᄌᆞ마님은 엇디 아니 오시ᄂᆞ니잇가 그런 셔운ᄒᆞ온 일 업ᄉᆞ

오며 풍산 아즈마님겨옵셔나 와 겨시니잇가 혹 아니 와 겨시면 들성은 멀고
칩스오니 긔별도 몯 ᄒ오렷니와 풍산으란 사ᄅᆞᆷ 년ᄒ여 보내여 브듸브듸 오시
게 ᄒᆞ옵고 구담도 대되 다 오시게 ᄒᆞ옵쇼셔 하회 누의님도 오시ᄂᆞ니잇가 브
듸브듸 담바회나 못ᄃᆞ나 다 사ᄅᆞᆷ 여러 적 보내쇼셔 …… 이 대구 쏙 우흐로
셔 술 머기실 적 주신 대귀오니 어마님ᄭᅴ 드리려 ᄒᆞ고 가져오옵더니 문져 보
내ᄂᆞ이다〈이동표가―33, 1683년, 이동표(아들)→순천김씨(어머니)〉

[예안에도 도문잔치 날을 미리 기별하셨습니까? 아저씨네 부디 나오십시오
하고 원당 부인 아주머니, 아저씨께서 가시겠다고 하고 서울에서 기별하였으
되 늦게야 기별하셨으니 반드시 도문잔치에 미쳐서는 오실 줄 기약을 못 하
겠지만 모두 오소서 하고 거기 사람 보내십시오. 사촌(四寸)들이나 다 와 일가
가 모이면 (얼마나) 만족스럽겠습니까? 달래 아저씨는 어찌 아니 오십니까?
그런 서운한 일 없으며 풍산 아주머니께서나 와 계십니까? 혹 아니 와 계시면
들성은 멀고 추우니 기별도 못 하려니와 풍산(風山)으로는 사람 연하여 보내
어 부디 오시게 하고 구담도 모두 다 오시게 하소서. 하회 누의님도 오십
니까? 부디 담바위나 뭇 ᄃᆞ나 다 사람 여러 번 보내십시오. 이 대구 짝은
임금님께서 술 먹이실 적 주신 대구이오니 어마님께 드리려 하고 가져왔
는데, 먼저 보냅니다.]

도문잔치에 가족들을 모두 초대할 수 있도록 기별할 것을 어머니께 말씀
드리고 있다. 사촌이나 일가가 다 모이면 얼마나 만족스럽겠는가 하고 외가
와 처가 가족까지 모두 오시라는 연락을 드리도록 한다. 이렇게 사촌, 처가,
외가의 가족까지 초대하는 것은 이동표 자신이 과거 급제한 것을 자랑하기
위한 것은 아닐 것이다. 앞에서 언급한 바와 같이 이동표가 과거 시험을 본
것은 어머니의 권유 때문이었다. 곧 과거에 급제하여 어머니를 기쁘게 해

드리기 위해 과거 시험을 본 것인데, 도문잔치에 이렇게 여러 사람들을 부르는 것은 여러 가족들과 즐기기 위한 목적보다는 어머니의 기를 세워 주기 위함일 것이다. 자식이 이름을 날려 부모의 이름을 높여 주는 것이 곧 효도이기 때문이다. 임금님이 급제를 축하하기 위하여 술을 대접할 때 주신 대구도 어머니께 보낸다. 임금님이 하사하신 대구로 도문잔치를 여는 어머니는 그지없이 행복했을 것이다.

어머니를 모시기 위하여 걸군(乞郡)을 청하다

이동표는 과거에 합격한 후 성균관 학유(學諭)로 분관(分館)되었다. 『숙종실록』 숙종 10년(1684) 8월 3일자에 따르면, 이동표는 영남 사람으로 그 가운데에서는 명망이 있어 승문원(承文院)에 분관될 것이었으나 고묘소(告廟疏, 나라나 왕실 또는 집안에 큰일이 있을 때에, 이를 종묘나 사당에 고하기를 청하는 상소)에 참여하였다는 이유로 분관(分館)할 때에 여러 사람의 의논이 일치하지 않아 승문원 분관은 파좌(罷座)되었다. 성균관 학유가 된 후 4년이 지난 1687년(숙종 13)에 창락도 찰방(昌樂道察訪)으로 발령을 받았다. 이때 직무에 충실하며 청렴한 생활을 하였는데, 이때 어머니에게 쓴 편지에서도 청렴한 생활과 어머니를 위하는 마음이 절절히 나타나 있다.

1689년(숙종 15, 己巳年)에 임금이 한림(翰林)의 자격자를 특별히 추천하라는 명령을 내리자 이동표가 1등으로 추천을 받았다. 이동표는 특명으로 성균관전적에 임명되었고 이틀 만에 다시 홍문관부수찬(弘文館副修撰)에 발탁됐다. 이동표가 부임하지 않고 사양하자 다시 사간원헌납(司諫院獻納)에 임명되었다. 같은 해 그는 인현왕후(仁顯王后)의 폐위를 반대하여 처벌을 받은 박태

보(朴泰輔)와 오두인(吳斗寅) 등을 구하기 위해 상소했다가 양양현감으로 좌천 당하였다. 그 후 얼마 안 되어 수찬(修撰)과 헌납(獻納) 등 요직에 두루 임명 되었으나 관직에 임명될 때마다 자주 사직하였다. 높은 관직은 모두 위태롭 고 흔들리는 곳이라 조정에 오래 머물기가 싫었을 것이며 어머니가 연로하 였기 때문에 돌아가서 봉양하기를 간절히 빌었기 때문일 것이다.

실제로 이동표는 1691년(숙종 17)에 어머니를 모시기 위하여 고향에 내려 가겠다고 임금에게 청하였다. 그런데 다음과 같은 이유로 받아들여지지 않 았다.

교리(校理) 이동표(李東標)가 근친(覲親)하러 고향에 내려가겠다고 청하니, 임금이 특별히 전교하기를, "이동표의 문학은 경악(經幄)에 두어 고문(顧問)에 갖추기에 합당한데, 편친(偏親)이 멀리 영외(嶺外)에 있어 늘 어머니를 사모하 는 생각이 절실하니, 어찌 직무에 전념할 수 있겠는가? 이제 어버이의 병 때 문에 말미를 받는 것을 허가하지 않을 수 없어서 잠시 병구완하게 하니, 어미 를 데리고 올라오도록 하라." 하였다. 이동표가 드디어 상소하여 사례하니, 답 하기를, "너는 돌아가서 병든 어미를 살피고 빨리 올라와서 천천히 봄날이 따 뜻하여지기를 기다려 어미를 데리고 서울로 들어오도록 하라. 내 명을 어기지 말라." 하였다.〈『숙종실록』, 숙종 17년(1691) 10월 3일자〉

어머니를 위하여 고향으로 내려가겠다는 마음, 늘 어머니를 사모하는 이 동표의 마음을 이미 숙종 임금은 알고 있었다. 그러나 숙종에게 이동표는 항상 경연에 두어서 고문을 삼아야 할 사람이었다. 숙종은 이동표가 항상 고향에 있는 어머니를 가까이서 돌볼 생각에 잠겨 있어 직무에 전념할 수 없으니 차라리 어머니를 모시고 서울로 오게 하였다. 다만 이동표의 어머니가 병중이므로 이동표에게 휴가를 주어 어머니를 따뜻한 봄날에 서울로 모시고 오게 한 것이다.

이동표가 실제로 어머니를 서울로 모시고 왔는지는 알 수 없다. 연표에 따르면 이후에도 병든 어머니를 모시기 위하여 몇 번이나 휴가를 청한 것으로 보아 어머니를 서울에 모시고 오지는 못한 듯 보인다. 이동표는 당상(堂上)이 된 후 어머니를 모시기 위하여 다시 걸군(乞郡)을 청한다.

당샹 ᄒᆞ온 후의는 ᄒᆞᆫ 둘이나 ᄃᆞ니옵고 샹소나 ᄒᆞ야 걸군을 ᄒᆞ올 거시옵고 그리 아니라도 당샹 벼슬이 젹숩고 당샹 ᄒᆞᆫ 사ᄅᆞᆷ은 만ᄒᆞ오매 원이나 ᄒᆞ옵기도 쉬우리라 ᄒᆞ오니 더욱 어마님 뫼옵고 두어 ᄒᆡ나 가 잇ᄉᆞ올가 다힝ᄒᆞ오며 아모려나 아니 디내올 거시 아니오니 아모 일도 걱졍 마ᄅᆞ시고 ᄆᆞ음을 평안히 디내쇼셔 나라 은혜 이러ᄒᆞ시니 즉시 가옵기를 못 ᄒᆞ오니 이둘이나 ᄃᆞ니옵고 보와 원을 아니 ᄒᆞ와도 닉월 초ᄉᆡᆼ의나 ᄂᆞ려가오리잇가 깃거ᄒᆞ옵시는 일을 즉시 가 못 보오니 애ᄃᆞᆲ스오이다〈이동표가-34, 1693년, 이동표(아들)→순천 김씨(어머니)〉

[당상(堂上) 한 후(後)에는 한 달이나 다니고 상소(上疏)나 하여 걸군(乞郡)을 할 것이고, 그리 아니라도 당상 벼슬이 적고 당상 할 사람은 많으매 원(員)이나 하기도 쉬우리라 하니, 더욱 어머님 뫼시고 두어 해나 가서 있을까 (합니다). 다행(多幸)하매 아무쪼록 아니 지내올 것이 아니니 아무 일도 걱정 마시고 마음을 평안(平安)히 지내십시오 나라의 은혜(恩惠)가 이러하시니 즉시(卽時) 가기를 못하니 이 달이나 다니고, 보아서 원을 아니하여도 내월(來月) 초승이나 내려가겠습니다. 기뻐하시는 일을 즉시 가서 못 뵈오니 애달픕니다. ……]

이동표는 당상관을 한 이후에 한 달이나 밖으로 다니고 하느라 고향에 계시는 병든 어머니를 제대로 봉양하지 못한 것을 안타까워하였다. 그래서 임금께 병든 부모를 공양하기 위하여 고향의 수령 자리를 청하는 걸군(乞郡)을 하겠다고 하는 편지를 어머니께 보낸다. 이동표는 고향의 원을 하면서 그동안 같이 못 있었던 어머니와 함께 있고 싶어 한 것이다. 만약 걸군이 받아들여지지 않더라도 다음 달 초하루께나 내려갈 것으로 계획하고 있었다. 결국은 이 걸군이 받아들여져 12월에 광주목사(光州牧使)가 되었고, 다음 해 2월에 어머니를 광주로 모셨다. 그 후 관직이 몇 번 바뀔 때마다 어머니를 임지로 모셔 봉양하였다.

이동표는 1698년 12월에 어머니 상을 당했다. 평소 효성이 지극했던 그는 지성으로 애도했다. 홀로 남은 어머니의 상을 당한 후 슬퍼함이 지나쳐 몸을 지탱하기 어려울 정도였다. 박정숙(2017:181)에 따르면, 가족들은 이동표가 지나치게 집상(執喪)할 것을 염려해 모친이 병중에 써둔 '유계(遺戒, 죽은 사람이 남긴 훈계)'를 보여주며 슬픔을 자제할 것을 권했다. 하지만 이동표는 그것을 읽어보며 더욱 통곡했다. 조석으로 빈소를 찾아 몸소 예를 다하고 날마다 상묘(上墓)하였으며 비바람이 몰아쳐도 예를 그만 두지 않았다. 결국 그는 지나친 슬픔으로 건강을 해쳐 어머니 묘소 앞 여막에서 삼년상도 마치지 못한 채 57세가 되던 1700년(숙종 26) 7월 17일 세상을 떠났다.

사람의 자식 된 자로서 어찌 효도를 하지 않으리오

주자의 『소학』과 기타 경전 중에서 아동들이 알기 쉬운 내용만을 뽑아 만든 『사자소학(四字小學)』에는 다음과 같은 구절이 있다.

爲人子者 曷不爲孝 欲報深恩 昊天罔極

元是孝者 百行之本 事親至孝 養親至誠

事親如此 可謂人子 不能如此 禽獸無異

(사람의 자식 된 자로서 어찌 효도를 하지 않으리오? 그 깊은 은혜를 갚고
자 하여도 하늘처럼 다함이 없도다. 본래 효도는 모든 행함의 근본일진대, 부
모님을 섬기는 데에는 지극한 효로써 하고, 봉양하는 데에는 정성을 다할 것
이니라. 부모님 섬기기를 이같이 한다면 가히 사람의 자식 된 자라 할 것이나,
이같이 하지 못한다면 짐승과 다를 바가 없느니라.)

이동표가 어머니에게 보낸 편지에는 그의 어머니에 대한 효심이 절절히
드러나 있다. 편지에서는 모든 일에 앞서 어머니를 먼저 생각하였다. 일찍
이 남편을 여의고 홀로 되신 어머니를 정성껏 모시면서 어머니를 위하여
과거까지 치러 급제하여 이름을 드날림으로써 부모님을 드러내었다. 또한
병든 어머니를 봉양하기 위하여 임금에게 걸군까지 청하는 등 어머니를 지
극한 효로써 섬기고 봉양하였다.

이동표는 가정에서 자식의 도리를 다해 부모님을 봉양하는 것을 시작으
로 항상 효(孝)와 충(忠)의 가치를 몸소 실천하는 삶을 영위하였다. 번암(樊巖)
채제공(蔡濟恭, 1720~1799)은 이동표의 신도비명(神道碑銘)에 다음과 같이 기록
하였다.

세상에서 숙종 시대 인물을 평하는데 난은(懶隱) 이공(李公)에 이르러서는
모두들 명신이라 하여 만인(萬人)이 다 같이 입을 모았다. 대개 공이 기사년의
변을 당하였을 때 소를 올려서 바른 말을 하였고, 또한 권귀(權貴)의 무리를
배척해 촌교(寸膠, 독한 물을 맑게 하는 약품)로써 탁한 하수(河水)를 맑게 하

고자 하였으니 태산북두(泰山北斗)와 같은 명망이 공에게로 가지 아니하고 누구에게 돌아갈 것인가. 그러나 이것은 공의 학문 가운데 한 조항의 일이라 이것만으로 어찌 공을 다 알 것이랴.

이동표는 부모님에 대한 효행의 자연스러운 몸가짐뿐만 아니라 자신의 지덕(知德)을 끝없이 연마함과 동시에 바른 행실로 정의를 실천하는 자세를 가지고 있었다. 이것이 임금과 나라에 대한 충(忠)으로 확대되어 임금의 신망을 받았다. 결국 이동표의 효(孝)는 백행의 근본[百行之本]이었다.

참고문헌

『懶隱先生文集』

김종택(1979),「諺簡을 通해 본 近世前期語의 斷面: 李東標先生의 諺簡을 中心으로」,『語文研究』4, 경북대학교 어문연구소, 1-12.

박정숙(2012),「나은(懶隱) 이동표의 생애와 글씨세계」, 月刊書藝 통권 375호, 월간서예.

박정숙(2017),『조선의 한글편지-편지로 꽃피운 사랑과 예술』, 도서출판 다운샘.

배영환·신성철·이래호(2013),「〈진성이씨 이동표가 언간〉의 국어학적 연구」,『藏書閣』30, 한국학중앙연구원 장서각, 222-254.

이원걸(2013),「난은 이동표의 삶과 시문학」,『한문학보』29, 우리한문학회, 137-183.

전경목(2011),「한글편지를 통해 본 조선후기 과거제 운용의 한 단면 – '진성이씨 이동표가 언간'을 중심으로」,『정신문화연구』34-3, 한국학중앙연구원, 27-57.

정복동(2011),「진성이씨 이동표가의 언간 현황과 서제적 특징 – 이동표가 친모와 서모에게 보낸 언간을 중심으로」,『서예학연구』21-1, 한국서예학회, 189-213.

정승경(2019), 霽月堂 宋奎濂의『先札』第一卷 譯注, 고려대학교 대학원 석사학위논문.

황문환·임치균·전경목·조정아·황은영 엮음(2014),『조선시대 한글편지 판독자료집 1, 2, 3』, 역락.

쇠고기와 전복을 잡수시게 보내옵니다

<진주하씨묘 출토 언간>의 곽주의 편지를 통해 본 사위로서의 역할

사위는 백년손님

요즘이야 혼인을 하지 않고 혼자 사는 남자와 여자가 많지만 조선시대에는 반드시 혼인을 해야 하는 시대였다. 유교의 가르침인 효(孝)에서 중요한 것 중 하나는 혼인하여 자손을 낳는 것이기 때문이다. 『맹자(孟子)』의 이루상(離婁 上) 제26장에서는, 불효 중에서도 혼인하지 않아 후손을 남기지 못하는 것이 최악의 불효라고 말했다. 그래서 조선시대에는 노총각 노처녀들은 '환과고독(鰥寡孤獨)'과 함께 나라의 구제 대상이 되었으며 심지어 노총각과 노처녀들에게 혼수품까지 제공을 해야 한다는 것을 법으로 규정해 놓기까지 하였다.

조선시대의 혼인은 당사자가 배우자를 선택하는 자유혼도 있었지만 부모가 중매인을 통하여 자식의 배우자를 선택하는 중매혼이 주를 이루었다. 『한국민족문화대백과사전』에 따르면 신붓감을 고를 때 신랑의 어머니와 근친(近親)의 여자 몇 명이 신부 집에 가서 여자를 직접 보고 결정을 하기도 하지만 혼인의 최종 결정을 내리는 사람은 결혼 당사자의 아버지였다. 아버지는 근친들의 의견을 종합하고 마을이나 문중 어른들의 의사를 참고하여 결정하는 것이 보통이었다. 딸의 경우보다 아들의 경우 더 신중하고 중자(衆子)의 혼사보다 장자(長子)의 혼사를 더 신중히 했다. 특히 대종가의 종손인 경우에는 문중에서 회의를 열어 혼사를 결정하기도 하였다.

혼인 당사자의 결정이나 집안의 결정으로 부부가 된 신랑과 신부는 새로운 가정을 이루고 자식을 낳아 사회 구성의 기초가 되는 가족을 이룬다. 혼인은 개인의 결합이라기보다는 집안과 집안의 결합이기 때문에 신랑과 신부는 일정한 지위로 상대 집안의 지위를 얻게 된다. 곧 신랑은 사위, 신부는 며느리의 지위로 집안의 일원이 되는데 서로 다른 배경, 집안의 풍속에서 자라온 두 사람이 집안의 일원으로 완전히 녹아드는 것이 쉽지는 않았을 것이다.

우리나라에 '사위는 백년손님, 며느리는 종신 식구'라는 말이 있는 것을 보면 사위는 남의 식구로 생각하고 며느리는 한 가족으로 인정한 듯하다. 여성은 한 가족으로 인정을 받았다지만 조선시대에 창작된 시집살이 관련 가사나 현전하는 민요들을 보면 며느리로서의 삶도 그리 녹록하지는 않았던 것으로 보인다.

그런데 언간에서는 오히려 시집살이와 관련된 내용은 거의 드러나지 않는 편이다. 남편에게 보내는 편지에 시부모의 시집살이에 대한 하소연도 잘 보이지 않는다.[1] 시어머니와 며느리가 서로에 대한 애틋한 정을 보이는 경우가 더 많다.

처가의 입장에서 사위의 존재는 어떠한가? '사위는 백년손님'이라 하여

---

1   19세기 말 밀양 변씨 언간에서 '손부–시조모' 간의 갈등과 불화가 나타난 예가 있기는 하다.

사위를 남의 식구처럼 생각한다는 것은 처가 입장에서 사위가 그만큼 어려운 존재로 여겨졌기 때문일 것이다. 그러나 사위는 딸을 사랑하고 생활을 책임지는 사람이기 때문에 그만큼 귀하게 여기고 극진하게 대접해야 했다. '사위는 반자식', '사위 사랑은 장모', '사위가 오면 씨암탉 잡는다'는 말은 이러한 사정을 잘 드러내는 말이다.

반대로 사위에게 처가 식구는 '보리 서 말만 있어도 처가살이 안 한다', '처가와 화장실은 멀면 멀수록 좋다'고 할 만큼 가까이하기 싫은 대상(서영숙 2009:263)이었던 것 같다. 그래서 그런지 최근에는 '옹서 갈등', '처가 갈등', '장서 갈등', '신(新)고부 갈등', '역(逆)고부 갈등' 등의 표현을 빌려 장모와 사위의 갈등 관계를 단적으로 보여 주는 기사들이 많이 등장하고 있다. 또한 '신(新)모계 사회'라는 용어와 더불어 '처월드'(장인, 장모, 처남, 처제 또는 처형처럼 '처(妻)'자가 들어간 사람들의 세상)라는 말까지 생겨났다.

그럼 조선시대에 사위는 장모나 장인에게 어떻게 대했을까? 조선시대에 사위가 장모에게 보낸 언간 몇 건이 남아 있어도 장인에게 보낸 언간은 남아 있지 않다. 그래서 언간에 나타난 사위와 장인의 관계는 알 수 없지만 장모에게 보낸 언간 몇 건을 통해 사위와 장모의 관계가 어떠했는지 살펴볼 수 있다.

이 글에서는 〈진주하씨묘 출토 언간〉에 있는 곽주(郭澍)가 장모인 벽진 이씨에게 보낸 편지와 아내 진주 하씨에게 보낸 편지를 중심으로 조선시대 사위가 장모를 어떻게 생각하고 그 관계는 어떠했는지 살펴보기로 한다.

무덤에서 발견된 편지

〈진주하씨묘 출토 언간〉은 1989년 곽주의 후손들이 하씨 부인의 묘를 이장 작업 하던 중에 발견되었다. 백두현(2019:17)에 따르면 당시 발견된 문서자료는 편재 매수를 기준으로 도합 176매이다. 이 중 한글로 쓴 것이 171매이고 한문으로 쓴 것이 5매이다. 이후 4매가 더 발견되어 한글로 쓴 것은 총 175매이다. 그 중 한글로 사연이 적힌 언간은 163여 건이다. 나머지는 봉투, 분급기, 노비 명부, 금기일, 양조법 등 편지로 보기 어려운 문건들이다. 편지를 쓴 사람은 남편 곽주(郭澍)를 비롯하여 장남(長男) 이창(以昌), 이남(二男) 의창(宜昌), 삼남(三男) 유창(愈昌), 사남(四男) 형창(亨昌), 이름 미상(未詳)의 출가녀(出嫁女), 시어머니 박씨(朴氏), 안사돈 주씨(周氏) 등이다.(백두현 2019:17-21 참조)

곽주는 1569년에 태어나 1617년에 사망하였다. 경북 달성군 현풍에 살았으며 슬하에 4남 5녀의 자녀를 두었고 벼슬길에 나아가지 못하여 관직 경력은 없다. 곽주가 부인에게 쓴 편지 사연 가운데 서울에 과거 시험을 치러 간 이야기가 나오지만 급제한 내용이 없다. 곽주는 부인과 떨어져 살았기 때문에 많은 언간을 주고받았다. 곽주의 언간은 부인인 진주 하씨에게 보낸 편지가 95건으로 가장 많고 장모 벽진 이씨(합산댁)에게 보낸 편지 2건, 노비 곽상에게 보낸 편지 1건이 있다. 그 밖에 한글로 부인에게 보낸 금화분급기(棉花分給記), 물목기(物目記) 각각 1건이 있고 노비 곽상에게 보낸 요 분급기(料 分給記), 노비 명부, 물목기 등 10건이 있다.(백두현 2019:18-21 참조)

비록 적지마는 한 때나마 잡수시게 보내옵니다

곽주의 본처는 광주 이씨이다. 광주 이씨가 사망한 후 곽주는 1602년 이전에 진주 하씨와 혼인하였다. 곽주가 쓴 편지에 등장하는 장모는 벽진 이씨로 후처 진주 하씨의 어머니이다. 광주 이씨 몸에서 난 곽주의 장남 이창이 태어난 해는 1590년이고 곽주가 벽진 이씨에게 보낸 편지의 연대가 1602년이므로 1590년과 1602년 사이 어느 해에 하씨가 후처로 들어왔을 것이다.

곽주는 상처를 한 번 입은 후라서 그런지 장모님에 대한 생각이 지극했던 듯하다.

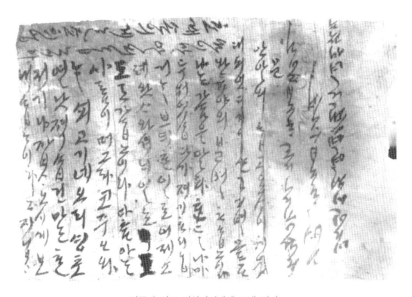

곽주가 장모 벽산이씨에게 보낸 편지
〈 진주하씨묘-106 , 17세기 전기(1602년), 곽주(사위)→벽진이씨(장모)〉

합산되 샹술이 근봉

문안 알외옵고 요스이 치위예 대되 엇디 겨옵샨고 긔별 모르옵와 듀야의 분별ᄒ옵노이다. 나는 가슴을 알파 ᄒᆞᆫ 둘 나마 누워 잇습다가 져기 ᄒᆞ리옵거늘 브딕ᄒᆞᆫ 일로 어제 소례 왓ᄉᆞ와셔 닉일로 도로 가옵노이다. 마촘 아는 사름이 머그라 코 주옵와늘 쇠고기 네 오리 싱포 열 낫 젹습건마ᄂᆞᆫ ᄒᆞᆫ 저기나 잡ᄉᆞ오시게 보내옵ᄂᆞ이다. 그지업ᄉᆞ와 이만 알외옵노이다 초계 손의게ᄂᆞᆫ 죠희 업ᄉᆞ와 유무 몯ᄒ옵노이다 긔별ᄒ옵쇼셔. 임인 시월 열옛쒄날 녀셔 곽주〈진주하씨묘-106, 17세기 전기(1602년), 곽주(사위)→벽진이씨(장모)〉

[합산댁 상사리 근봉(謹封)

문안 아뢰옵고 요사이 추위에 모두 어찌 계십니까. 기별 몰라 밤낮으로 염려합니다. 나는 가슴이 아파(=가슴앓이 병으로) 한 달 넘게 누워 있다가 적이 낫거늘 부득이한 일로 어제 소례에 왔다가 내일로 도로 가옵니다. 마침 아는 사람이 먹으라고 주기에 쇠고기 네 오리, 전복 열 낱을 비록 적지마는 한 때나마 잡수시게 보내옵니다.

그지없어서 이만 아뢰옵니다. 초계에서 온 손님에게는 종이가 없어서 편지 못하옵니다. (저 대신에) 기별해 주십시오 임인년 시월 열엿샛날 사위 곽주]

곽주는 먼저 겨울 추위에 모두 어떻게 지내시는지 기별을 몰라 염려한다고 적고 있다. 이것을 편지에 가장 먼저 등장하는 상투적인 안부 인사라고 치더라도 적어도 밤낮으로 장모님을 걱정하는 마음은 드러나 있다.

곽주가 장모님께 보낸 편지는 현재 남아 있는 것이 2건이지만 실제로는 그보다 더 많은 편지를 보낸 것으로 보인다. 곽주가 아내에게 보낸 편지들에서 "쟝모 유무 가니 게셔도 편ᄒ시더라 ᄒᆞ니(장모께도 편지가 갔네. 거기에서도 편하시다 하네)〈진주하씨묘-055, 17세기 전기, 곽주(남편)→진주하씨(아내)〉"와 같은 장모님께 편지를 보냈다는 내용이 많이 등장하기 때문이다. 곧 곽주는 수시로 장모님께 편지를 보내 안부를 물었던 것이다.

때로는 "쟝모씌는 죠희 업서 술이도 몯 알외ㅇ오니 젼츠로 엿줍고(장모께는 종이가 없어서 안부도 못 아뢰오니 (이런) 까닭을 여쭙고)〈진주하씨묘-096, 17세기 전기, 곽주(남편)→진주하씨(아내)〉"라고 하여 종이가 부족하거나 바쁠 때는 장모님께 편지를 보내지 못하는 상황을 아내에게 알려주고 안부를 여쭤 달라고 부탁하는 모습을 보이기도 한다. 친정에 가 있는 아내에게 편지를 보낼 때도 "댱모ㅎㅇ옵시며 어린 ㅈ식둘 엇더ㅎ신고(장모와 어린 자식들은 어떠하신고)〈진주하씨묘-144, 17세기 전기, 곽주(남편)→진주하씨(아내)〉"와 같이 먼저 장모님의 안부를 묻는다.

편지의 내용으로 보면 1602년 9월 정도에 곽주는 가슴이 아픈 병을 앓았다. 가슴이 아픈 병을 백두현(2019:43)에서는 폐병으로 추정하고 있다. 폐병은 폐결핵으로 폐에 결핵균이 침입하여 생기는 만성 전염병으로 처음에는 거의 증상이 없다가 병이 진행됨에 따라 기침·가래가 나오며 폐활량이 줄어들어 호흡 곤란이 나타나는 병이다. 이 병은 위생상태가 불량하거나 영양부족, 스트레스 등으로 면역력이 약해졌을 때 걸리기 때문에 영양섭취가 중요하다고 할 수 있다.

곽주는 병을 앓은 후 부득이한 일로 지금의 달성군 소례에 왔다가 아는 사람으로부터 쇠고기와 생전복을 받은 모양이다. 아마도 그 지인(知人)은 곽주가 폐병을 앓았고 폐병은 영양섭취가 중요하니 임진왜란 직후 어려운 시기에 귀하디귀한 쇠고기와 생전복을 먹으라고 주었을 것이다. 당시 소례까지 올 수 있었던 것은 폐병이 어느 정도 나았기 때문이겠지만 그래도 이러한 쇠고기와 생전복은 병치레 후 기력 회복을 위해서는 중요한 음식이었다.

그런데 곽주는 그것을 자신이 먹지 않고 장모님께 보냈다. 지인이 준 쇠고기와 전복 모두를 보냈는지 아니면 일부를 보냈는지는 모르겠지만 자신보다는 장모님을 먼저 생각하는 곽주의 마음을 알 수 있다. 장모님께 보낸 편지 봉투에 '합산덕 샹술이(합산댁 상사리)'라고 되어 있는 것을 보면 곽주의 장모는 아마도 예전의 경남 창녕군 합산(지금은 달성군 구지면)에서 시집을 왔을 것으로 추정된다.[2] 그리고 사는 곳은 현재 창녕군 이방면, 안리 일대 지역의 오야이다. 벽진 이씨가 안사돈 박씨(곽주의 어머니)에게 편지에서 발신자 표시로 "외애 뎡녜 할미(오야 뎡녜 할미)"라고 한 것과 부인 진주 하씨의 택호가 오야인 것을 통해서도 확인할 수 있다. 오야와 합산은 그리 멀지 않은 곳이므로 곽주의 쇠고기와 전복은 바로 장모님께 보내졌을 것이다.

곽주가 장모님께 음식을 보내는 것은 다른 편지에서도 나타난다.

> 어제 싱치 언메나 잡아 왓던고 잡아 왓거든 댱모끠 보내소〈진주하씨묘-012, 17세기 전기, 곽쥬(남편)→진주하씨(아내)〉
>
> [어제 꿩을 얼마나 잡아왔던고 잡아왔거든 장모님께 보내소.]

> 쇠오기롤 언메나 ᄒᆞ여 왓던고. 밧바 다시 드러가 몯 보고 오니 어마님 식가 졔예 포육ᄒᆞ고 수리졔예 포육ᄒᆞ고 혜여 ᄯᆞᆫ 후에 스무날 졔예 쁠 것 위ᄒᆞ고 그 나믄 거스란 댱모끠 잡습게 ᄒᆞ소 어마님게도 더러 보내소 덕남이 올 제란 쇠오기롤 내게 보내디 말고 두고셔 댱모끠 잡습게 ᄒᆞ소〈진주하씨묘-071, 17세기 전기, 곽쥬(남편)→진주하씨(아내)〉
>
> [쇠고기를 얼마나 해 왔던고 바빠서 다시 들어가 보지 못하고 왔으니, 어머님 식가제에 (쓸) 포육하고 수리제에 (쓸) 포육을 헤아려 뜬 후에 스무날 제

2 이래호(2012), 박부자(2014)에 따르면 결혼한 여성의 택호명은 친정의 지명에 댁을 붙이거나 살고 있는 지역의 댁을 붙여 이르는 경우가 많다.

사에 쓸 것을 위해 남겨 놓고, 그 남은 것은 장모께 드려 잡숫게 하소 어머님께도 덜어서 보내소 덕남이가 올 적에는 쇠고기를 내게 보내지 말고 (거기에) 두고서 장모님이 잡수시게 하소]

횟고기란 만히 잡아 왔거든 혼 뭇만 보내고 적게 잡아 왔거든 여닐곱이나 다엿시나 되는 양으로 보내고 더러 댱모의 반찬 흐게 흐소〈진주하씨묘-144, 17세기 전기, 곽주(남편)→진주하씨(아내)〉

[회를 만드는 데 쓸 고기는 많이 잡아 왔거든 한 뭇만 보내고 적게 잡아 왔거든 예닐곱이나 대여섯 마리쯤이 되게 보내고, 덜어서 장모께 반찬으로 하여 드리소]

첫 번째 편지는 잡아 온 꿩을 장모님께 보내라는 내용이다. 그 당시 꿩고기도 흔한 것이 아니었기에 더더욱 장모님을 생각하는 곽주의 마음이 느껴진다.

두 번째 편지는 친정에 가 있는 아내에게 보낸 편지인 것으로 생각되는데, 처가의 제사에 필요한 쇠고기가 얼마나 되는지 궁금해 하며 가져 온 쇠고기를 제사에 쓸 것만 남겨 놓고 그 나머지는 장모님 잡수시게 하라고 당부하고 있다. 특히 떨어져 있는 자신에게는 보낼 필요가 없고 친정에 두고 장모님을 잡수시게 하라고 다시 한 번 당부하는 모습이 보인다.

세 번째 편지에서는 회를 만들 고기를 많이 잡아 왔으면 자신에게는 5~7마리 정도만 보내고 나머지는 덜어서 장모님의 반찬에 쓰도록 하라는 당부를 하고 있다. 곽주가 아내에게 보내는 편지에 쓸 만한 음식이 나올 때면 항상 장모님께 보내거나 장모님이 드실 수 있도록 하라는 당부를 한다. 장모님을 위해 귀한 음식을 보내거나 배려를 해 주는 것이 사위 곽주의 마음이다.

그런데 이렇게 장모님께 음식을 보내는 이는 곽주뿐만이 아니다. 곽주의 어머니인 박씨 역시 안사돈인 벽진 이씨에게 음식을 보내기도 하였다. 이러한 사정은 벽진 이씨가 박씨에게 보낸 편지에서도 나타난다.

> 사룸 보내셔놀 긔후 편히 겨신 유무 보옵고 친히 보ᄋᆞ온 듯 반기ᄂᆞ이다. 알퍼 긔운 편치 아니ᄒᆞ시다 ᄒᆡ야눌 ᄀᆞ업시 분별ᄒᆞ옵다니 이제는 편ᄒᆞ시다 ᄒᆞ니 ᄀᆞ업시 깃ᄉᆞ와 ᄒᆞᄂᆞ이다. 나는 당시 숨 니어 인노이다 이리 졔믈 촐와 보내시니 내의 아롭답고 고마오믈 ᄀᆞ이업서 ᄒᆞᄂᆞ이다. 일로 졔믈 ᄒᆞ려 ᄒᆞᄂᆞ이다 게도 졔ᄉᆞᄒᆞ시며 이리 ᄎᆞ려 보내시니 안심치 몯히야이다. 아마도 긔후 편ᄒᆞ시믈 ᄀᆞ업시 ᄇᆞ라노이다 ᄀᆞ업서 이만 뎡미 오월 초여ᄃᆞ랜날 외애 뎡녜 할미.〈진주 하씨묘-062, 17세기 전기(1607년), 벽진이씨(안사돈)→박씨(안사돈)〉

> [사람을 보내셨거늘 기체 편히 계시다는 편지를 보고 천히 뵈온 듯 반기옵니다. 이전에 기운이 편하지 아니하시다고 하시거늘 가없이 걱정하였더니, 이제는 편하시다고 말씀하니 가없이 기뻐하옵니다. 나는 여전히 숨을 이어가고 있습니다. 이렇게 제물을 차려 보내시니, 제가 아름답게 여기고 고마워함은 가이없습니다. (보내주신) 이것으로 제물을 하려 하옵니다. 거기에서도 제사를 지내시면서 이렇게 차려서 보내주시니 마음이 놓이지 않습니다. 아무쪼록 기체 편하심을 가이없이 바라옵니다. 가이없어 이만. 정미년 오월 초여드렛날. 오야의 뎡녜 할미]

위 편지의 내용으로 보면 곧 부인 진주 하씨의 친정에 제사가 있고, 사돈인 박씨 부인은 이를 걱정하여 제물을 준비하여 보내어 주었다. 이에 진주 하씨의 친정어머니 벽진 이씨(합산댁)가 박씨 부인의 마음을 아름답게 여기고 그지없이 고마워하며 답장을 보냈다. 박씨 부인은 자신의 집안에도 제사가 있는데 사돈댁의 제사도 걱정하여 함께 제물을 준비하였던 것으로 보인다. 벽진 이씨는 자신에게 제물을 보내느라 혹시나 사돈댁의 제물이 부족하지 않았을까 마음이 놓이지 않음도 표현하고 있다.

그런데 왜 이렇게 곽주며 박씨 부인이 장모며 사돈에게 음식을 보내는 것일까? 곽주는 사위된 도리라고 생각할 수 있지만 박씨 부인이 제물까지 보내는 것에는 뭔가 특별함이 있을 것이다. 그 특별함은 "나는 당시 숨 니어 인노이다(나는 여전히 숨을 이어가고 있습니다)"에서 찾을 수 있지 않을까 한다.

이 표현은 두 가지로 해석될 수 있다. 첫째는 자신의 건강은 숨을 이어가고 있을 정도라는 뜻으로 해석될 수 있다. 사돈의 건강이 편치 않았다가 좋아졌음을 안심하면서 자신의 건강 상태를 알려 주는 것으로 이해될 수 있을 것이다. 둘째는 경제적 궁핍함으로 인해 겨우 숨을 이어가고 있을 정도로 지낸다는 뜻으로 해석될 수 있다. 사위가 번번이 음식을 보내고 장모님 드실 것을 부탁하는 것과 사돈이 제물까지 챙겨주는 것을 통해 벽산 이씨의 집안이 그리 넉넉하지 않았음을 추측할 수 있기 때문이다.

이 편지가 오가던 당시는 임진왜란 직후이다. 이 시기는 조선 전체가 경제적으로 궁핍했고 벽산 이씨의 집도 예외는 아니었을 것이다. 백두현(2019:32)에 따르면 곽주의 집안은 적지 않은 수의 노비를 소유하고 있었고 공세(貢稅)를 받는 땅이 화원, 홍해 등에 있었다. 그럼에도 불구하고 곽주의 편지에서 먹을 것과 입을 것을 걱정하는 사연이 나타난다. 적지 않은 노비와 공세를 받는 땅을 소유하고 있었던 곽주 집안에서도 먹을 것을 걱정하는 전후 상황에서 벽산 이씨의 집안은 어떠했을까 짐작하고도 남음이 있다. 그렇기에 곽주는 장모님의 안부와 음식을 더 챙겼을지도 모를 일이다.

언문을 가르쳐 보내시옵소서

요즘은 시집간 딸의 자식을 친정 부모가 돌보는 경우가 많다. 부부가 맞벌이를 하거나 급한 일이 있을 때 아이들을 친정에 맡기는 경우도 많기 때문이다. 그래서 요즘의 부모는 늙어서까지 육아를 책임져야 한다. 조부모가 육아를 할 때는 단지 손주들을 먹이고 유치원 보내고 하는 일만 하는 것은 아니다. 때로는 아이들의 한글 공부도 신경 써야 하고 시간이 나면 동화책도 읽어 줘야 한다. 자식 교육에서 벗어나도 손주 교육까지 신경 써야 하는 '학조부모(學祖父母)' 시대인 것이다.

조선시대에는 자식에 대한 교육은 남녀가 철저히 구별되었다. 조선시대 남성과 여성의 교육에 대한 차이는 조경원(1995:46)에 잘 나타나 있다. 이에 따르면 조선시대 여성 교육은 격물치지(格物致知)와 궁리(窮理)로 특징지어지는 사대부들의 교육과는 전혀 성격을 달리하였다. 두 교육의 차이는 "남자는 서당에 들어가서 스승을 맞아 예의를 배우고 익히며 시를 읊고 글을 지으며 …… 여자는 깊은 방에 거처하며 문밖에 나가는 것을 적게 하고 오라고 부르면 오고 가라 하면 가야 한다"는 차이이다.(『여사서』 권2, 「훈남녀장(訓男女章)」) 또 학문과 진리탐구를 내포하는 교육을 아들에게 가르치되 딸에게는 가르치지 말아야 하는 차이이다. 남자는 글을 알지 못함이 부모를 욕되게 하는 일이지만 이는 여자에게는 해당되지 않는다. 당시 여자가 글을 알고 문필이 공교하거나 시사에 능하면 바람직한 여성 역할 수행에 방해될 뿐만 아니라 그로 인하여 부녀자들이 기녀로 오해받을까 하여 이를 기피하였다. 『내훈』에서 소혜왕후도 이천(伊川)의 어머니 후부인의 예를 들어 글을 무척 좋아하더라도 문장이나 시사를 배우게 해서는 안 된다고 주장한다. 여자에게 필요한 것은 음양의 예의를 배워 말조심하고 존귀와 비천의 분수를 알며 바느질을 배워 부모에게 욕되지 않게 하는 일이라고 하였다.

그렇지만 여성에 대한 교육에 이와 같이 부정적이었던 것만은 아니었다. 조선 시대 여성 교육의 기초가 된 『내훈』의 주요 내용은 언행(言行), 효친(孝親), 혼례(婚禮), 부부(夫婦), 모의(母儀), 돈목(敦睦), 염검(廉儉)과 같은 것이다. 특히 '여유사행(女有四行)'이라 하여 부덕(婦德), 부언(婦言), 부용(婦容), 부공(婦功)을 여성 교육의 핵심 내용으로 삼았다. 교육 내용에 있어서 남녀 간 큰 차이가 있으나, 여성에 대한 교육의 필요성은 충분히 인식하고 있었다.(백두현 2004:142) 『내훈』을 보면 다음과 같은 구절도 나온다.

> 쏘 겨지븨 어딜며 사오나오매 브툰 디라 ᄀᆞᄅ치디 아니호미 몯ᄒᆞ리라〈내훈언해 序:5b〉
>
> [또 계집의 어질며 사나움에 붙은 것이다. 가르치지 않음을 못 할 것이다.]

> 아비 ᄯᆞᆯ 보낼 제 命ᄒᆞ야 닐오디 조심ᄒᆞ며 恭敬ᄒᆞ야 일져므리 ᄒᆞ야 命을 그릇디 말라 어미 ᄯᅴ 미오 手巾 미오 닐오디 힘쓰며 恭敬ᄒᆞ야 일져므리 ᄒᆞ야 짒 이룰 그릇디 말라〈내훈언해 1:75b〉
>
> [아비가 딸을 (시집)보낼 때 명령하여 이르되, 조심하며 공경하고 이르나 저무나 명을 어기지 말라. 어미가 띠를 매고 수건 매고 이르되, 힘쓰며 공경하여 이르거나 저무나 집의 일을 그르치지 말라.]

> 여듧 ᄒᆡ어든 小學애 들으믈 ᄀᆞᄅ쳐 믈 ᄲᅵ리고 ᄡᅳᆯ며 應낙ᄒᆞ며 對답ᄒᆞ며 나ᄋᆞ며 므르논 녜節과 禮되며 풍뉘며 활 ᄡᅩ며 믈 졔御ᄒᆞ기며 글 스며 혬 혜논 글월를 ᄀᆞᄅ치며 …… 혼갓 아둘ᄲᅮᆫ이 아니라 ᄯᆞᆯ 둔는 쟈도 可히 일로써 ᄀᆞᄅ치디 아니티 몯홀디니라〈여훈언해 하:28a~29a〉

[여덟 살이 되면 소학(小學)에 입문(入門)함을 가르쳐 물을 뿌리고 쓸어 집 안팎을 깨끗이 하고 어른의 부름이나 물음에 대답하며, 앞으로 나아가고 뒤로 물러나는 예절과, 예도(禮度)며 풍류(風流)며 활쏘기며 말 다루기며 글쓰기며 수를 셈하는 글월을 가르치며, 한갓(오직) 아들뿐만 아니라 딸을 둔 사람도 가 히 이와 같이 가르치지 않으면 안 될 것이다.]

첫 번째는 여성 교육의 필요성을 언급한 것이고 두 번째는 부모가 출가 하는 딸을 가르친 내용이다. 세 번째는 아들 교육의 내용을 연령대별로 자 세히 서술하였으나 딸 교육에 대해서는 말미에 "딸을 둔 자도 가르치지 아 니하지 못할 것이라" 하고 그 필요성을 언급하고 있다.(백두현 2004:142-143) 곧 여성에 대한 교육은 여성의 덕목을 쌓기 위해서 필요했던 것이다.

조선시대에 남자에게는 한문을, 여자에게는 한글을 주로 가르친 것으로 알려져 왔다. 그런데 한글 교육은 남녀, 상하가 철저히 구별된 것은 아니였 던 것으로 보인다. 궁중에서는 세자에게 한글 교육을 시키기도 하였다는 기 록도 있고, 민가에서는 어린 남자 아이가 부모나 친척에게 한글로 편지를 보낸 경우도 있기에 궁중에서나 민가에서 남녀가 한글을 배웠던 것으로 보 인다.

세자에게도 한글을 교육했다는 기록은 『조선왕조실록』에서 볼 수 있다.

지금 서연관(書筵官) 열 사람에, 언문(諺文)과 의서(醫書)를 제하면 겨우 신 등의 여섯 사람이 윤차로 진강(進講)하옵는데〈『세종실록』, 세종 29년(1447) 11월 14일자〉

판부사(判府事) 김덕원(金德遠)이 차자(箚子)를 올려, 춘방(春坊)으로 하여금

『소학(小學)』·『효경(孝經)』가운데에서 알기 쉬운 좋은 말을 뽑아 언서(諺書)로 번역하여 동궁(東宮)의 보모(保姆)를 시켜 아침저녁으로 가르치게 하기를 청하니, 임금이 그대로 시행하게 하였다.〈『숙종실록』, 숙종 17년(1691) 9월 13일자〉

첫 번째 기록은 세종 29년에 세자의 서연과 관련한 좌필선(左弼善) 이석형(李石亨) 등의 상서(上書)에 세자의 한글 교육을 언급한 대목이다. 세자에 대한 한글 교육을 서연관이 담당한 것으로 보이는 기록이다. 두 번째 기록은 숙종 시기 세자의 한글 교육을 위해 세자의 보모(保母)가 아침저녁으로 『소학』과 『효경』을 간추린 언해본을 교재로 가르치게 했음을 보여주고 있다.

민가에서 한글 교육은 여성이 담당한 것으로 보인다. 윤재홍(2018)에 따르면 한글의 교육과 보급에서는 여성들이 한글 교사와 보급자로 큰 역할을 담당하였고 양반가의 남성 역시 한글 교육과 보급의 촉진자의 역할을 수행하였다.

이른 시기에 한글 교육의 기본 교재가 되었던 것은 『훈몽자회(訓蒙字會)』였을 것이다. 『훈몽자회』는 조선 중종 22년(1527)에 최세진이 지은 한자 학습서로서 3,360자의 한자를 33항목으로 종류별로 모아서 한글로 음과 뜻을 달아 둔 책이다. 『훈몽자회』의 범례 끝에 실린 '諺文字母 俗所謂反切二十七字'인 것이다. 언문자모를 실은 의도는 한글을 먼저 배우게 하고서 『훈몽자회』의 내용을 공부하게 하겠다는 뜻이다. 편자 최세진(崔世珍)이 범례에서 다음과 같이 말한 것이 바로 그것을 말하고 있다.

凡在邊鄙下邑之人 必多不解諺文 故今乃幷著諺文字母 使之先學諺文 次學字會 則庶可有曉誨之益矣 其不通文字者 亦皆學諺而知字 則雖無師授 亦將得爲通文之人矣

무릇 변두리 시골에 있는 무식한 사람은 언문도 이해하지 못하는 경우가 많으므로 이제 언문자를 같이 적어 그들로 하여금 언문을 먼저 배우게 하고 다음에 훈몽자회를 배우게 한 즉 거의가 깨우칠 수 있는 이로움이 있고, 문자를 통하지 못하는 사람도 역시 언문을 다 배우고서 글자를 알게 한즉, 비록 선생이 없다 하더라도 역시 장차 문장을 통하는 사람이 될 수 있을 것이다.

〈훈몽자회〉 범례의 언문 자모

여성은 『훈몽자회』의 본문을 통해서 한자를 배우는 데까지 나가지는 않았을 것이지만 『훈몽자회』의 언문자모는 남녀 모두에게 한글을 익히는 데 아주 좋은 도구가 되었을 것이다.

한 집안의 여성이 초기에 『훈몽자회』를 통해 한글을 익힌 후부터는 여성이 한글 교사가 되어 개별화된 한글 교육이 진행되었을 것으로 생각된다. 이은희(2015)에서는 한글 교육의 구체적인 모습은 기록되어 있지 않지만 가정에서 비형식적인 형태로 이루어졌을 가능성이 있다고 하였다. 곽주의 편지에서는 장모님께 아이들의 한글 교육을 부탁하는 내용을 통해 이를 확인할 수 있다.

문안 알외옵고 요스이 긔후 엇더ᄒᆞ옵샨고 긔별 모ᄅᆞ와 듀야 분별ᄒᆞ옵노이다 볼셰 안부 사롬이나 보내ᄋᆞ올 거슬 죵의 ᄌᆞ식의 ᄒᆞ눈 역신이 큰 역신인디 쟈근 역신인디 ᄌᆞ셰 모ᄅᆞ와 지금 몯 브렷습다니 큰 거시 아닌가 식브ᄋᆞ올시 이제야 사롬 브리옵노이다 ᄌᆞ식ᄃᆞᆫ 여러히 갓스오니 우연히 요란히 너기옵시거냐 ᄒᆞ옵노이다 수이 ᄃᆞ려오옵고뎌 ᄒᆞᄋᆞ오디 그려도 당시는 의심이 업디 아니ᄒᆞᄋᆞ오매 이ᄃᆞ리나 디나옵거든 ᄃᆞ려오려 ᄒᆞ옵노이다 아ᄋᆞ ᄌᆞ식 둘란 게 갓습는 제 언문 ᄀᆞᄅᆞ쳐 보내옵쇼셔 슈고롭스오신 언문 ᄀᆞᄅᆞ치옵쇼셔 ᄒᆞ옵기 젓ᄉᆞ와 ᄒᆞ옵다가 알외옵노이다 나도 모 심기옵고 타작ᄒᆞᄋᆞ온 휘면 낫ᄌᆞ와 뵈ᄋᆞ오링이다 그지업스와 이만 알외옵노이다 임ᄌᆞ 오월 열닷쉔날 녀셔 곽주 술이〈진주하씨묘-140 , 17세기 전기(1612년), 곽쥬(사위)→벽진이씨(장모)〉

[문안 알외옵고, 요사이 기후 어떠하옵신고 기별을 몰라서 밤낮 염려하옵니다. 벌써 안부를 여쭐 사람이나 보내려고 했는데 종의 자식이 앓는 마마가 큰마마인지 작은마마인지 자세히 몰라서 지금까지 못 보내었더니 큰마마가 아닌가 싶어서 이제야 사람을 부렸습니다. 자식들이 여럿 갔으니 얼마나 요란히 여기실까 하고 염려 하옵니다. 빨리 데려오고자 하였사오되 그래도 당시에는 의심이 없지 아니하여 이 달이나 지나거든 데려 오려 하옵니다. 아우의 자식도 둘이 거기에 가 있을 때에 언문을 가르쳐 보내시옵소서. 수고로우시겠지만 언문을 가르치옵소서. 이 말씀을 드리기 송구스러워하다가 아뢰옵니다. 나도 모를 심기고 타작한 후이면 (장모님 안전에) 나아가 뵙겠습니다. 그지없어서 이만 아룁니다. 임자년(1612) 오월 열닷샛날 사위 곽주 아룀.]

이 편지는 앞에서 살펴본 바와 같이 장모님에 대한 안부부터 시작한다. 일찍부터 장모님의 안부를 물으려고 사람을 보내려 했지만 종의 자식이 마마를 앓아 사람을 통해 혹시나 장모님께 마마를 옮길까 걱정되어 이제야 사람을 시켜 편지를 전달한다는 인사이다. 곽주의 자식과 아우의 자식(조카)들은 마마를 피하여 오야에 있는 장모님 댁에 피접 가 있다. 이처럼 자식들이 가 있으니 종이 앓던 마마가 얼마나 심한가 그리고 마을에 마마가 널리 퍼져 있는 것인가 하고 걱정을 많이 하였을 것이다.

여기에서 주목되는 것은 자식들이 장모님 댁에 가 있는 동안 자식들에게 언문 가르치기를 부탁하는 내용이다. "아우의 자식도 둘이 거기에 가 있을 때에 언문을 가르쳐 보내시옵소서. 수고로우시겠지만 언문을 가르치옵소서."하고 자신의 자녀들과 조카들에게 한글을 가르쳐 줄 것을 당부하고 있다. 자식과 조카들 건사에 언문까지 가르쳐 달라고 하는 것이 꽤 미안했는지 "이 말씀을 드리기 송구스러워하다가 아뢰옵니다."라고 표현하고 있다.

장모님께 자식과 조카의 한글 교육을 부탁하는 내용을 통해 다음 두 가지를 생각해 볼 수 있다.

첫째는 곽주가 자녀들의 한글 교육을 중요하게 여겼음을 알 수 있다. 조카들에게까지 한글을 가르쳐 줄 것을 당부하는 모습에서 집안의 구성원들에게 한글을 읽고 쓰는 능력이 중요했고 한글이 여성들만의 글이 아니라 가족 전체의 의사소통의 수단으로 적극 활용되었음을 알 수 있다.

둘째는 장모님의 한글 능력을 존중하고 그 능력을 활용해서 자신의 자녀와 조카들의 한글 교육을 맡아 줄 것을 당부한 것이다. 장모 벽산 이씨를 손자, 손녀들의 한글 교육을 담당한 여성 교사로 인정한 것이다. 장모님을 그만큼 믿고 인정하였기 때문에 손자들의 한글 교육을 맡길 수 있었을 것이다.

윤재홍(2018:125)에서 언급한 바와 같이 17세기 조선의 여성은 가정주부에 머무르지 않고 한글 교사로서의 여성, 한글 교사로서의 어머니, 가정교육과 한글 교육을 함께 담당하는 교사로서의 여성이었음을 확인할 수 있다.

곽주의 한글 교육에 대한 관심은 단지 부탁에 머무르지 않고 자식들이 얼마나 한글을 익히고 그 능력이 얼마나 되는지 점검하는 단계에까지 이른다.

> 쟈근 아기 언문 쾌히 비화 내게 유무 수이 ᄒ라 ᄒ소〈진주하씨묘-066, 17세기 전기(1614년), 곽주(남편)→진주하씨(아내)〉
> [작은 아기는 언문을 쾌히 배워서 내게 편지를 빨리 하라 하소]

> 가온대 아기 언문 쾌히 비홧다가 내게 뵈라 ᄒ소 셋재 아기도 이제는 쾌히 셩ᄒ여 이실 거시니 언문 외와 섯다가 뵈라 니ᄅ소〈진주하씨묘-134, 17세기 전기, 곽주(남편)→진주하씨(아내)〉
> [가운데 아기 언문을 쾌히 배웠다가 내게 보이라 하소. 셋째 아기도 쾌히 온전하여 있을 것이니 언문을 외워 있다가 보이라 이르소]

첫 번째 편지에서 곽주는 작은 아이가 빨리 한글을 배워서 곽주 자신에게 편지를 보내도록 아내 진주 하씨에게 당부하고 있다. 자식들의 한글 공부를 권장하고 독려할 뿐만 아니라 스스로 점검하려는 의도에서 한글로 편지를 써서 자신에게 보낼 것을 아내에게 당부한 것이다. 두 번째 편지에서는 한글을 공부했다가 자신에게 직접 보일 것을 당부하고 있다. 스스로 자녀들의 한글 능력을 시험하고 확인하겠다는 의지를 보여준다.

장모 사랑은 사위

곽주는 광주 이씨가 사망한 후 진주 하씨를 재실로 맞이하였다. 한번 상처(喪妻)한 후에 맞이한 아내와 장모님은 곽주에게 지극히 소중한 사람이었을 것이다. 곽주는 편지를 써 장모님의 안부를 묻고 사정상 편지를 쓰지 못할 경우에는 아내를 통해서라도 안부를 전하였다. 또한 임진왜란 직후 어려운 경제 사정에서도 곽주는 음식을 장모님께 보내거나 아내를 통해 좋은 음식을 드시게 하도록 하는 등 장모님의 먹을거리를 꼭 챙겼으며 자신이 폐병에 걸렸다가 회복하는 상황에서도 지인이 준 보양에 꼭 필요한 음식들도 장모님께 보냈다. 장모님에 대한 곽주의 마음은 아마도 장모님을 감동시켰을 것이며 장모인 벽산이씨에게 이러한 곽주는 백년손님으로서의 사위가 아니라 아들이었을 것이다. "사위 사랑은 장모"라 하지만 우리는 곽주의 편지에서 "장모 사랑은 사위"임을 엿볼 수 있다.

또 한편으로 곽주는 자식에 대한 한글 교육에 관심이 많았다. 자식들에게 한글 공부를 권장하고 독려하고 점검하려는 열정을 가지고 있다. 마마를 피하여 장모님 댁에 피접 가 있는 자식들을 위하여 곽주는 장모님께 한글 교육을 부탁한다. 자식까지 피접 보낸 상황에서도 한글 교육을 부탁하니 상당히 민망하였을 것이지만 장모님의 한글 능력을 존중하였기 때문에 자식들의 교육을 부탁하였던 것이다. 곧 곽주는 장모님을 한글 교사로서 인정하고 존중한 사람이었다.

참고문헌

박정숙(2017),『편지로 꽃피운 사랑과 예술 조선의 한글편지』, 도서출판 다운샘.

백두현(2004),「조선 시대 여성의 문자 생활 연구－조선왕조실록 및 한글 필사본을 중심
으로」,『진단학보』97, 진단학회, 139-187.

백두현(2006),「조선시대 여성의 문자생활 연구－한글 음식조리서와 여성 교육서를 중심
으로」,『어문론총』45, 한국문학언어학회, 261-321.

백두현(2019),『증보판 현풍곽씨언간 주해』, 역락.

서영숙(2009),「처가식구－사위 관계 서사민요의 구조적 특징과 의미」,『열상고전연구』
29, 열상고전연구회, 261-292.

윤재홍(2018),「조선시대 양반가의 한글교육의 양상－'진주하씨묘 출토 언간'을 중심으
로」,『교육사상연구』32-1, 교육사상연구회, 115-133.

이성임(2001),「조선중기 양반의 경제생활과 재부관」,『한국사 시민강좌』29, 일조각,
68-92.

조경원(1995),「조선시대 여성교육의 분석」,『여성학 논집』12, 이화여대 한국여성연구
소, 39-62.

조희선(2002),「조선시대에서 혼인의 사회적 의미」,『유교사상문화연구』, 17, 한국유교
학회, 7-24.

허재영(2006),「조선 시대 여자 교육서와 문자 생활」,『한글』272, 한글학회, 197-219.

이래호(李來壕)

강원대학교 인문학부 국어국문학전공 교수

전북대학교 국어국문학과를 졸업하고 한국학중앙연구원 한국학대학원에서 석사, 박사학위를 받았다. 2001년 〈은진송씨 제월당 송규렴가 『선찰』 소재 언간〉을 접하게 되면서 언간에 대해 관심을 가지기 시작하였다. 2008년, 〈조선시대 한글편지의 수집·정리와 어휘·서체 사전의 편찬 연구〉를 수행하였고, 2011년 12월부터 2013년 2월까지 〈조선시대 한글편지의 데이터베이스 구축〉 사업을 수행하였다. 이후 언간에 나타나는 국어학적 특징들을 살펴 논문으로 발표하고 있다.

대표 저서로 『조선시대 한글편지 어휘사전』(공저), 『역주 동의보감언해』(공저) 등이 있으며, 최근 논문으로 「언간에 나타난 '-고져'와 '-과뎌'에 대한 연구」, 「〈송규렴가 언간〉에 나타나는 남녀 간 언어 차이」, 「근대국어 하라체 의문형 어미에 대한 연구-언간 자료를 중심으로」 등이 있다.

조선시대 언간을 통해 본 사대부가 남성의 삶

초판 1쇄 인쇄 2021년 12월 13일
초판 1쇄 발행 2021년 12월 23일

지은이 이래호

펴낸이 이대현

책임편집 강윤경 | **편집** 이태곤 권분옥 문선희 임애정
디자인 안혜진 최선주 이경진 | **마케팅** 박태훈 안현진
펴낸곳 도서출판 역락 | **등록** 1999년 4월 19일 제303-2002-000014호
주소 서울시 서초구 동광로46길 6-6 문창빌딩 2층(우06589)
전화 02-3409-2060(편집부), 2058(영업부) | **팩스** 02-3409-2059
전자우편 youkrack@hanmail.net | **홈페이지** www.youkrackbooks.com

ISBN 979-11-6742-264-4 94910
    979-11-6742-262-0 (세트)